基层公共服务
实践案例研究

冯丽丽 何 一/编著

吉林大学出版社

·长春·

图书在版编目（CIP）数据

基层公共服务实践案例研究 / 冯丽丽，何一编著． —长春：吉林大学出版社，2023.9
（基层治理与公共服务调查系列丛书）
ISBN 978-7-5768-2046-1

Ⅰ．①基… Ⅱ．①冯… ②何… Ⅲ．①基层工作—公共服务—案例—研究—中国 Ⅳ．① D669.3

中国国家版本馆 CIP 数据核字（2023）第 170995 号

书　　名	基层公共服务实践案例研究
	JICENG GONGGONG FUWU SHIJIAN ANLI YANJIU
作　　者	冯丽丽　何一
策划编辑	李承章
责任编辑	赵莹
责任校对	赫瑶
装帧设计	康博
出版发行	吉林大学出版社
社　　址	长春市人民大街 4059 号
邮政编码	130021
发行电话	0431-89580028/29/21
网　　址	http://www.jlup.com.cn
电子邮箱	jldxcbs@sina.com
印　　刷	湖南省众鑫印务有限公司
开　　本	787mm×1092mm　1/16
印　　张	11
字　　数	300 千字
版　　次	2024 年 5 月第 1 版
印　　次	2024 年 5 月第 1 次印刷
书　　号	ISBN 978-7-5768-2046-1
定　　价	58.00 元

版权所有　翻印必究

目 录

第一章　乐至县乡村人居环境治理中政府职能问题及对策分析 …………………… 1
第二章　武胜县政府在生态环境建设中的问题及对策分析 …………………… 13
第三章　南充市龙门街道环境卫生问题及对策分析 …………………… 24
第四章　奎屯市智慧社区信息化建设存在的问题与对策分析 …………………… 35
第五章　南部县电子政务服务发展的现存困境与路径选择 …………………… 44
第六章　基层治理中的乡镇网格化服务管理——以丹棱县齐乐镇Q社区为例 …………………… 57
第七章　甘肃省西和县乡村文化服务助推乡村振兴存在的问题与对策分析 …………………… 67
第八章　进安社区公共文化服务存在的问题及对策分析 …………………… 76
第九章　浅析二道镇政府乡村文化建设的问题及对策 …………………… 88
第十章　宣汉县南坝镇农村公共文化基础设施建设现状及问题分析 …………………… 98
第十一章　华蓥市明月镇农村医疗服务问题研究 …………………… 107
第十二章　宜宾市古宋镇农村公共产品供给存在的问题及对策分析 …………………… 120
第十三章　城市社区管理中存在的问题与对策——以九龙县呷尔镇狮子山社区为例 …… 131
第十四章　乡村振兴战略背景下巴中市南江县生态文明建设现状与发展分析 …………………… 142
第十五章　宜宾市P社区居民参与城市社区环境治理问题研究 …………………… 152
第十六章　宜宾市公共基础设施供给现状及完善研究 …………………… 161

第一章　乐至县乡村人居环境治理中政府职能问题及对策分析

党的十九大报告正式提出实施乡村振兴战略，振兴乡村生态宜居是关键。改善乡村人居环境，是贯彻落实乡村振兴战略的一项重要任务，是实现乡村振兴战略的重要见证，是实现广大人民群众对美好生活追求的重要方式。近年来，四川省资阳市乐至县人民政府大力支持乡村人居环境的治理，积极推进农村各项基础设施的建设。但是到现在为止乐至县农村人居环境总体水平仍然较低，在村民居住条件、公共基础设施、垃圾治理和环境卫生等方面离人民日益增长的美好生活的需求还有一段距离。笔者深入到乐至县部分乡镇进行实地调查，通过访谈法、实地调查法了解乐至县政府在乡村人居环境治理中发挥的作用，以及取得的成效。通过调查发现乐至县政府在乡村人居环境治理中存在着资金投入不够、村民参与不积极、部门之间不配合等问题。通过对问题进行剖析找到其根源，据此对乐至县政府在乡村人居环境治理中提出建立合作机制、拓宽融资渠道、加强对村民的宣传引导等优化意见，为乐至县乡村人居环境治理的相关工作的推进提供一些参考依据。

一、政府职能在乡村人居环境发挥途径及相关概念

（一）相关概念

1. 人居环境

最早希腊学者道萨迪亚斯提出了"人居环境科学"的概念，从不同角度、层次、尺度研究整个人类的居住环境。道萨迪亚斯认为，人类聚居环境是指人聚集或生活的地方，尤其是人工建造的建筑、城市和园林等。并提出人居环境五要素：人、社会、建筑、网络、自然。吴良镛先生在道萨迪亚斯的基础上充分结合中国自身特色，建立了人居环境科学，并提出了人居环境包含自然系统、人类系统、居住系统、社会系统、支撑系统五大系统。他将人居环境定义为：人居环境就是人类聚居生活的地方，是与人类生存活动密切相关的地表空间，是人类在大自然中赖以生存的基地，是人类利用自然、改造自然的主要场所。

从广义上讲，人类居住的环境由物质环境、经济环境和社会环境三大要素构成，其内涵十分丰富。从狭义上讲，人类居住的环境是指人们在自然环境中进行劳动、居住、休息、娱乐、社交等活动的空间场所。本文主要使用狭义的人居环境定义来进行研究，即人居环境指的是人类赖以生存的空间场所，其范围包括了人类居住的卫生条件、环境、基础设施条件等方面，从多个层面上对人类整体生活环境进行了研究。

2. 政府职能

我国学者对政府职能的定义目前还没有形成一个统一的标准。学者朱光磊将政府职能分别从政府职责和政府功能两方面分别界定。学者杭珂认为政府职能指的是政府在社会运行体系中扮演的角色；为人民群众提供公共服务和公共产品是我国政府的职能，政府要满

足人民群众基本的物质和文化需求,提高公共服务的水平和质量,实现和维护广大人民群众的根本利益。

政府职能也可以从多个角度来划分和理解,从政府职能的作用角度可以将政府职能分为四大基本职能:经济职能,文化职能,政治职能,社会职能。从政府职能行使方式角度可以分为决策、组织、协调、控制。本文的研究基于实际出发,主要使用政府职能作用和行使方式角度的定义研究,即政府职能在对农村人居环境治理中如何发挥其职能来提高治理水平和质量。

(二) 乡村人居环境治理中政府职能的发挥途径

1. 制度保障

政府在对乡村人居环境治理中起主导作用,在治理中每一项都必须有制度保障才能确保工作进展有章可依,才能让治理工作稳健推进。

为此中共中央 2014 年中央一号文件提出"开展村庄人居环境整治";2014 年国务院办公厅颁布了《关于改善农村人居环境的指导意见》;2015 年中央一号文件提出"全面推进农村人居环境整治";2018 年 2 月,中共中央办公厅、国务院办公厅印发了《农村人居环境整治三年行动方案》,要求各地区各部门结合实际认真贯彻落实。2020 年中央一号文件再次强调"扎实搞好农村人居环境整治";2021 年《国务院办公厅关于改善农村人居环境的指导意见》,要求进一步改善农村人居环境。

乡村人居环境整治相关政策相继出台,整治工作在基层稳步推进,已经取得了巨大成效。在推进的过程中各个省市也会根据自己的实际情况,因地制宜发挥本地政府的职能,制定相关的政策,为乡村人居环境治理作出合理的规划。

2. 政策激励

有效的激励方式可以激发个人的主动性和创造性,使其智力作用得到最大限度的发挥,所以在落实一些政策的同时也要采取一些必要的激励手段,细化激励政策。

激励对象可分为干部、村民、村庄。将乡村人居环境治理的成效融入干部的绩效考核以及选拔过程,确保全体干部知晓政策、吃透政策、用好政策,切实保障政策的执行。将人居环境治理与村民自身利益相联系,安排其负责相应的环境卫生责任区,定期进行检查评比。对表现欠佳的村民,要给予批评或相应的惩罚;表现突出的村民,给予物质和精神上的奖励,使他们能够真正体会到人居环境改善给生活带来的幸福感和责任感。组织乡村人居环境治理的村庄进行综合评比,选出优秀治理示范村,设立乡村建设专项资金,让其起到示范带头的作用。

3. 监督管理

政府在乡村人居环境治理中执行监督管理是非常重要的,是维持乡村环境治理成效的有效手段。在落实乡村人居环境治理政策同时应当编制推进治理工作的监管条例,规定考核标准、明确考核主体、确定考核细则,使用多种考核方法对工作任务的完成情况、划拨资金的使用情况、工作人员的履职情况等进行监督。对造成重大失误的人员进行问责,对在工作中表现优秀的人员进行奖励,对年度工作任务考核优秀的部门和乡镇给予通报表扬。

二、乐至县乡村人居环境治理现状

(一) 乐至县乡村人居环境治理的政府职能措施

1. 制定政策

乐至县在对乡村人居环境治理的进程中,政府通过对乡村的情况做调研,编制相关政策来实现对事务的管理。为此乐至县2019年组织编制了《乐至县农村环境综合整治项目实施方案》等综合治理方案,从"饮用水源地保护""乡村生活污水处理设施建设""流域生态修复""生活垃圾无害化处置""畜禽养殖污染治理""工业污染源治理"等方面进行流域综合治理。乐至县办公室印发了《乐至县人民政府办公室关于印发乐至县农村人居环境整治工作实施意见和乐至县农村生活垃圾治理行动等方案的通知》(乐府办发〔2019〕36号)。

2. 执行政策

制定政策后必然是执行并落实政策。政府是政策执行的主体,因此在治理乡村人居环境的过程中政府的实施推动更是不可或缺的。政府作为具体工作的实施者,从政策的制定到实施,从资金的筹集到后期设施的维护保养,如果没有政府的积极推动,无法保障政策的顺利实施。

乐至县政府在编制方案结束后,组织成立了专门的小组负责牵头,安排部署了下级乡镇机关任务,将政策交由具体的部门或负责人将工作推进下去,并对政策执行的效果通过验收,评估,报告等方式进行监督。

3. 投入资金

乡村人居环境的改善是一项大工程,包括了乡村污水处理、垃圾处理、村路维护等。每一项工作的开展,都需要资金的投入。在垃圾治理方面,2016年乐至县投入资金700万元,加快推进良安、大佛等10个乡镇垃圾中转站建设项目。2017年投入资金1 759万元,启动龙溪乡、东山镇等10个乡镇垃圾中转站建设项目。乡村污水处理方面,2018年乐至县总投入资金1.6亿元,为151个村安装污水处理设备,解决了乡村生活水污染日渐严重的问题。2016、2017年乐至县累计投入资金2.36亿元,建设乡村基础设施,修建村庄水泥路598公里、集中供水8处,新建房屋830户,改厨改厕570户。

4. 监督考评

政府要根据实际情况,研究制定操作性强且实用的考核办法和规则,强化考核,提高各级干部的自觉性。建立督导体系,定期考评,总结工作,确保整治工作按时按质按量完成。乐至县采取分组督查、对口督查、日常巡查、单位自查等形式,以确保各项工作的顺利进行。为此乐至县政府办公室下发了《关于印发乐至县河(湖)水生态环境保护考核办法(试行)的通知》(乐府办发〔2018〕47号),明确将乐至县20条河长制河道纳入考核范围,并组织各有关单位定期或不定期巡查。乐至县环境保护局每月监测断面和跨界断面的水质。根据"属地管理""超标者扣缴、改善者奖励"的原则,依据检测结果对水质不达标、水质下降的乡镇实行扣分制,水质改善效果较好的乡镇实行加分奖励。

（二）乐至县乡村人居环境治理的成效

1. 提升村容村貌美化村庄环境

乐至县主要抓脏、乱、差、污"四项治理",大力推进"村庄清洁行动",改善村容村貌。一是"四级处置"体系建设,治理乡村生活垃圾。清理了乡村房前屋后和村庄河岸的生活垃圾;推行生活垃圾户分类、村收集、乡转运、县处置的模式。二是抓项目建设,治理乡村生活污水。清洁了乡村河塘沟渠水源水体,建成污水处理厂19个、污水处理站114个,回收承包到期水库60个,44个监测断面水质明显改善。三是抓畜禽粪污资源化利用。清理了畜禽养殖粪污等农业生产废弃物,支持畜禽养殖场提档升级、节水减排,畜禽粪污综合利用率达87%,规模养殖场粪污处理利用设施配套率达95%。

2. 村民生活条件得到改善

乐至县近年对各行政村进行人居环境治理的同时也直接让村民生活条件得到了极大的改善。首先,公路修建。2007年以来,乐至县累计建成乡村公路3 723公里,其中:村道2 317公里,社道1 406公里。乐至县行政村的道路通达率100%,5 898个社道路通达率61%,乡村公路网络基本形成。其次,厕所革命。2019年乐至县完成乡村厕所革命整村推进项目10 041户、乡村人居环境整治重点县厕所革命项目14 597户;2020年乡村厕所革命整村推进项目11 932户。最后,乡村集中供气工程。乐至县政府累计建设11个省级集中供气站,全县乡村天然气户数达5.3万户,覆盖人口17.69万人。通过对村民的生活设施的完善,进一步提高了群众的生活条件和生活质量。

3. 空气质量得到改善

乐至县严格落实大气污染防治特别管控措施,重点突出露天秸秆禁烧、积极推广清洁能源、提升农民对空气治理的重要认识等的综合整治,使得空气质量得到改善。如表1-1所示,2017到2021年乐至县每年空气质量达标天数逐渐增加,未达标的天数逐渐减少,空气质量持续改善。

表1-1 乐至县2017—2021年空气质量状况表（单位：$\mu G/M^3$，CO单位为MG/M^3）

时间	测点名称	二氧化硫	二氧化氮	颗粒物	细颗粒物	一氧化碳	臭氧	本年监测天数（天）	本年达标天数（天）	本年达标天数比例（%）
2017	吴仲良实验小学	7	14	70	44	1.4	108	359	291	81.1
2018	吴仲良实验小学	8	19	70	37	1.2	142	365	307	84.1
2019	吴仲良实验小学	6	17	47	28	1.3	110	365	331	90.7
2020	吴仲良实验小学	6	23	37	25	1.2	137	366	346	94.5
2021	吴仲良实验小学	7	23	49	27	1.4	115	365	352	96.44

资料来源：乐至县政府官方网站

4. 地表水质量得到提升

乐至县在治理水污染方面不仅采取了科学精准布置,提升了治理实效,创新综合治理模式,创建了"行政河长+技术河长+公众",聘请专业技术团队,建立水质监测智慧管理平台,实现多层次,全覆盖的管理。

监测蟠龙河的元坝子、跑马滩断面和县城饮用水水源地水质达标率100%，元坝子断面水质达到《地表水环境质量标准》Ⅲ类。乐至县三分之二以上监测点水质明显得到改善，乐至县阳化河万安桥断面和跑马滩断面，生态补偿监测数据显示2019年阳化河万安桥断面水质有7个月达Ⅲ类，达标率为66.7%，跑马滩断面2019年水质达标率100%，2018年达标率为58.3%。2019年，阳化河万安桥的断面已消除劣Ⅴ水质。截至2021年8月，县城集中式水源地水质全部达标，县域内国、省控断面2021年上半年总体水质情况较去年同期相比改善率为100%，提升率为50%，乡镇饮用水水源地水质得到较大改善。

三、乐至县乡村人居环境治理中政府职能问题及成因分析

（一）乐至县乡村人居环境治理中政府职能发挥存在的问题

1. 政策缺乏可操作性

政策的可操作性是政策发挥作用的关键因素，但是由于有些政策缺脱离实际、缺乏科学性等因素让政策很难得到真正的落实。以乐至县2019年出台的垃圾治理政策为例，乐至县积极的贯彻落实《资阳市农村垃圾治理行动方案》。对乡村垃圾治理采用"户分类—村收集—村（镇）处理"的方式，如图1-1所示。

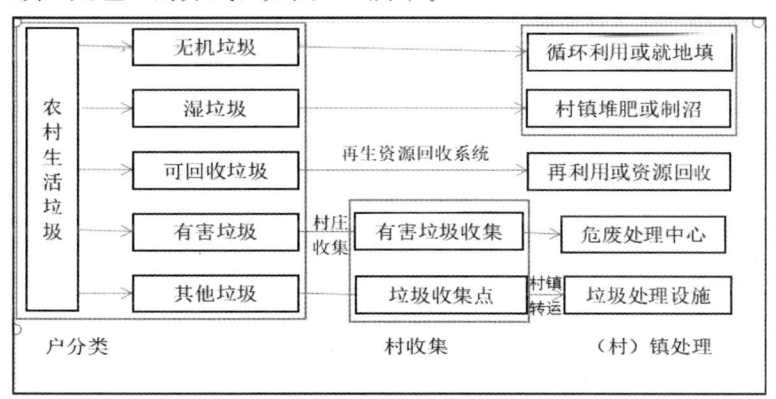

图 1-1 乐至县乡村垃圾治理程序图

按要求村民将生活垃圾按照五大类进行分类，即无机垃圾、湿垃圾、可回收垃圾、有害垃圾和其他垃圾，最后分别投放到指定的垃圾桶，垃圾直接在村庄内收集打包通过转运车运送到垃圾处理厂进行处理。

通过调查了解到，村民表示在垃圾分类方面有以下难处：一方面受限于自己文化水平区分不出垃圾的类别；另一方面长期的生活习惯致使处理垃圾的方式难以在短时间内改变。通过访谈获取到大部分村干部的看法，一是垃圾分类政策在乡村地区可操作性不高；二是已通过挨家挨户发通知的方式宣传垃圾分类政策，但是收效甚微。

2. 基层政府动员不到位

通过访谈了解到，村里在开展人居环境整治时通常以广播的方式通知村民参加，单一的通知方式导致村民参与的数量少，在活动过程中一些村民还会提前离开。

笔者通过对村民的访谈了解到大部分村民表示支持政府进行乡村人居环境治理的工作，但当问及是否愿意无偿参与乡村人居整治项目，其中大部分村民表示不愿意；当问及对乡村人居环境提供资金支持时，绝大部分村民表示拒绝。

由此可见群众虽然对乡村人居环境整治认可度高，但是由于基层政府的动员工作不不成熟致使村民不主动参与到环境治理当中，村民认为环境治理是政府的事情，不愿投工投劳投钱，不愿意承担相应的责任和义务。

3. 政府财政投入力度不足

乡村人居环境治理包括污水治理、垃圾治理、基础设施建设、后期维护等多个方面，都有较大的资金需求。乐至县最近几年虽然加大了对乡村人居环境治理的资金投入，但对于乡村人居环境治理来说远远不够。

在公路后期维护方面，根据《四川省农村公路养护管理办法》规定，乐至县每年需要投入 4 831 万对乡村公路进行维护。但在 2020 年公路养护仅投入 1 140.92 万元，仅完成了规定资金的 23%。

在乡村垃圾治理方面，资阳市政府预算乐至县 2020 年预计需要县乡村垃圾"收、转、运"一体化经费 5 704 万元。但是乐至县政府规定在乡村垃圾治理中按每年不超过 3 000 万元的标准落实运行经费。2020 年投入的资金比预计需求资金少了 2 704 万元，仅完成了预计资金的 52%。由此可知乡村人居环境治理的需求大，但是投入少，对预算的完成度低，资金投入明显不够。

4. 部门之间的协调配合不足

乡村人居环境整治涉及自然资源、生态环境、交通运输、综合执法、住房和城乡建设、水利等多个职能部门，是一个系统工程。需要农业农村局充分发挥牵头部门"统筹协调、组织推动、督导考核"的作用，但目前有效的联动协调机制尚未完全建立，各部门之间责任分散，并未作出全面统筹安排；尤其是各相关单位没有做到责任上肩，片面认为整治工作是农业农村局的事情，存在推诿扯皮、讲条件的现象。上下联动、部门协作、共同推进的格局尚未形成。

其次，因为职责分工不清，导致一些政策在贯彻实施的过程中，会产生权力和利益的竞争，而且不同的部门下发的红头文件和行政文书也会互相抵触，使政策在落实过程中自相矛盾，导致"婆说婆有理，公说公有理"现象的出现。

5. 治理监督不力

通过实地走访调查发现，乐至县在乡村人居环境治理过程中，在考核监督方面存在监督不力的问题。一方面，虽然乐至县各乡镇和街道会定期对各村庄人居环境进行监督考核，但是有的地方考核工作存在形式主义的现象，部分村庄熟悉相关的检查套路后只做表面文章，在治理工作中敷衍了事。另一方面，各乡镇和街道乡村人居环境监督的重点更多的是放在村庄卫生环境方面，关于厕所改造、生活污水治理、生活垃圾治理等方面的监督力度并不够。例如：在乡村生活垃圾治理中每个村庄配备了垃圾桶，安排环保人员每隔两天清理垃圾桶，但对环保工作人员缺乏监督，出现懈怠现象，导致垃圾清理不及时，堆积严重。

（二）乐至县乡村人居环境治理中政府职能问题的成因分析

1. 调研不充分，政策脱离实际

首先，有些政策的制定，调研不够充分。在制定政策时应当做好前期准备工作、成立调研组、确定调研的方法、持续时间等。但是根据笔者走访询问，大多数村民都表示没有接到过填写调查问卷的邀请。调研小组大多都直接向当地的村委会负责人了解情况，而不是直接向村民了解，这就直接导致了政策的制定缺乏群众视角，体现不出群众的需求。缺乏问情于民，问意于民，问计于民，问策于民的调查研究。

其次，乐至县政府相关的政策设置脱离实际。通过访谈了解到乐至县政府在执行禁止燃烧秸秆政策的过程中过于严格又急促，并且没有给出具体方法让村民处理秸秆，导致村民将秸秆堆在田间地头或者夜间焚烧。乡村垃圾治理政策的执行也存在同样的问题，根据笔者实地走访发现大部分乡村的垃圾桶都设置在村道的乡村公路边，没有考虑到很多不靠近公路的村民的情况，因此这些村民在处理生活垃圾的时候极为不方便，最后依旧沿用随处乱扔的方法处理生活垃圾。

2. 基层政府组织引导不力

首先，基层乡镇的工作人员在执行政策、动员村民共同参与乡村人居环境建设的过程中，大多采用口头告知、发宣传单、拉横幅、贴通知的方式。没有采取通俗易懂、符合村民吸收理解的方式，没有深入到农户中去宣传解读人居环境的内涵和意义以增强村民的环保意识。

其次，有些基层单位在政策执行过程中，只做表面文章，宣传这方面的工作多流于形式，象征性地执行，直接使政策被束之高阁，使政策成了一纸空文。无论是从宣传角度还是执行角度来看，这样的引导方式是无法改变村民的老旧思想的。

3. 政府重视程度不足

通过与农业农村局负责人交谈了解到，目前乐至县在乡村人居环境治理中财政投入少，政府财政支出用于一般公共服务、教育、社会保障和就业、农林水事务、医疗卫生等方面的资金较多。见表1-2所示。

表1-2 乐至县政府2021年政府财政支出情况表

支出项目	支出情况
一般公共服务	15 996万元
国防	8万元
公共安全	7 147万元
教育	34 552万元
科学技术	1 301万元
文化体育与传媒	2 047万元
社会保障和就业	22 068万元
医疗卫生	14 913万元
环境保护	5 139万元
城乡社区事务	9 802万元
农林水事务	23 338万元
交通运输	4 979万元
资源勘探电力信息等事务	6 224万元

续表

支出项目	支出情况
商业服务业等事务	4 510 万元
金融监管等事务支出	192 万元
国土资源气象等事务	284 万元
住房保障支出	4 104 万元
粮油物资储备等事务	350 万元
国债还本付息支出	3 758 万元
其他支出	5 162 万元
总支出	165 874 万元

资料来源：乐至县政府官方网站

如图 1-2 所示，2021 年乐至县在人居环境治理的总投资为 14 731.225 万元，省级财政划拨 6 880 万元，县级财政投入资金 6 300 万元，群众自筹及投劳折资 1 116.225 万元，其他资金 435 万元。

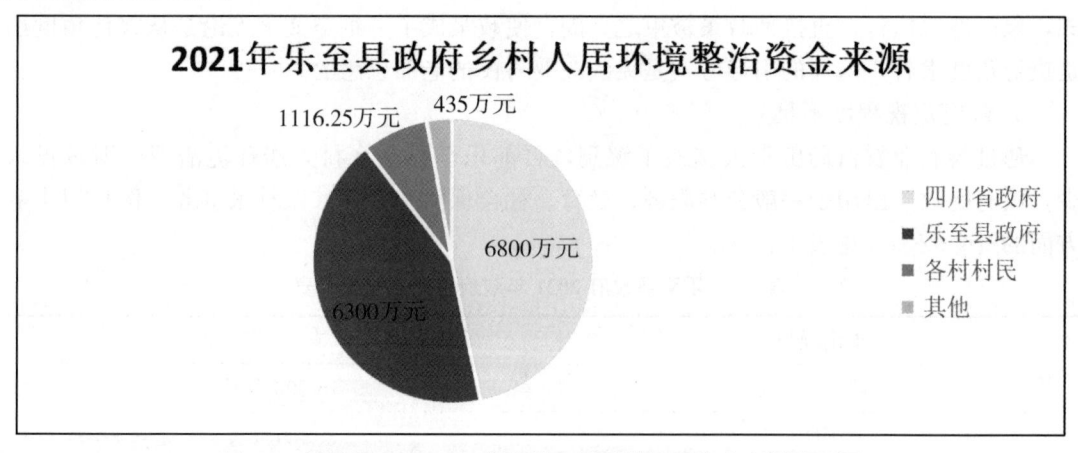

图 1-2　乐至县政府 2021 年乡村人居环境治理资金来源情况图

通过对比发现乐至县在乡村人居环境治理中资金分配额少，仅占 2021 年全年财政支出的 8.88%，由此可知乐至县政府对乡村人居环境整治的重视还不够。

4. 缺乏制度保障

乡村人居环境治理涉及多个方面，比如生活污水处置、垃圾处理、畜禽养殖污染治理、乡村整体规划、森林治理等，关系到生态环境、农业农村、自然资源与规划、发展与改革、交通管理等多个部门。目前笔者通过查阅相关资料，了解到乐至县在乡村人居环境治理工作中没有专门的指导方案进行人居环境治理的工作安排和职能分工。现主要的模式是由农业农村局负责牵头乡村人居环境治理，由各部门自觉认领工作任务。这种自觉认领工作任务的模式没有明确的工作分工规定，让许多原本存在职能交叉责任模糊问题的部门，相互推诿扯皮，各自为政。这给乡村人居环境治理工作带来较大的难度和压力，阻碍人居环境治理工作的进度。

5. 监督制度的缺位

乡村人居环境治理是一个多方面的问题，需要健全的监督与管理机制来及时发现乡村人居环境问题。根据笔者查阅乐至县政府出台的相关文件获知，一方面，乐至县政府目前尚未出台综合的监督制度来保障乐至县在乡村人居环境治理中，政策能稳健推进，治理成效能长期保持。乐至县政府在治理方面的监督方式大多是依靠上级验收，向上级报告情况，巡查等单一的监督方式，没有综合的监督制度。另一方面，乐至县没有贯穿事前、事中、事后监督的程序，更没有长期监督的机制。没有形成长效机制，达不到长期监督的效果，而人居环境治理需要长期治理才能见效，因而没有长期监督机制导致乡村人居治理成效不易维持，浪费了治理过程中所付出的人力、财力、物力等。

四、乐至县乡村人居环境治理的优化建议

（一）强化调研工作，确保政策合理

毛泽东同志指出，没有调查，就没有发言权；调查就是解决问题。要做好政策制定工作，让政策更接地气，就要做好政策制定前的调研。因此，乐至县政府部门在制定每个乡村人居环境治理政策前，应当组织全县各部门代表和社会专家、学者等，成立专门的调研小组，在全县范围内开展充分的调研工作。

同时，调研过程中要注意以下几个问题：一是调查对象必须要有针对性。主要的调查对象一定是与政策息息相关的村民，而不是不具针对性的村委会；二是采取多元化的方法和手段，例如问卷调查法、实地调查法、访问调查法、集体访谈法等方法，应该切合实际；三是调查语言通俗易懂，由于乐至县乡村常住人口多为老年人，因此需要对调研问题中的部分专业名词或者专业术语进行处理，用通俗易懂的语句表达，并注意引导村民表达意见。通过充分的调研和走访，深入了解乐至县乡村居民的人居环境治理需求与现实困境，从而确保政策制定合理，减少政策执行障碍。

（二）加强宣传引导，增强村民参与意识

宣传引导村民参与治理是乡村人居环境改善工作顺利开展的重要基础。首先，基层干部可以充分利用自媒体，通过微信公众平台、电视台、门户网站、抖音账号等载体进行宣传。同时考虑到乐至县乡村常居人口以老年群体居多的特殊情况，充分利用传统媒介，依靠"村村响""面面交"、挨家挨户走访等方式进行宣传动员，确保做到全方位、深层次、多角度开展宣传教育工作。

其次，发挥领头羊的作用，基层干部和乡村党员要树立生态意识、公德意识、责任意识、主动意识。积极带动村民参与乡村人居环境治理，发挥村民的主观能动性和责任意识，激发村民治理人居环境的内生动力。

（三）建立合作制度，厘清职能分工

在乡村人居环境治理中各职能部门要各司其职、各尽其责、主动积极配合，加强协调、联络、指导和督促力度，防止推诿扯皮，建立高效联动机制，形成全县上下齐抓共管、相互配合、共同推进的创建工作机制，确保每一项任务有人管、有人办。

首先，乐至县政府应当建立乡村人居环境整治联席会议制度。成立推进办，负责协调

联络、上传下达等日常工作。其次，乐至县政府应当建立农业农村、发改、财政、住建、环保等五部门会商制度，及时沟通情况、解决存在问题，形成工作合力。最后，乐至县农业农村部门应定期召开工作会议，了解各负责单位的工作进度。

（四）加大投资力度，拓宽融资渠道

政府在乡村人居环境治理中是资金投入的主体，想要在治理中取得明显的效果需要大量的资金支持。一是乐至县应当积极争取中央、省级、市级各项专项资金用于乡村人居环境建设。二是乐至县应当立足实际情况，增加乡村人居环境治理的财政投入，建立健全财政稳定投入的长效机制，将治理经费纳入县乡两级财政预算，建立专项奖补资金。三是建立县、乡、村、户四级资金投入保障体系，进一步积极引导社会资本参与，鼓励各地发行地方政府债券支持符合条件的乡村人居环境整治项目建设，鼓励市场资本、社会资本、民间资本参与乡村人居环境项目建设，形成多元化、多形式投融资机制。四是乐至县政府可以通过"县财政出一部分、村集体出一部分、村民出一部分"的方式筹集乡村人居环境整治资金，鼓励村民积极以投功、投劳、投资的方式参与乡村人居环境治理。

（五）加强监督考核，维护治理成果

监督考核是维持乡村环境治理成效长期维持的有效手段。首先，乐至县要切实坚持"建管并重"，健全村庄道路、水库大坝、垃圾和污水处理、沟渠等公共设施长效管护制度。其次，充分尊重村民的知情权、参与权、决策权和监督管理权，健全乡村人居环境治理自下而上的民主决策机制，深化村民自治，畅通民主渠道。最后，坚持季度考核，严格按照考核评分办法量化打分，对年度人居环境综合治理工作中成绩突出的乡镇、部门、村、社区、工作者等进行通报表扬，对工作中问题突出的单位进行通报批评。将乡村人居环境治理的目标考核与全年工作经费、年终绩效、个人职位晋升挂钩。

五、结　语

改善乡村人居环境作为乡村振兴战略中的一项重要内容。其治理成效关系着村民的生活质量、关系着我国全面建设社会主义现代化的质量。同时随着我国经济的快速增长，村民收入不断增加，其对美好生活的愿望越来越强烈。政府十分重视群众的愿望，为此对乡村的人居环境进行了全面的改善，用积极的行动建设美丽乡村，满足广大农民群众对美好生活的心愿。近年来，乐至县对乡村人居环境的关注度和重视度不断提升，且取得了明显的效果。村民的生活质量得到提高，村容村貌、空气和地表水质量得到改善，基础建设得到完善。

本文运用政府职能及人居环境理论，采用访谈法对乐至县政府在乡村人居环境治理方面的情况进行了全面的调查分析，本文通过研究得出以下结论。

一是乐至县政府在乡村人居环境治理中存在政策缺乏可操作性、部门之间的协调配合不足、资金投入不够、村民参与不积极、监督制度缺位等问题。基于对这些问题的分析，找出乐至县政府政策调研前期准备不充分、资金投入主体单一、缺乏合作机制、基层政府组织引导不力等原因。

二是针对以上问题和原因提出乐至县政府乡村人居环境治理中应当加强政策制定前的

调研工作、建立合作机制、拓宽融资渠道、加强监督考核等优化意见,为乐至县政府乡村人居环境治理工作提供参考建议,具有一定的现实意义。

由于笔者的知识水平和认知能力有限,文章尚有诸多不足。此后笔者会继续进行更深层次的研究,并选择一些具有代表性和有价值的内容来进行探讨。

【参考文献】

[1]周茂春.农村人居环境问题探视及其协同治理[J].现代农业,2020,(1):14-16.

[2]段亚军,董衫.农村人居环境现状及改善策略[J].文艺生活,2017,(3):278.

[3]陈秋红,黄鑫.农村环境管理中的政府角色——基于政策文本的分析[J].河海大学学报(哲学社会科学版),2018,(1):55-62.

[4]金丹,赵松林.热区农村人居环境整治影响因素及其长效机制建构[J].热带农业科学,2020,(40):109-114.

[5]陈金汇,黄雷,何忠伟.北京市农村人居环境治理分析与展望[J].农业展望,2020,(2):21-25.

[6]纪志耿.当前美丽宜居乡村建设应坚持的"六个取向"[J].农村经济,2017,(5):79-83.

[7]王波,王夏晖.我国农村环境"短板"根源剖析[J].环境与可持续发展,2016,(2):93-97.

[8]许珊珊.新时代农村人居环境治理中政府职能研究——以L村为例[D].华北水利水电大学,2019.

[9]马立原.乡村振兴视角下山东省D镇农村人居环境治理问题研究[D].山东大学,2020.

[10]霍华德.明日的田园城市[M].北京:商务印书馆,2000.

[11]Rollnick R. Cities-Engines of Rural Development[J]. Habitat Debate, 2004, 10(3):1-24.

[12]吴良镛.人居环境科学导论[M].北京:中国建筑工业出版社,2001.

[13]朱光磊.现代政府理论[M].北京:高等教育出版社,2006.

[14]杭琍.我国城镇化进程中县级政府职能研究[D].东北师范大学,2014.

[15]孙慧波,赵霞.中国农村人居环境质量评价及差异化治理策略[J].西安交通大学学报(社会科学版),2019,39(05):105-113.

[16]刘泉,陈宇.我国农村人居环境建设的标准体系研究[J].城市发展研究,2018,25(11):30-36.

[17]郜彗,金家胜,李锋,等.中国省域农村人居环境建设评价及发展对策[J].生态与农村环境学报,2015,31(06):835-843.

[18]李裕瑞,曹丽哲,王鹏艳,等.论农村人居环境整治与乡村振兴[J].自然资源学报,2022,37(01):96-109.

[19]孙前路,房可欣,刘天平.社会规范、社会监督对农村人居环境整治参与意愿与行为

的影响——基于广义连续比模型的实证分析[J].资源科学,2020,42(12):2354-2369.

[20]卞素萍.美丽乡村建设背景下农村人居环境整治现状及创新研究——基于江浙地区的美丽乡村建设实践[J].南京工业大学学报(社会科学版),2020,19(06):62-72+112.

[21]张柱刚.乡村振兴战略背景下山东农村人居环境治理问题研究[D].山东大学,2020.

[22]苏华宇.三重视角下农村人居环境整治研究[D].山东大学,2020.

[23]刘倬.乡村振兴战略下农村人居环境整治研究[D].济南:山东科技大学,2020.

[24]常烃,牛桂敏.农村人居环境整治满意度及支付意愿的影响因素分析——基于天津市问卷的调查数据[J].干旱区资源与环境,2021,35(01):36-42.

[25]郭若琪.青岛市农村人居环境治理问题研究[D].山东大学,2020.

[26]耿振刚.乡村振兴战略背景下镇原县农村人居环境治理对策研究[D].西北师范大学,2020.

[27]马学文.面向乡村振兴的河北省农村人居环境整治困境及对策研究[D].河北师范大学,2020.

[28]谭少华,高银宝,杨林川,等.基于行动者网络的农村人居环境综合整治研究——以重庆市垫江县毕桥片区为例[J].规划师,2019,35(19):54-61.

[29]于法稳,郝信波.农村人居环境整治的研究现状及展望[J].生态经济,2019,35(10):166-170.

[30]彭超,张琛.农村人居环境质量及其影响因素研究[J].宏观质量研究,2019,7(03):66-78.

第二章 武胜县政府在生态环境建设中的问题及对策分析

党的十八大以来，生态环境建设和保护的重要性日益凸显，城市经济发展由注重经济速度转变为注重经济质量发展。城市经济发展离不开生态环境的支持和保障，而四川省广安市武胜县在长期的经济发展过程中，由于历年来重视粗放经济的发展，导致一系列生态环境问题的产生，这已经严重阻碍了武胜县全面发展的道路。为进一步提升武胜县政府生态环境建设能力，本文采取文献研究法、实证研究法，在深入了解武胜县生态环境建设现实情况的基础上，对生态环境建设过程中政府手段及途径的选择进行分析研究，发现其在环境建设过程中存在生态环境建设支持保障能力较为薄弱、生态环保基础设施落后以及社会化生态环境建设意识薄弱的问题，并对产生的问题做原因分析，针对问题提出提高生态环境建设保障能力，完善生态环保基础设施以及营造良好生态环境建设氛围的建议。本文对生态环境建设的相关理论与实践结合的案例进行了研究，有助于提升区域生态环境建设能力，加快区域生态环境建设的步伐。

一、武胜县政府在生态环境建设中存在问题分析

（一）武胜县生态环境建设现状

武胜县位于川东渝北、嘉陵江中下游，面积为966平方公里，辖23个乡镇，276个村落，48个社区，地处重庆、广安、遂宁、南充的交汇轴心。为大力发展当地经济，提升当地经济水平，武胜县坚定"工业强县"战略，集群发展农产品加工、装备制造产业等，引进了生琳金属、毛哥食品等亿元以上工业企业32户，加快推进了产业生态链和生态圈的初步形成，依托合广长协同发展示范区功能平台，积极推进产业园加快成势，创建了"两带五区"乡村振兴样板区。

武胜县依托工业发展实现经济发展持续向好的态势，但在其长期的经济发展过程中也造成了一系列生态环境问题。近年来，为了满足人民对美好生活日益增长的需求，进一步提升城市品质，武胜县积极推进和开展城乡人居生态环境整治工作，先后完善了31个场镇污水管网，并将周边农村分散的农户纳入了城镇污水处理系统，建成农村居民聚居点污水处理设施103个，73%以上的行政村生活污水得到有效处理。

为建设生态文明武胜，全面补齐生态环保短板，积极推动产业全面转型升级，大力发展绿色经济，武胜县实施绿色环保进社区、进单位、进学校等行动，共建立了73个生态环境宣传教育基地，组建了103支绿色志愿者队伍，并组织开展环保宣传20余次，全民绿色生活意识得到了一定提升。但部分传统乡镇仍存在不良的生活习惯，随意丢弃生产生活垃圾，乱倒乱排脏水的情况仍旧无法杜绝。

(二)武胜县政府在生态环境建设中存在问题

1. 生态环境建设支持保障能力较为薄弱

生态环境的治理和保护离不开政府对于生态环境建设的支持和保障,政府生态环境建设支持保障能力主要体现在生态环境建设的投入资金力度、生态环保政策的支持程度、生态环保的执法力度以及生态环境治理体系的构建等方面。而目前生态环境建设支持保障能力的强弱,对于生态环境建设的推进至关重要,生态环境建设支持保障能力薄弱已成为城市生态环境治理的限制因素之一,而武胜县生态环境建设支持保障能力薄弱主要表现在以下两个方面。

第一,生态环境建设投入资金不足。武胜县固定资产用于生态环境建设的投资相较于市投资水平较低,2019年武胜县固定资产投资为31.9亿元,其中生态环保项目投资为7 804万元,约占总投资的2.4%。而2019年广安市固定资产投资913.5亿元,其中生态环保项目投资为89.3亿元,约占固定资产总投资的9.8%,相较于广安市生态环境建设投资占比,武胜县明显低于广安市平均水平。除固定资产投资外,2020年武胜县财政拨款用于生态环境建设的资金为543.4万元,而2021年用于生态环境建设拨款资金为510.61万元,相较于2020年,武胜县用于生态环境建设财政拨款比重同比下降了6.03%,由此可以看出武胜县对于生态环境建设投入资金并不多,且呈现下降的趋势。为实现武胜县生态环境的持续改善,提高生态环境建设资金的投入和加大用于生态环境建设的财政拨款资金是很有必要的。

第二,生态环保执法力度不够。为了践行绿色发展的理念,深入推进生态环境保护工作的实施,武胜县委主要领导对生态环境治理和保护工作进行了重要战略部署。针对农村垃圾处理问题,制定了《村规民约》,为了保障村容村貌整洁,还专门配备了保洁员督促农户共同维护环境卫生,保护农村生态环境,但由于保洁员的自身能力存在一定的局限性,对农户的督促能力较弱,农户长期形成的生活习惯也难以在短时间内得到根本的改变,农村生活垃圾随意倾倒的情况仍旧存在,导致农村生态环境污染问题无法得到根本性的解决。此外,根据问卷调查结果显示,仅有7.5%的公民认为政府对生态环保的执法力度很大,12%的公民认为政府对生态环保的执法力度较大,24.5%的公民认为政府对生态环保的执法力度一般,而56%的公民认为政府执法力度较小,如图2-1所示。从图2-1公民对政府生态环保执法力度评价情况可以得出结论:政府对生态环保的执法力度还较小,其生态环保执法力度需要进一步加强。

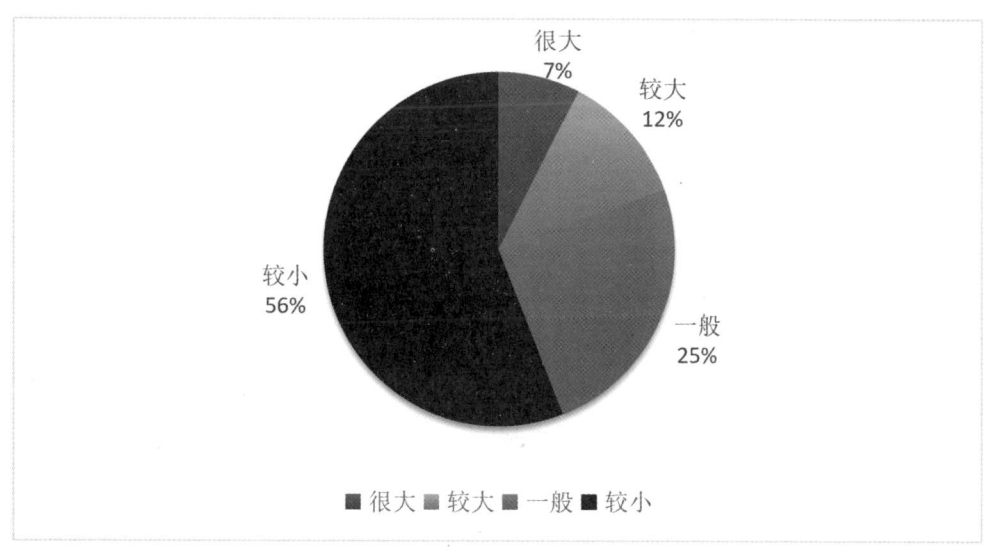

图 2-1 政府生态环保执法力度评价情况

2. 生态环保基础设施落后

生态环保基础设施是基础设施的重要组成部分，是增进民生福祉的基础保障，是完善现代城市环境治理体系的重要支撑。虽然武胜县当前的生态环境质量总体较好，但生态环保基础设施建设短板依然突出。

首先是乡镇污水处理设施落后。针对居民污水问题，2015年以来，武胜县政府出资共建成乡镇污水处理厂31座，配套管网120公里。但由于资金有限，污水处理基础设施较为落后，管网设施收集面普遍偏窄，污水处理管网与污水处理设施不能够完全匹配，其污水处理能力较为低下。乡镇污水处理工艺多为一级处理即机械处理技术，污水处理工艺水平较低，而乡镇居民生活污水日产量为6.425万吨，但乡镇污水处理厂实际日处理能力为4.68万吨，无法对居民生活污水进行完全处理。

其次是农村生活垃圾处理设施落后。武胜县农村生活垃圾的日产量较大且分布点较为分散，以及地域的差异大且生活垃圾成分复杂，加之农村垃圾处理终端系统还未建立，造成前期生活垃圾即便进行了分类收集却也无法进行分类处理。尤其是在夏季，农村的生活垃圾产量增加迅速，政府在村庄的各个路口和村民集中居住的地区设置了垃圾桶，修建了垃圾池，将每日的生活垃圾清运出村，并进行了集中处理，但缺乏对农村生活垃圾的分类回收和处理再利用，垃圾资源化处理率较低。由于部分农村地区缺乏垃圾处理设施及垃圾处理运行管理机制，村落垃圾收集点偏少且容量偏小，以及位置布局的不合理等，造成垃圾集中处理的不便利。依据调查数据分析可以看出，农村38.2%的村民会将生活垃圾再利用或卖到回收站，23.5%的村民选择将生活垃圾进行就地焚烧，15.5%的村民选择随意乱倒，只有22.8%的村民会将垃圾堆放在指定的地点，如图2-2所示。

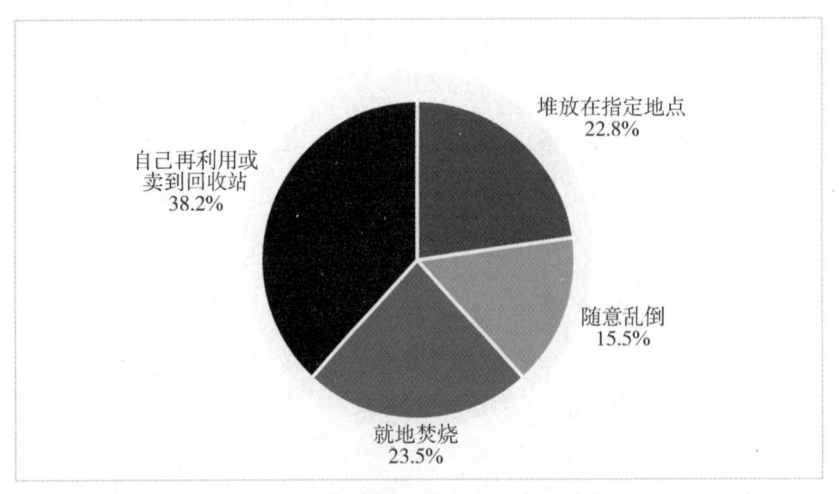

图 2-2　农村家庭通常处理生活垃圾的方式

上图数据也从侧面反映出农村生活垃圾处理设施还不够完善，甚至没有足够的生活垃圾回收处理站点来让农村居民来集中统一置放生活垃圾，所以导致部分村民选择就地焚烧秸秆、生活垃圾随意丢放，一定程度上加剧了对环境的破坏，造成二次污染。

3. 生态环境建设未形成全社会共识

城市生态环境建设是一项持续的循序渐进的过程，只依靠单一的力量无法实现，为构建美好生态环境，需要政府、社会组织乃至全社会成员的共同参与，形成生态环境建设合力。

虽然近年来武胜县政府对生态环境建设和保护做出了努力，也进行了生态环境保护和防治污染的宣传和教育，但民众仍然对生态环境建设的深刻内涵欠缺普遍认识，为生态环境建设所付出的实际行动较少。根据调查数据显示，13.5%的公民对生态环境建设内涵有清楚的认识且为其付出了大量的实际行动；26.8%的公民对生态环境建设的内涵具有较清楚的认识，但为生态环境建设付出的实际行动较少；36.4%的公民对生态环境的内涵认识较模糊，未付出实际行动；23.3%的公民对生态环境建设的内涵并不清楚，也未对生态环境的建设付出任何实际行动，如图 2-3 所示。

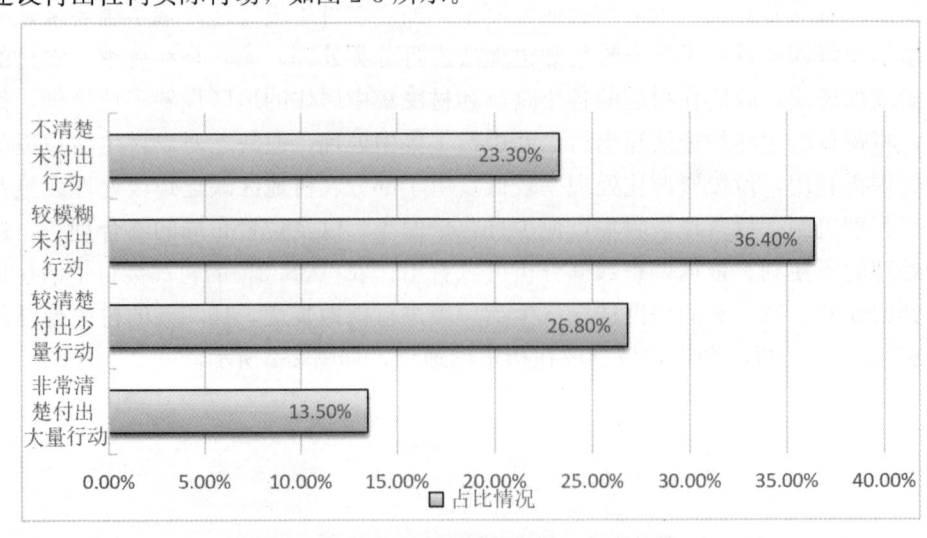

图 2-3　公民对生态环境建设认知与参与情况

由此可以看出，武胜县政府虽然对生态环境建设相关理念进行了一些宣传，试图让全体民众认识到生态环境建设的深刻内涵，意识到生态环境建设的重要性，激发民众参与到生态环境建设中的积极性，但当前仍有大部分的民众对生态环境建设的内涵缺乏充分的认识，且对生态环境建设的参与度不高。这也从侧面体现出，武胜县生态环境建设尚未形成全社会共识。

二、武胜县政府生态环境建设存在问题原因分析

（一）生态环境建设处于探索期

当前武胜县政府生态环境建设水平相较于市区及发达地区还有一定的差距，生态环境建设仍处于初级阶段，而造成武胜县生态环境建设进程迟缓的原因主要有以下两个方面。

一方面，政府对生态环境建设重视程度不高。政府作为生态环境建设的引导者和组织者，应当认清形势，坚持目标导向，明确自身职能，认真履行法定职责，确保责任落实到位。面对当前全国大力推进生态环境建设的大环境，武胜县政府虽持续推进污染防治攻坚战，但在进行生态环境建设的过程中，相关部门的生态环境建设责任和职能模糊，相应的职能职责没有完全理顺，加之武胜县政府面临经济发展指标下行压力，更加重视经济的发展而放缓了生态环境建设进程。由于受到以上因素的制约，武胜环保部门无法获得充足的资金和人力，也只能减慢生态环保工作进度，从而导致基础设施建设资金缺口大，生态环境建设进度缓慢。而对照深入打好污染防治攻坚战新要求，武胜县生态环境保护工作还存在很大差距。

另一方面，生态环境监管力度较小。生态环境监管力度的大小影响着生态环境建设成效的高低，而强有力的生态环境监管则需要通过建立规范的生态环境保护综合行政执法机构，组建专业化的队伍，配置现代化的装备，制度化管理以及信息化执法来实现。现发展阶段，武胜县政府还没有形成完备的生态环境监管体系，环境监管机制并不完善，相关部门之间的环境监管工作分工也尚不明确，且缺乏专业的环境监管技术人才。因此，生态环境监管力量还较为薄弱。此外，针对环保执法人员也缺乏系统的培训，环保执法人员执法水平较低，且对执法行为也缺少有效的监督机制，导致环境监管工作不到位。

（二）环保基础设施建设规划力度不大

环保基础设施建设是城市生态环境建设的重要环节和基础内容。随着城市化速度的加快，武胜县环保基础设施建设比较薄弱的短板便凸显出来。为满足现代城市化发展需求，必然要大力推进武胜县环保基础设施建设和改造升级，但目前武胜县政府对于生态环保基础设施建设规划力度并不大。

第一，环保基础设施建设资金投入不足。环保基础设施的建设和改造升级必然需要通过开发生态实用工程技术来为其提供支持和保障。但其资金需求量较大，而武胜县政府用于生态环境基础设施建设的资金投入并不多。2021年，武胜县共计签约91个经济发展项目，投资总额为131.83亿元，而用于生态环保建设拨款为510.61万元。2022年武胜县计划实施重点投资经济发展项目154个，总投资为156.9亿元，而用于生态环保基础建设的财政拨款预算仅为138万元，同比往年生态环保拨款经费呈下降趋势。且乡镇和农村污水

17

垃圾处理设施建设主要依靠县级补助性投入，日常运行经费由镇村两级自行解决，这极大地制约了武胜县生态环境建设发展。

第二，缺乏必要的生态环保技术支撑。生态环保技术不仅是政府在生态环境建设中的重要利器，也是生态环境建设持续推进过程中有力的支撑手段。面对城乡生态环境污染现状，武胜县仍然采用传统的污染防治手段，已无法解决当前所存在的生态环境污染问题。尤其是在农村生态环境建设过程中由于缺乏必要的污水处理、废物利用以及清洁生产等先进技术的推广和应用，加之区域生态环境建设技术创新支持系统的缺失，导致农村生产以及农户日常生活废水随意排放引发的生态环境污染问题依然存在。在武胜县现发展阶段中，生态污染防治技术并未随着城市发展有突破和升级，环境建设技术创新驱动力严重不足导致政府在进行生态环境污染整治和保护工作时，生态环保技术支持保障能力较为薄弱，致使环境污染防治工作停滞不前。

（三）生态环境建设社会化驱动力不足

近年来，武胜县一直在积极倡导生态环境建设，但生态环境的建设进程缓慢，生态环境的建设在一定程度上也会受到民众对于生态环境建设的认知程度和支持力度的影响，但当前武胜县民众对生态环境建设的认知程度和参与度还较低，且缺乏正确的引导。

首先，政府对生态环境建设的宣传度较低。武胜县政府在进行生态环境建设宣传时多采用发放环保宣传资料、召开生态环境保护讲座等方式，且宣传周期较短。通过对调查问卷数据分析，7.5%的民众认为政府生态环境建设宣传力度很高，10%的民众认为其宣传力度较高，26.5%的民众认为政府生态环境建设宣传力度一般，56%的民众认为宣传度较低，如图2-4所示。

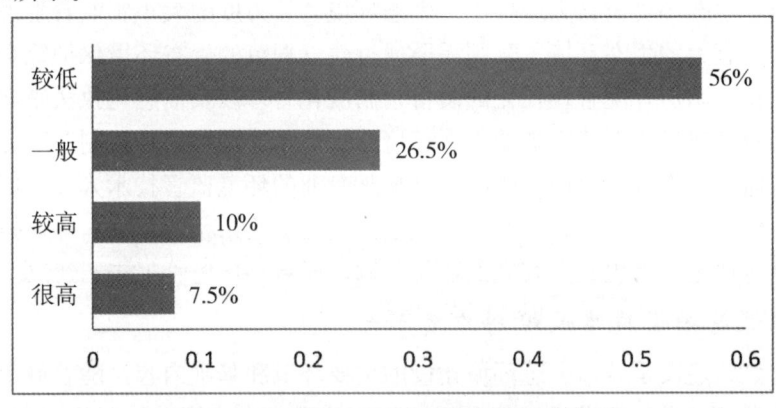

图2-4 政府生态环境建设宣传度评价情况

由此可以看出政府对生态环境建设的宣传力度还有待加强。这也从侧面反映出，武胜县政府虽一直在倡导生态环境建设，且企图通过对生态环境建设的宣传来激发民众参与生态环境建设的积极性，但都流于表面。

其次，部分乡镇机关人员缺乏足够的生态环境建设责任感。在政府进行生态环境建设的过程中，乡镇机关人员作为基层公务人员，其作为模范和先锋代表，在引导民众参与生态环境的建设中发挥着重要作用，其行为也影响着政府在人民群众心目中的地位和形象。而武胜县部分乡镇机关人员缺乏对生态环境建设深刻内涵的充分认识，也没有积极履行宣传生态环境建设的职责，导致了民众在生态环境建设中缺乏正确的指引，没有充分激发出民众的力量来进行生态环境的建设，形成生态环境建设合力。

三、武胜县政府生态环境建设的对策建议

（一）提高生态环境建设支持保障水平

1. 提高生态环境建设资金管理和利用水平

由于当前武胜县政府财政拨款用于生态环境建设的资金是极其有限的，生态环境建设资金的供需仍处于不平衡的状态，只有切实提高生态环境建设资金的投入、管理和利用水平，才能加强生态环境建设的支持与保障。

首先，政府要建立完善的生态环境建设资金管理办法。对武胜县生态环保项目建设尤其是武胜县乡镇、农村生态环保项目建设资金的申报时间、投资形式及用途、申报程序等要进行规范和管控。分类推进相关生态环境建设项目资金使用和验收拨付，并对资金使用情况进行持续跟进和使用效果的评估。

其次，提高生态环境建设资金利用水平。明确武胜县当前生态环境建设重点区域尤其是乡镇和农村地区，加大对重点区域生态环保项目资金投入，并围绕重点生态环保项目建设内容及其资金使用方向，制定明确的绩效目标和项目执行进度，强化项目绩效结果，切实提高武胜县生态环保资金使用效益。

2. 加强生态环境保护执法力度

生态环境保护执法力度的大小是影响生态环境治理成效的关键性因素之一。因此，为了提高武胜县生态环境治理水平，实现对生态环境的有效监管，武胜县应加强生态环保执法力度。

一是构建完备的生态环境监管体系。针对武胜县生态环境污染现状建立实时生态环境监控系统，及时查找生态环境污染源，做到生态环境风险防控和保护。对武胜县生态环境网络舆情进行实时监测，定期开展生态环保专项执法检查等。

二是要加强生态环保执法队伍建设。武胜县在对现有环保执法人员进行定期专业知识技能培训的同时，也要招纳新的专业技术人才，扩大执法规模，提高执法队伍综合素质与工作能力。增强环境执法人员服务意识，规范其执法行为，做到切实为公众服务。

三是建立环境执法人员责任追究制。为避免执法混乱的局面出现，尤其是武胜县各乡镇政府应建立环境执法人员责任追究制，对执法人员违法乱纪行为严肃惩处和依法追究其行政责任，督促其认真履行自身职责，明确自己的执法权限，依法行使权力。同时可以鼓励武胜县民众对环境执法人员的执法行为进行监督。

（二）完善生态环保基础设施建设

1. 加大生态环保基础设施资金投入

生态环保基础设施建设是生态环境建设的重要组成部分，为推进武胜县生态环境建设工作的持续开展，应加大武胜县生态环保基础设施建设资金的投入。

第一，政府应加大生态环保基础设施建设资金拨款。武胜县各乡镇和农村可通过设立生态环保基础设施建设专项资金，加大乡镇污水处理设施的资金投入，增加农村生活垃圾处理设施建设资金，确保政府用于乡镇生态环保基础建设拨款达到合理的水平或范围，保

证生态环保基础建设资金来源的稳定性，为乡镇和农村生态环保基础设施建设提供长期保障和支持。

第二，实现生态环保基础设施投资渠道多元化。武胜县可积极促进生态环保基础设施建设投入市场化，适当放宽社会各类企业、行业以及社会组织资本投资的门槛和标准，加大其参与乡镇污水处理设施与农村生活垃圾处理设施建设的投资力度。此外，也可组织乡镇和农村居民自发参与生态环保基础建设项目筹款，为乡镇和农村生态环保基础设施建设提供资金支持。

2. 提升生态环保基础设施工艺技术

生态环保基础设施建设为生态环境的治理提供保障。武胜县生态环境问题的复杂多样性对生态环保基础设施建设提出了新的要求，而加强武胜县生态环保基础设施工艺技术的提升则至关重要。

一方面要提高乡镇污水处理工艺。一是在充分了解和全面掌握武胜县乡镇现有污水处理方法和处理技术的基础上，对武胜县乡镇原污水处理设施进行升级改造，提高其污水处理能力。二是引进先进污水处理技术，提升武胜县乡镇污水收集处理设施效能，实现乡镇污水净化再利用，使乡镇污水处理率规模新增量与废水新增量规模相适应。

另一方面要实现农村生活垃圾处理设施的改造升级。针对武胜县农村生活垃圾产出现状，招聘专业环境技术人才，进行农村生活垃圾处理技术的研发创新，建立符合农村生活垃圾的收集处理系统，提高农村生活垃圾回收处理量和再利用率，进一步解决农村生活垃圾引发的生态环境问题，提升农村垃圾资源化处理率，促进资源的循环再利用。

（三）营造生态环境建设良好氛围

1. 充分发挥政府生态环境建设的引导作用

在生态环境建设过程中，为实现生态环境质量由劣向优发展，政府应注重生态环境的治理和保护，充分发挥其引导作用。

在制度层面上，武胜县政府可针对乡镇企业和社会组织及个人的违法排污行为制定违法排污相关的惩处办法，以规范其行为。通过建立生态环境信用评价系统，约束和遏制武胜城乡居民对生态环境产生负面影响的行为，减轻生态环境污染态势。

在职能转变层面上，武胜县政府应积极履行生态环境建设的职责，尤其是各乡镇相关部门应捋清生态环境建设责任和管理职能，由政府主导变为政府引导，减少生态环保建设项目行政审批步骤，认真落实生态环境建设责任。

在宣传教育层面上，武胜县政府可以通过把生态环保宣传教育纳入学校课程中，增强学生的生态环保意识；在农村地区建立生态环保宣传基地，并配置生态环保宣传员，定期开展宣讲会对村民进行生态环保宣传教育；开展生态环保活动引导民众自觉参与生态环境建设，使其意识到生态环境保护的重要性，主动承担生态环境保护和建设的责任。

2. 政府鼓励社会组织与公众的协同参与

生态环境的保护和建设是一项长期且复杂的综合性工程，社会组织与公众力量的加入，一方面能为生态环境监管提供建议，利于生态环境监管体系的完善，另一方面能作为政府生态环境建设的有力补充，弥补政府在生态环境建设中的不足。只有积极倡导全民参与，整合生态环境建设力量，才能加快武胜县生态环境建设步伐。

首先应提高公众的参与度。武胜县政府应开拓多元的公众意见反馈渠道，各乡镇政府可以通过开通微博、抖音官方账号以及注册微信公众号等，便于收集公众对生态环境治理的建议和意见，形成政府与公众对生态环境治理效果反馈的双向沟通渠道。此外，还可通过建立完备的关于公民参与"生态环保建言献策"活动的奖励机制，切实提高民众参与生态环境建设的自主性。

其次要鼓励和支持社会组织的加入。武胜县政府应鼓励和支持各乡镇环保组织的发展，为其提供必要的资金与技术支撑。扩大乡镇环保组织或志愿队伍，为其设立专项活动基金，激发社会组织参与生态环境建设的积极性，充分发挥社会组织的功能，营造全民积极参与生态环境建设的社会氛围。

四、结论

经济可持续发展离不开生态环境的支撑和保障，生态环境问题也为当前经济可持续发展带来许多挑战。当前生态环境问题已经成为不可忽视的问题，政府在生态环境建设中发挥着重要的作用，但在生态环境建设过程中仍存在一些问题。

本文通过对武胜县生态环境建设现状的分析，发现武胜县政府在生态环境建设中存在生态环境建设支持保障能力薄弱、生态环保基础设施落后、生态环境建设未形成全社会共识等问题，在对其成因进行探究的基础上，针对存在的问题提出提高生态环境建设支持保障水平、完善生态环保基础设施建设、营造生态环境建设良好氛围的对策和建议。

随着经济和社会的持续发展，生态环境建设也将面临新的挑战。政府在生态环境建设过程中应不断剖析自身发展的不足，吸取经验教训，积极探索新途径，为满足人民日益增长的对美好生活的期盼，为更好地建设美好生态环境做出努力。

【参考文献】

[1]王浩.城镇化发展与城镇生态环境建设思考[J].中华民居(下旬刊),2013(02):6-7.

[2]程梅.环境治理中地方政府生态责任研究[D].东南大学,2015.

[3]宋建越.论当代城市规划与生态环境建设发展[J].江西建材,2016(18):52-53.

[4]苏艳.浅谈当代城市规划与生态环境建设发展[J].资源节约与环保,2020(07):148.

[5]钱兴华.城市化发展趋势与城市生态环境建设[J].智能城市,2020,6(08):54-55.

[6]何思意.城市污水处理在生态环境建设中的重要性及对策探讨[J].广东化工,2020,47(15):115-116.

[7]张利.当代城市规划中生态环境建设路径的探讨[J].资源节约与环保,2021(03):136-137.

[8]李敏,刘吉超.提高地方政府环境治理能力的战略思考——基于中西部地区为研究视角[J].安徽农业科学,2012,40(34):16836-16839.

[9]任丙强.地方政府环境治理能力及其路径选择[J].内蒙古社会科学(汉文版),2016,37(01):25-30.

[10]王芳,黄军.小城镇生态环境治理的困境及其现代化转型[J].南京工业大学学报

（社会科学版），2018,17(03):10-21.

[11]王永生,刘彦随.中国乡村生态环境污染现状及重构策略[J].地理科学进展,2018,37(05):710-717.

[12]毛渲,王芳.城乡融合视角下的农村环境治理体系重建[J].西南民族大学学报(人文社会科学版),2022,43(03):190-196.

[13]马波.论政府环境责任法制化的实现路径[J].法学评论,2016,34(02):154-160.

[14]葛察忠,翁智雄,董战峰.环保督查制度:推动建立督政问责监管体系[J].环境保护,2016,44(07):24-28.

[15]杨汐.地方政府与企业在生态环境污染与治理方面的关系与对策[J].特区经济,2016(11):79-80.

[16]王浩,徐继敏.我国地方政府环境责任体系的问题与建构[J].江淮论坛,2016(01):68-72.

[17]江龙飞,管锦绣.当前乡村生态环境问题浅析——基于马克思主义生态观视角的考察[J].湖北经济学院学报(人文社会科学版),2017,14(10):7-9.

[18]史云贵,孟群.县域生态治理能力:概念、要素与体系构建[J].四川大学学报(哲学社会科学版),2018(02):5-13.

[19]褚添有.地方政府生态环境治理失灵的体制性根源及其矫治[J].社会科学,2020(08):64-75.

[20]许珂,周伟.区域生态环境治理中地方政府合作的困境与突破[J].领导科学,2020(04):7-11.

[21]刘纯明,余成龙.乡镇政府生态环境治理能力现代化:现实依据、发展困境和破解思路[J].昆明理工大学学报(社会科学版),2020,20(02):51-57.

[22]卢青,郭鑫鑫,郑石明.政府环境治理能力:影响因素及其评价体系[J].湖南师范大学社会科学学报,2020,49(02):87-95.

[23]卢瑜,向平安.城镇化和生态环境的协同耦合研究——以长株潭城市群为例[J].城市发展研究,2020,27(01):1-6.

[24]苏艳.城镇化发展与城镇生态环境建设研究[J].环境与发展,2020,32(04):236+239.

[25]张怡迎.美丽乡村建设中农民参与乡村环境治理存在问题及对策[J].乡村科技,2021,12(21):38-39+42.

[26]蒋子乐.生态环境治理中的公众参与研究[J].法制与社会,2021(01):145-146.

[27]侯桂红.聚焦突出问题,提高生态环境治理现代化水平[J].中国环境监察,2021(11):90-91.

[28]邸美竹,翟斌.生态环境保护在城镇化建设中的问题及对策[J].居舍,2021(29):3-4.

[29]冯志雄.农村生态环境建设的法律问题与应对[J].中国资源综合利用,2021,39(06):122-124.

[30]樊军.城镇化建设中生态环境保护的问题及对策研究[J].山西化工,2021,41(03):

216-218.

[31]郎晓军.关于建设人与自然和谐共生的现代化生态理念的思考[J].中共南昌市委党校学报,2022,20(01):36-42.

[32]于法稳.当前县域生态环境治理困境及对策建议[J].国家治理,2022(04):14-18.

第三章 南充市龙门街道环境卫生问题及对策分析

整洁舒适的街道是一个城市闪亮的名片，良好的街道卫生也有利于提升居民整体的生活质量，虽然现阶段我国针对城市街道卫生出台了一系列相关的治理措施，但实际的治理效果较差，部分地区街道环境卫生仍存在较大问题，而本文以四川省南充市龙门街道为例，通过实地调查法，文献法和问卷法了解当地实际情况，分析龙门街道现环境卫生状况，认为其存在如下问题：公民环保意识薄弱，环保设备缺乏以及居民参与环境治理度不高等，同时通过如下几个方面对街道卫生情况加以改善：提升公民环保意识，完善相关环保基础设施，以及鼓励社会多方主体参与等。

一、南充市龙门街道环境卫生的现状

（一）南充市龙门街道概况

南充市龙门街道，面积39.6平方公里，下辖南新街社区、嘉龙社区等6个居委会，6个居民小组以及盐井沟村、曹家坝村等8个行政村，8个村民小组。辖区总人口4.6万。街道内教育涵盖幼教、小学、中专等各个层面，同时龙门街道内纺织、餐饮等企业较多。

（二）南充市龙门街道环境卫生基本情况

自龙门街道成立以来，龙门街道办环保处负责相关环保工作，开展了一系列的活动，如2020年4月20日为深入贯彻落实党的十九大精神，提高全民环境卫生意识和道德素养，龙门街道办事处联合高坪城管龙门执法大队开展了《南充市城镇环境卫生管理条例》宣传活动。又如2020年"6.5"世界环境日环保宣传活动，通过现场宣讲和网络宣传等方式致力于提高公民的环保意识。

2020年4月20日，龙门街道办事处根据国家、省、市关于实行网格化环境监管的部署，并结合自身的实际情况制定了《南充市高坪区人民政府龙门街道办网格化环境监管实施方案》，内容包括：网格化监管实行"五定"，即定区域、定人员、定职责、定任务、定奖惩；建立责任制，将全街道划分为20个网格，明确划分责任主体；充分利用现代信息技术完善相关的监管档案。

政府开展的这一系列活动，虽取得了一定的成效，但整体而言，龙门街道环境改善的情况仍不乐观，实地对龙门街道进行考察，龙门街道道路上乱吐乱扔现象十分普遍，街道居民的环保意识整体仍处于较低水平，龙门街道内的基础环卫设施不完善，街道垃圾桶破损以及缺乏现象严重，同时部分社区垃圾点未做好任何管控措施，恶臭味散发，致使街道环境更加脏乱不堪。由此可知，龙门街道的环境卫生问题十分严重，街道环境卫生亟待整改。

（三）调查情况分析

本文以南充市龙门街道居民为调查对象，对其发放电子问卷170份，有效问卷170

份，样本总量为170，从而得到相关数据并对其进行分析。问卷涉及的主要问题包括：受访者的基本情况，街道居民的环保意识情况，居民参与街道卫生治理活动的情况，等等。

在本次调查中，男性受访者69人，占比40.59%，女性受访者101人，占比59.41%；受访者年龄处于18岁以下的有17人，占比10%，处于18至35岁的人最多，共82人，占比48.24%，处于35岁至50岁的人有50人，占比29.41%，50岁以上的受访者共21人，占比总人数的12.35%。总体而言，本次调查，女性受访者较多，年龄在18至35岁之间的受访者居多，如表3-1所示。

表3-1 受访者的性别及年龄

选项	测量赋值	频次	百分比
性别	男性（1）	69	40.59%
	女性（2）	101	59.41%
年龄	18岁以下（1）	17	10.00%
	18至35岁（2）	82	48.24%
	35岁至50岁（3）	50	29.41%
	50岁以上（4）	21	12.35%

关于受访者的职业，学生共40人，占比23.53%，企事业工作人员54人，占比31.76%，个体工商户39人，占比22.94%，社会组织17人，占比10%，群众20人，占比11.76%；受访者的文化程度处于初中及初中以下的共87人，占比51.18%，处于高中（包括中专）的，共64人，占比37.65%，本科（包括大专）18人，占比10.59%，研究生及以上共1人，占比0.59%。总体而言，受访者中学生与企事业工作人员较多，高中和初中及以下文化水平的人较多，如表3-2所示。

表3-2 受访者的职业和文化程度

选项	测量赋值	频次	百分比
职业	学生（1）	40	23.53%
	企事业工作人员（2）	54	31.76%
	个体工商户（3）	39	22.94%
	社会组织（4）	17	10.00%
	群众（5）	20	11.76%
文化程度	初中及初中以下（1）	87	51.18%
	高中（包括中专）（2）	64	37.65%
	本科（包括大专）（3）	18	10.59%
	研究生及以上（4）	1	00.59%

二、南充市龙门街道环境卫生的问题及原因分析

(一) 南充市龙门街道环境卫生的问题

1. 居民乱吐乱扔现象严重

南充市龙门街道居民由于受传统生活习惯和城市发展空间的限制,并没有摆脱以往那种落后的卫生意识和卫生观念,导致龙门街道环境卫生的脏乱差现象严重。

居民随地吐痰、乱扔坚果壳、食物的垃圾袋、包装纸、签棍等这些情形在龙门街道的主干道、商业街等地尤为突出。同时,地摊商贩也存在制造大量街道垃圾的行为,如菜摊附近遗留的菜叶、花生壳,烧烤摊位遗留的签棍等,严重影响龙门街道的街道环境整洁。由于居民的环保意识差,导致龙门街道干净整洁的街道卫生环境难以得到长期的保持。居民乱吐乱扔的行为导致街道环境卫生呈现脏乱差的状态。

调查结果显示:对于受访者观察街道上有乱吐乱扔行为的情况,认为有很多次以及较多次的人占比共50.59%,认为一般的占比31.77%,认为较少次以及很少次的共占比17.64%。总体上,受访者认为街道上乱吐乱扔的情况较多,如图3-1所示。

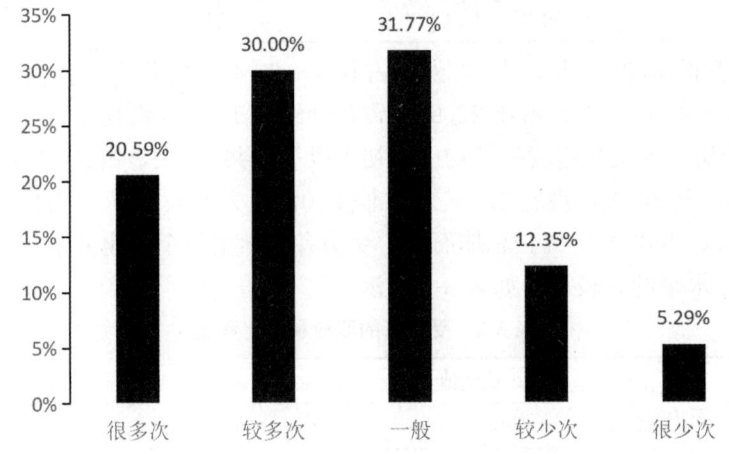

图3-1 街道乱扔乱吐行为的情况

2. 街道环卫设备缺乏且破损

基础设施配置陈旧落后,严重不足,都严重影响了环境卫生水平以及居民的生活质量。

首先,龙门街道道路沿途的垃圾桶数量较少,并不能满足街道的实际需求。其次,龙门街道很多垃圾桶已经破损严重,亟待更新,但这些垃圾桶已经长时间没有得到应有的更新替换,严重影响了街道的整体面貌。同时在居民住宅区,部分住宅区域没有配备必需的垃圾房,而部分区域有配置垃圾点,垃圾点却并无任何相应的基本建设,导致垃圾点附近环境卫生状况极差。破损的街道环卫设备也造成了街道环境卫生脏乱差的局面出现。

调查结果显示:受访者中对街道垃圾桶数量非常满意以及比较满意的人数共45人,占比26.47%,认为一般的52人,占比30.59%,认为不太满意和非常不满意的人数共73人,占总人数的42.94%;受访者中认为垃圾桶非常完整干净以及比较完整干净的人数共45人,占比总人数的26.47%,认为一般的53人,占比31.18%,认为垃圾桶不太完整干

净以及非常不完整干净的人数共 72 人，占总人数的 42.35%。总体上，受访者认为街道的垃圾桶较为缺乏且其完整干净程度较差，如表 3-3 所示。

表 3-3　龙门街道垃圾桶的情况

选项	测量赋值	频次	百分比
龙门街道垃圾桶数量是否满足需求	非常满意（5）	10	5.88%
	比较满意（4）	35	20.59%
	一般（3）	52	30.59%
	不太满意（2）	46	27.06%
	非常不满意（1）	27	15.88%
龙门街道垃圾桶状况	非常完整干净（5）	8	4.70%
	比较完整干净（4）	37	21.76%
	一般（3）	53	31.18%
	不太完整干净（2）	47	27.65%
	非常不完整干净（1）	25	14.71%

3. 政府治理力度不够

政府对于街道的积极治理，能使街道环境得到一定的改善，但由于政府只看重短期效益，而不放眼长远成效，导致了街道整治活动的整体效果不佳。在龙门街道环境整治活动期间，政府会加强对街道环境的治理力度，严格管理街道环境，使得街道脏乱差现象能够得到一定的改善，但街道整治活动结束，政府部门的松懈会使得刚有改善的街道环境又马上恢复原状，使得治理的效果并不能达到长期化。政府治理力度不足，导致街道环境长期不能得到有效改善。

调查结果显示：对于政府街道环境改善活动，受访者中认为改善效果非常好以及比较好的占比 25.88%，认为一般的人数较多，占总人数的 45.88%，认为不太好以及非常不好的人数占总人数的 28.24%。因而总体上，受访者认为街道环境改善的效果一般，如图 3-2 所示。

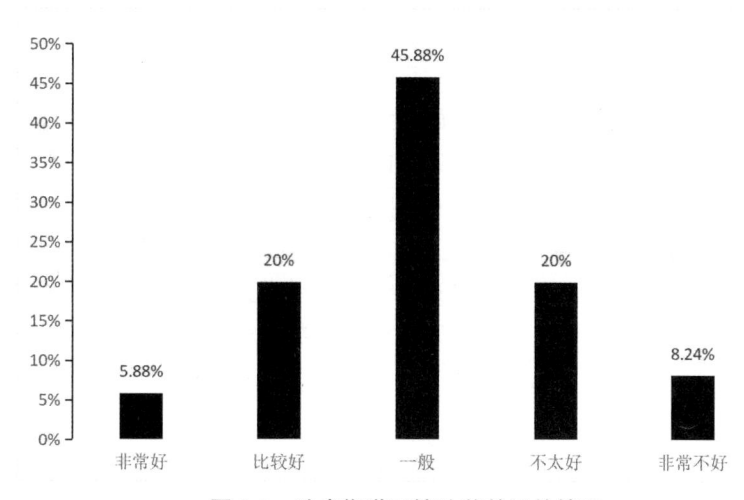

图 3-2　政府街道环境改善效果的情况

4. 公众参与治理度不高

街道居民身处该环境中,是街道的主人,居民本应十分了解街道环境卫生情况,龙门街道的多数居民已经认识到龙门街道环境治理存在问题,急需改善,但这些居民空有想法,却未付出实际行动,参与度不足。

调查结果显示:对于街道卫生治理活动,受访者中积极参与以及较多参与的人数共35人,占比总人数20.59%,一般参与的52人,占比30.59%,较少参与以及从未参与的人数共83人,占比总人数的48.82%。可知,总体上受访者参与街道卫生治理活动较少,如表3-4所示。

表3-4 受访者参与街道卫生治理活动的情况

选项	测量赋值	频次	百分比
受访者参与街道卫生治理活动的情况	积极参与(5)	10	5.88%
	较多参与(4)	25	14.71%
	一般(3)	52	30.59%
	较少参与(2)	49	28.82%
	从未参与(1)	34	20.00%

(二)南充市龙门街道环境卫生问题的原因分析

1. 居民环保意识较差

居民是城市的主人,但绝大多数的居民却没有意识到自己身上肩负着保护街道环境的责任,虽然较以往而言,街道居民的环保意识与素质有了大幅度提升,但仍存在较大的进步空间。居民应清楚街道环境的治理工作不仅是政府的责任,更大的程度上,街道居民才是承担街道环境卫生治理责任的主体,只有居民拥有良好的环保意识,才能实现环境卫生管理长效化发展。但实际上,乱扔垃圾、公共场所吐痰、乱扔烟头、在墙壁上乱涂乱画等行为并不罕见。比如,龙门街道的地摊摊主大都是来自各个村落的卖菜营生的老人,他们的文化程度较低,环保教育知识接收有限,所以在摆摊过程中,随意丢弃垃圾、摊位清洁不到位的现象十分普遍,这严重影响了街道环境卫生。因而改善街道环境卫生首当其冲的就是要提升居民的环保意识。但首先,在短期效应的诱惑下,人们往往因为贪图方便与快捷而忽视了对环境的保护,产生随意投掷垃圾、乱吐乱扔等行为。其次,受政府无科学规划的环保宣传活动影响,居民环保意识未得到大幅度的提升。比如,在环保宣传活动的时间规划方面,宣传活动存在持续时间太短,间隔太长的问题,这都会导致环保宣传活动实际达到的效果不佳,居民的环保意识难以得到有效提升。最后,居民接受的宣传教育少,环保意识差。现在居民接受的环境卫生方面的教育大都是来自政府人员少量的、不定期的环保宣传,缺少其他方面的宣传渠道。较为单一的宣传渠道使得居民的环保意识难以得到有效的提升,居民的行为习惯与环保生活的需要相差甚远,最终导致街道环境卫生治理的成效差强人意。

2. 环卫基础设施规划不合理

在街道的环境卫生管理中,垃圾箱和垃圾房的规划十分重要。但从龙门街道的实际情况可以看出,街道对环卫基础设施的规划管理不到位。首先,街道的基础环卫设施配置与规划存在问题。龙门街道部分社区并没有配备必需的垃圾房，而部分已配备的社区，垃圾房的位置却极其不便捷。比如，龙门街道嘉龙社区在撤销垃圾房后，社区现在没有固定的垃圾房，而由于最近的垃圾房位置过远，致使社区居民直接在路边的隐蔽角落倾倒垃圾。然而这些地方并没有相应的防护措施，垃圾随意堆放导致周围卫生状况变差，此类现象在龙门街道并不罕见。其次，街道流动基础环卫设施不健全。现有的固定垃圾桶难以满足实际需要，而流动环卫设施的缺乏，更导致街道垃圾堆积、溢出。例如，龙门街道花园处晚间营业的烧烤摊在经营过程中会产生大量的垃圾，流动环卫设施不足，致使烧烤摊产生的大量垃圾因为不能得到及时的处埋而长时间堆积在街道上，既影响街道容貌，又污染了街道环境。最后，相关部门对街道基础环卫设施的定期检查不足。例如，龙门街道有的垃圾桶破损已久却并未及时换新，而部分区域垃圾桶已经因完全损坏被撤却没有及时补上，导致街道垃圾桶十分缺乏。环卫基础设施不齐全是导致龙门街道环境卫生脏乱差的重要原因。

3. 政府管理工作不到位

街道环境卫生的治理，政府应发挥主导作用。只有上层带头重视，才能真正引领公众保护街道环境卫生。龙门街道办早期就采取了相关的环境卫生管理办法，但实际得到的效果不佳，长期的环境整治未使街道环境卫生得到明显的改善，大部分原因在于政府的管理机制出现了问题。首先，卫生管理常态化不足。相关管理者日常巡查工作不足，多为不定期的突击检查。例如，城管执法者肩负着对街道流动摊贩管理的责任，但如今城管对摊贩的日常性巡查较少，更多的是采用运动式管控，即对流动商贩的违法占道经营行为进行不定期打击，以改善市容市貌和维护市场秩序。然而摊贩是流动的，这不仅加大了城管的工作强度，也使得专项打击的效果难以达到预期，存在城管集中检查街道时，龙门街道街面整洁，无胡乱占道经营的行为，环境卫生整治行动结束，摊贩占道经营行为再现的现象。整治活动存在短期效应，摊贩等并不会因此长期改变自身的行为。其次，政府对环卫工作监督不足。政府通过承包的方式将环卫工作承包出去，但没有对其加强监督，致使环卫工作未达到应有的标准。同时，考评与激励制度不完善。现如今龙门政府实行网格化治理的方式，但实际上对于龙门街道环境卫生的治理还是更加侧重于直接性的布控实施，并未真正的发挥网格化管理的激励作用，导致各网格负责人的治理积极性不高，难以全心投入到环境改善工作中来。最后，政府投入的资金不足。任何治理活动都离不开资金的支持，缺乏一定的资金的支持，环境卫生治理活动效果将会大打折扣。2020年龙门街道办一般公共预算财政拨款支出减少，原因之一就是政府对基础设施换新和修缮减少。环卫基础设施专项费用的不足，致使政府无力换新基础硬件，环境卫生管理行动基础条件不足。同时由于资金的匮乏，政府无力聘请专门人员对流动摊贩进行重点管理，也无力建立更多的固定摊位供摊贩使用。

4. 居民参与意愿低及社会参与机制缺乏

政府对环境卫生治理应担负主要责任，但政府不能包办一切，当前环境卫生治理的困境之一就在于公众参与力度不足。公众作为街道的主人，有权利参与到街道卫生治理的各个方面。龙门街道居民参与街道卫生治理存在以下问题，首先，居民参与治理意愿低。在环境卫生治理过程中，参与的主体非常有限，即便有少部分公众参与，也基本都是被动的，大部分居民存有对"全能型政府"的依赖习惯，或者只有当真正危害到自身利益之时，才会想到参与。其次，居民参与治理能力不足。虽然部分居民有较高的主人翁意识，认为自己有责任参与街道环境治理，但其储备的环卫知识却十分匮乏，因而对于环卫工作中的难题，难以提出切实可行的解决方法。再次，居民参与治理途径有限。目前多数居民大多通过举报电话或网上留言等方式投诉，政府或开设有其他途径，但由于居民并不了解，导致公众参与流于形式，道路不畅。最后，公众参与治理受信息不对称的限制。公众可通过政府官网了解环境卫生治理活动，但实际上官方展示的相关信息的信息量过少、细节不足，因而这种信息不对称现象的存在导致公众虽有心参与政府的环境治理行动，但行动上却会受到限制。

三、南充市龙门街道环境卫生状况的改善建议

（一）通过宣传提升居民的环保意识

1. 合理规划环境保护宣传活动

提升居民的环保意识，离不开政府宣传活动的引导。首先，政府应安排好相关的环保宣传活动。活动时间应保持一定的间隔，按照边际效益和强化理论，科学规划，使宣传活动获效最佳，人们的环保意识能得到大幅度的提高以及强化。比如，每月可进行现场宣讲活动，在主干道旁、花园等地可摆放大喇叭，宣讲环保相关内容，安排相关人员亲自讲解，同时，可搭配少量的、不定期的环保知识竞赛活动，从而有效提升居民环保意识。

2. 积极发挥互联网的宣传作用

互联网具有广泛的传播力和强大的渗透力，因而政府宣传环保知识，需要高效运用互联网技术。现政府仅通过微信等方式传递信息，受众范围是极其有限的，政府部门应积极发挥互联网的宣传作用。比如，可开通微博、抖音等平台官方账号，紧跟时代的潮流，扩大自身的受众范围，同时要采用人们最喜闻乐见的方式传播环保相关知识，如拍短剧、小视频等。

3. 积极开设环境保护教育课堂

提高公众的环保意识，特别要从娃娃抓起。龙门街道辖区范围内有幼稚园、小学、中学、中专等多所教育院校，环保宣传应走进课堂，进入校园，致力于培养出新一代高素质青年。同时，对于校外人士，可由其所在社区居委会或村委会主办开展环保教育课堂，宣传环保知识。

（二）加强对环卫基础设施的管理

1. 规范配置街道环卫基础设施

完善城市的基础设施建设，能在一定程度上避免人们做出乱丢垃圾的行为，因而维护良好的街道环境，环卫基础设施数量和质量都要到位。首先，对于街道内的垃圾房，应科学合理的按照各社区的实际情况合理选址，距离居民点不能过近也不能太远。同时垃圾房应按照《城市环境卫生设施规划规范〔GB50337〕》等有关规定的标准设置，既要方便居民使用，又不能影响城市卫生和周围环境。

2. 增加街道流动环卫基础设施

应针对街道的重点道路安排相应的流动环卫基础设施。例如，傍晚前在河坝区域，布置好流动的环卫设施，满足环卫设施的基本数量需求。在龙门街道夜市布置好流动性的垃圾桶，加强夜市的卫生清洁，并在夜市结束后及时将产生的垃圾进行转运清理。

3. 定期检查街道环卫基础设施

垃圾房的容量、数量都要满足实际需求。对于街道现有的已损坏的垃圾箱，有关部门应该对其中亟待换新的垃圾箱进行统计，并及时换新与补充，以满足居民的正常生活需要，改善街道整体的卫生形象。同时，卫生管理部门应该加强对这些基础设施的定期检查，对其进行实时的维护，从而满足环卫最为基础的硬件需要。完善的环卫设施是街道长久保持干净整洁状态所必需的硬件，因而政府要加强对环卫设施的长期动态检查。

（三）政府改进管理工作

1. 政府建立常态化的卫生管理

街道的环境卫生管理是一项长期的工作，它不是一蹴而就的，政府部门应对其高度重视，带动下层认真工作。首先，政府需要建立起常态化的卫生管理。按照龙门街道已实行的网格化环境监管部署，各网格负责人应对其职责地区进行实时监控，要把专项管理摸排、常规检查和突击检查相结合，从而保持长效化的高质量卫生环境，形成"处处有人管，时时有人干"的工作局面。比如，加强对摊贩的日常性监督，可利用新一代科学技术，如在重点街道设置摄像头等，通过网络监控，监督摊主是否存在破坏街道环境卫生等行为。

2. 政府加强对环卫工作的监督

街道环境卫生管理市场化的成功，离不开政府对市场的监管。重点包括以下几方面的监管：对环卫市场准入主体的监管、对招投标程序和内容的监管、对合同制定的监督、对环卫产品和服务质量的监管等。例如，政府对环卫人员的实际工作情况要定期进行检查、考核。

3. 政府应建立考评与激励制度

建立考评与激励制度。首先，政府可对已被部署的各环境监督网格进行考评，通过考评将环境卫生管理现状客观反映出来，将其中存在的问题挖掘出来，发现问题，及时解决，形成比学赶超的竞争局面。同时，召开模范街等系列活动，设置奖金，提升各网格负责人的积极性。最后，各网格负责人应搭建起沟通的交流平台，如建立微信群，定期召开大会等，加强彼此之间的沟通，相互传授卫生治理经验，对成功的实施案例进行推广处理，实现共同进步。

4. 政府应加大环卫资金的引入

政府要合理配置资金，加大资金引入。首先，政府应设立街道卫生工作专项经费，确保长效管理工作体系的运作和街道卫生常态管理工作的开展。同时要按照"政企共建，资源共享，事业共管"的原则，鼓励支持辖区内的企业和个人投资，形成多元化的投资机制。最后，合理规划环境治理活动中对违规人员处罚的罚金的用途，政府可留一部分罚金作为街道环境卫生治理资金。

（四）加强公众参与治理的力度

1. 提升居民参与环境治理意愿

有效的治理活动离不开公众参与，只有在公众参与下的环境卫生得到改善，才能使政府的行为更加满足公众的需求，打造真正的服务型政府，实现为民服务。要解决现龙门街道环境卫生治理中公众参与不足的问题，首先要转变居民思维，提升居民参与意愿。要将环境卫生保护的要求内化为居民的自觉意识，如可对中小学生加强环境卫生教育，从小培养其积极参与意识和环境保护意识，并通过加大宣传，引导公众参与，营造一个人人参与环境卫生治理的良好氛围。

2. 构建专业化的治理参与主体

为切实发挥公众参与的优势，应建立相应的参与团队。合理划分街道的各类人群，如学生，商人等，按照合理的比例挑选人员组建代表团，组织学习相关专业知识，并代表自身所属团体参与到政府环境卫生管理的决策与执行的活动中，对政府的各项活动发挥智囊作用与监督作用。龙门街道辖区内学生众多，为代表团提供了充足的人才资源需求。

3. 拓宽居民环境治理参与途径

政府要拓宽参与途径。除去代表团的建立，政府应利用新媒体拓宽参与平台，加强线上与线下的沟通机制，例如紧跟社会的时代潮流，注册微信公众号和微博、抖音账号，利用互联网更快更好地倾听群众的声音，并且要不断地与时俱进，还可开通专属民生热线或定期发放问卷，线上线下，传统与新式并举，大开参与路径。

4. 加大环境治理信息公开力度

政府要加大信息公开力度，建立透明政府。政府可通过新媒体等发布各项卫生整治行动的最新进展，让政府活动在阳光下运行，同时这也有利于公众及时发现问题，并提出环境卫生治理的建议。

四、结　论

街道环境卫生是城市治理的重要内容，是一个城市最直接的形象展示，打造干净整洁的街道环境更是一个城市闪亮的名牌。本文聚焦于城市街道环境卫生的治理，并通过实地调查法、文献法和问卷法对南充市龙门街道的环境卫生问题进行了原因分析，并提出相应的街道环境卫生改善建议。这不仅有利于为街道居民打造一个更为舒适的生活环境，而且对于龙门街道提升其整体环境卫生水平，促进街道整体发展都具有重要的意义。但无疑，街道环境卫生问题在我国十分普遍，并不少见，但各地因地理、经济等诸多方面因素的影响，其街道环境卫生状况较差的原因也各有不同，因此对于其他地区环境治理的成功经验不能照搬照抄，而需要有选择地、批判地借鉴。同时从各地实践情况来看，街道卫生治理的方式方法仍有一定的经验共通点，因而各地如何结合实际选取、运用成功地区的经验，仍然需要不停探索。随着国家对环境卫生重视程度的不断提升，对街道环境卫生治理的重视程度也将达到一个新的高度。在此大环境下，政府街道环境卫生治理能力也必然能够不断得以锻炼和提升，各地街道环境卫生水平也会不断地提升。而街道环境卫生状况会向着更好的方向发展，城市的整体风貌也将由此焕然一新。

【参考文献】

[1]张碧莹.城市环境治理问题分析及对策[J].绿色科技,2018(10):145-146.

[2]高伟丽.我国城市环境污染现状及防治措施[J].技术与市场,2017,24(08):334+336.

[3]李冬梅.城市市容环境卫生管理存在的问题及政策研究[J].科技风,2010(12):52.

[4]徐施烨."地摊经济"背景下我国流动摊贩的治理研究——基于新公共服务理论视角[J].营销界,2020(52):195-196.

[5]王家成.探讨市容环境卫生与社会经济发展的思考与建议[J].绿色环保建材,2021(01):55-56.

[6]肖佳.城市环境治理中存在的问题与对策研究[D].湘潭大学,2018.

[7]巩鲁宁.基于消费者视角的我国城镇居民消费污染问题研究[D].山东财经大学,2016.

[8]韩莉,马婧一.国外环境卫生管理发展对我国的借鉴[J].环境卫生工程,2015,23(04):78-80.

[9]上官顺结.城市环境卫生管理市场化运作研究[D].华侨大学,2015.

[10]金岸.街道环境卫生整治行动策略优化研究[D].深圳大学,2019.

[11]周丽金.我国城镇化进程中街道环卫清洁的现实意义研究[J].农家参谋,2018(17):217.

[12]梁健德.地摊经济兴起背景下的街道垃圾污染防控机制研究[J].环境保护与循环经济,2020,40(12):84-87.

[13]陈绍.分析城市环境卫生管理中存在的问题及应对措施[J].低碳世界,2018(06):371-372.

[14]左雨,李安.城市环境治理存在的困境及对策研究[J].当代化工研究,2021(03):109-110.

[15]王晓艳.中小城市环境治理问题及治理措施[J].皮革制作与环保科技,2021,2(17):102-103.

[16]刘莹.城市市容环境卫生管理存在的问题和对策研究[J].环境与发展,2018,30(10):220-221.

[17]李文军,张欣."地摊经济"下的城市基层治理转型——从运动式管控走向包容性治理[J].新疆社会科学,2020(06):134-142.

[18]唐欣,张高强.城市环境治理存在的困境及对策探究[J].皮革制作与环保科技,2021,2(19):155-156+158.

[19]宋丹丹.P区C街道农村环境卫生整治研究[D].大连海事大学,2020.

[20]杨福梅.论城市环境卫生管理的公众参与问题[J].资源节约与环保,2016(10):122.

[21]王家成.提升城市市容环境卫生管理水平分析[J].绿色环保建材,2021(05):

185-186.

　　[22]胡芸.善治理论视角下城市流动摊贩治理困境及对策研究[D].西安建筑科技大学,2020.

　　[23]罗志强.城市环境卫生管理精细化的现实困境与纾解策略[J].行政与法,2021(05):40-48.

　　[24]王芮东.城市环境治理问题分析及对策[J].资源节约与环保,2020(06):117.

　　[25]盛芳.城市市容环境长效管理机制研究[D].山东农业大学,2018.

　　[26]姚静.城乡环境卫生管理长效机制建设研究[D].西北农林科技大学,2013.

　　[27]强永梅.统筹推进环境卫生整治行动持续深入开展——以合作市当周街道为例[J].发展,2016(12):39.

　　[28]董爱霞.大数据技术在城市环境污染治理中的运用分析[J].资源节约与环保,2021(07):139-140.

　　[29]徐小佳.参与式治理视角下城市市容环境治理研究[D].华东政法大学,2016.

　　[30]魏丹丹.城市环境卫生治理中的公众参与问题研究[D].山东农业大学,2017.

第四章 奎屯市智慧社区信息化建设存在的问题与对策分析

随着我国智慧城市建设的逐步展开，作为其重要组成部分之一的智慧社区也被提上日程。智慧社区是一种将互联网、物联网、云计算等新一代信息技术相连接的集成应用，以信息化、智能化为基础，构建出新的管理与服务的社区形态。因此信息化建设是建成智慧社区的关键环节和必要条件，是推动和促进智慧社区建设的核心。本文在新疆维吾尔自治区伊犁哈萨克自治州奎屯市智慧城市建设的大背景下，研究分析奎屯市智慧社区信息化建设存在的相关问题并提出解决对策，希望提高奎屯市智慧社区的服务质量和管理水平，建设更加高效的社区信息服务平台，推动智慧社区更好地为社区居民服务，促进奎屯市智慧城市的建设与发展。

一、智慧社区与信息化建设概述

（一）智慧社区

智慧城市源于 IBM 在 2010 年提出的一个理想的城市构想：城市的各个部分都是一个有机的整体，如果将现代的信息技术和创新的思想结合起来，就能形成一个更加高效、便捷、智能的城市管理和服务体系。城市社区是其核心体系不可或缺的一个组成部分，因而，智慧社区的概念也随之产生，成为打造智慧城市的重要助推力。

智慧社区是现代城市社区的一种新的治理形式，通过对物联网、云计算、移动互联网等先进的信息技术的连接利用，为社区居民创造一个更加安全、智能、便捷的现代化智慧居住环境，形成以信息化、智能化的管理和服务为基础的现代智慧社区。智慧社区主要由物业管理、商务服务、养老服务和智慧家居这四个内容所组成，其基本框架主要涉及基础环境、基础数据库群、云交换平台、应用及其服务体系、保障体系这五个方面的概念。综合所搜集到的文献，总的来说，智慧社区旨在通过一系列相关信息技术的运用与结合，转变传统社区管理方式，从而打造出一个更加高效、便捷、安全的社区居民服务平台，创新社区服务方式，使社区更好地以居民为中心，能够随着现代化发展的脚步同步更新，不成为阻碍社会发展进步的落伍者。

（二）社区信息化建设

2011 年 12 月，国务院办公厅印发了《社区服务体系建设规划（2011—2015 年）》，对社区的信息化工作提出具体要求，包括推进社区信息基础设施建设、提高居民信息技术运用能力等多个方面的内容，随后社区信息化建设便被提上了日程且越来越受到各地方的重视。

社区信息化建设是指在加强和完善社区基础信息设施建设的基础上，加大对现代信息技术的利用，把社区资源和政府资源有机地结合起来，以社区服务为中心，管理和服务相辅相成，形成一个高度集中和高效便捷的社区信息服务管理系统，实现数据的相互融合，打造出"资源数字化、应用程序化、流程规范化"的智慧化社区管理和服务体系。

（三）智慧社区信息化建设的必要性

1. 社会经济发展的要求

随着社会的快速发展和信息技术的突飞猛进，人们的生活观念和生活方式都有了很大的改变，与此同时，社区作为一个可以有序地进行人、物、信息、能量、资本等优化配置、提高居住品质的空间平台，也开始发生转变。社区是一个包含生产、生活、生态等多个个体、群体、组织和资源的完整体系，它通过整合一定区域内的综合资源来实现管理、服务、教育、安全保障等功能，进而促进社会经济的发展。而时代的发展进步使社区治理环境出现了明显的变迁，传统的社区管理模式已不再适应现有的社会经济发展的要求，无论是对社区管理手段、管理方式、管理能力，还是整体服务方式，在这个信息化的时代都有了新的高要求。

2. 社区居民的要求

在传统的社区管理模式中，效率低、精准率低、专业化程度低的"三低"弊病不但阻碍了社区自身的发展进步，降低了社区的服务水平和信任度，同时也让居民日益增长的生活需求得不到更好地满足。因此，以信息共享、资源整合、专业服务、高效便捷为特征的社区信息化建设脱颖而出，通过改变原有的社区机械治理模式，运用现代化信息技术成果，搭建社区信息技术平台，形成安全、快速、精准、专业、高效的新的社区治理系统。社区信息化建设的最终目标是实现社区管理服务的智能化，更好地履行为人民服务之责。

（四）智慧社区信息化建设的意义

1. 对社区自身

信息化建设是智慧社区建设的关键和首要环节，智慧社区的信息化是建立在互联网和计算机等信息技术之上的统一的社区管理服务体系。信息化建设有助于提升社区的管理与服务效率，通过信息技术来超越时间和空间的限制，加强社区信息系统对内外资源信息的收集和整合，交流与传递，不仅提高了信息传递的时效性，减少传统社区治理中资源流失和碎片化以及信息不发达的问题，还改善了社区的管理和服务水平与质量，增加了社区的功能，促进社区自身的发展与建设。

2. 对社区居民

智慧社区信息化平台建设在便民利民方面也起着重要的现实意义。社区居民可以通过智能手机连接和运用智慧社区的各种信息平台，随时随地浏览、了解社区各方面的信息，在线行使公民权益，报名参加社区活动，并自行支付生活费用等。居民通过对这些信息化系统的运用不仅可以节省更多的空余时间来丰富自己的精神世界，也让社区居民通过感受社区信息化服务平台的建设对现代科技发展有新的认识。资源的信息化与智能化让他们有了不同的生活体验，为他们创造出了一个更加安全、舒适、智能和便利的生活环境。小区居民的生活档次得到了提高，小区开发商的名气也就越高，因而小区的房价、销量以及物业管理费等也得到了相应的提高，这为房产开发商也带来更大的经济效益。

3. 对城市发展

目前，在我国开展智慧社区建设试点的实践当中，最成功的做法是由政府牵头，公司出资，双方共同参与的方式。通过这样的合作方式，既能实现智慧社区的信息化需求，又能让相关的投资公司获得利益，从而推动本地企业的发展，解决大量的就业和创业问题。智慧社区是由智慧城市的理念衍生而来，智慧社区信息化建设的成功，将对智慧城市的建设和发展起到至关重要的推动作用。

二、奎屯市及社区信息化建设现状

（一）奎屯市社区建设基本情况

成立于1975年的奎屯市，是新疆伊犁哈萨克自治州的直属市。经过几十年的建设与发展，已经是天山北部地区的一座新星城市。奎屯市辖区面积约1 171.2平方公里，拥有5个街道和1个乡，即乌鲁木齐东路街道、乌鲁木齐西路街道、团结路街道、北京路街道、火车站街道和开干齐乡。从1986年开始，奎屯市的街道社区建设已经走过36年的历程。随着奎屯市经济、社会的发展，社区建设也在进一步的扩大和增加，现已有社区37个。在奎屯市多年的建设发展中，尽管社区建设也得到了一定的发展，但仍始终处于落后的阶段。最初奎屯市的社区主要呈现规模小、人员少、管理服务不规范的特点，社区基础设施建设十分简陋匮乏，社区的工作人员服务和管理的范围也比较小，社区居民对于社区的概念了解不够深入，因此社区和居民并没有建立很好的关系与联系。随着经济发展与人口规模的扩增，奎屯市社区建设也不断发展，在中期阶段社区各方面都有了进一步的发展，规模和人员都有所扩大增加，管理和服务工作也从单一转变到多元化，但是在某些方面仍然存在不规范的弊端。在后期的发展中，奎屯市始终紧紧围绕着习近平总书记关于城市治理体系和治理能力现代化的指示精神，坚持以最强竞争力打造全疆最平安和谐、幸福指数最高的城市，为奋力谱写新时代中国特色社会主义新篇章贡献出一份力量。因此奎屯市后期对社区进行了大力建设和投资，为全市5个街道和37个社区配备电视机、投影仪、电脑等信息设备，使社区影响力不断扩大，在城市中的作用也发生了翻天覆地的改变。

（二）奎屯市社区信息化建设发展状况

2018年，奎屯市乌东路街道率先通过微信、微博等现代信息技术，构建了"五个平台"，搭建了"零距离"的街道社区工作平台。2019年年初，奎屯市全面更新了基层服务管理智能平台，运用信息化技术探索基层治理新途径，安装了基层服务管理智慧平台"社区通"App软件，对社区工作人员在入户走访时收集到的碎片化信息进行分类整理、归类统计，最终形成社区中心数据库。2020年，奎屯市积极探索新的社区治理方式，以"智慧社区"为切入点，把网络技术融入基层党建、管理服务中，形成"多网融合、多元共治、多联齐舞"的社区治理体系和基层党建治理模式。2020年12月29日，奎屯市召开"智慧赋能 决胜未来"智慧城市信息化建设发展座谈会，旨在推动奎屯市智慧城市的信息化建设。这对于推进智慧城市、推进智慧社区信息化、提高城市综合管理水平、提高居民的幸福程度、促进城市管理向城市治理的转变，都具有十分重要的现实意义。随着奎屯市智慧城市建设的逐步推进，各届市委、市政府提高了对社区信息化建设的重视，并持续加大投入力度。奎屯市智慧社区在2021年的建设和升级中，积极探索"互联网＋党建"的有效路径，构建起数据平台、市民平台、先锋平台一体协同、互联共享的智慧社区体系。

三、奎屯市智慧社区信息化建设存在的问题

为了更好地对本选题进行分析，运用了问卷调查法，共发放了200份问卷，其中有效问卷189份，社区居民占82.93％。问卷调查主要选取了奎屯市4个典型社区的工作人员和居民进行问卷的发放与填写，每个社区的社区工作人员占17.07％。在问卷调查数据统计分析的基础上，对奎屯市智慧社区信息化建设存在的问题进行具体分析。

（一）建设规划不统一，缺乏规范的技术指导

奎屯市在开始智慧城市建设至今，一直没有一个明确的关于智慧社区建设的统一规划，在信息化建设的过程中，每一个项目的设计、施工、协调等方面都是按照不同的标准来进行，这就造成了信息建设在设计、安装和设备选择等方面出现了许多的问题。由于奎屯市智慧社区信息化建设的产品和技术标准的不一致，使智慧社区在信息化建设时面临智能产品的多种协议难以选择，因此造成众多不同厂商的不同硬件在连接使用时很难做到完全的兼容，更加难以进行信息的交融。从问卷调查得到的图4-1可以看出，由于奎屯市的社区工作人员在使用和操作信息平台时也没有专业且统一的操作规定，导致社区居民对其技术管理和服务满意度较低，这就让社区信息化系统成为一个零散的、碎片化的、无法稳定发挥作用的"闲置品"。

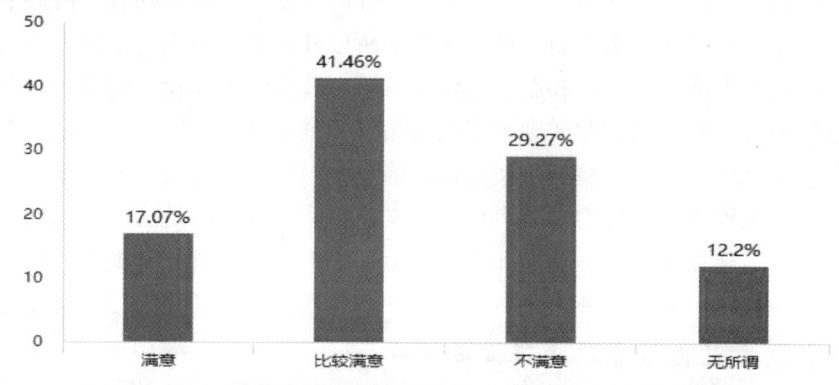

图4-1 奎屯市智慧社区工作人员信息技术管理与服务满意度分析

（二）基础设施建设不足，智慧信息系统运用不充分

随着物联网技术的发展，智能家居被广泛使用，人们开始追求智慧化的生活环境，但是从所搜集的资料中得出由于奎屯市智慧社区硬件设施的不足与落后，设备安装过于迟缓，以及物联网的运用发掘不充分，导致社区在信息化建设中始终处于起步阶段，也让社区工作人员和居民发布和获取信息的方式更多的还是依赖于初级的信息化设备，例如宣传栏、广播、社区QQ和微信群等传统方式，如图4-2所示。在无法实现自动控制网络与互联网的互联的同时，社区居民家中的智能家电也很难与物联网进行融合，从而也无法实现智慧社区所应该包含的智慧家居、智慧物业、智慧政务等社区服务项目，更无法建立一个安全、高效的智慧社区信息平台。

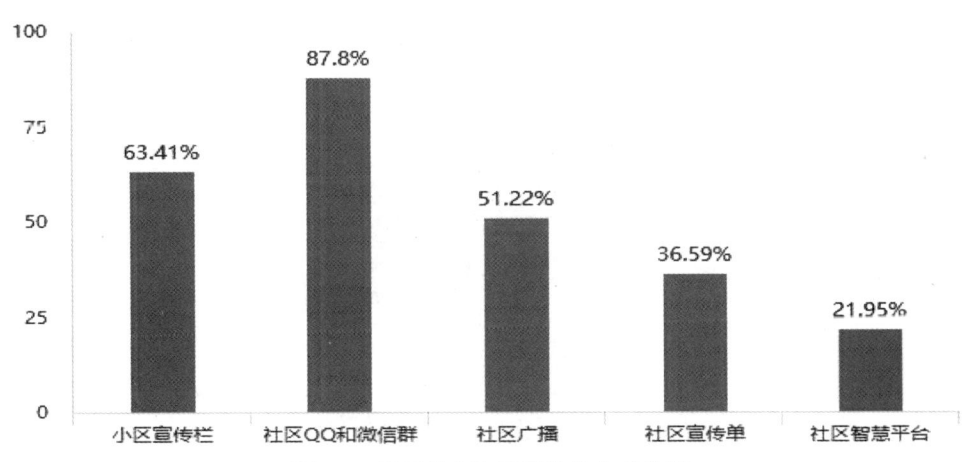

图 4-2 社区发布和获取信息方式分析

(三) 社区缺乏信息技术方面的专门人才

奎屯市社区管理与服务人员在工作方式上依旧保持着传统的社区管理模式，大部分的社区工作人员不具备专业的技术能力。根据图 4-3 可以看出奎屯市智慧社区专业的技术型人才比较紧缺，这使本来就与传统社区管理模式不同的智慧社区建设更加困难。智慧社区应用了丰富的现代信息技术，因此一些关键岗位并非人人都能胜任，社区管理和服务机构，特别是社区服务中心和物业管理中心，必须依靠高素质的技术和业务管理人才，才能确保智慧社区软硬件资源充分发挥其重要作用，而奎屯市各社区在这一领域还很欠缺，物业管理人员的技术水平也有待提升。

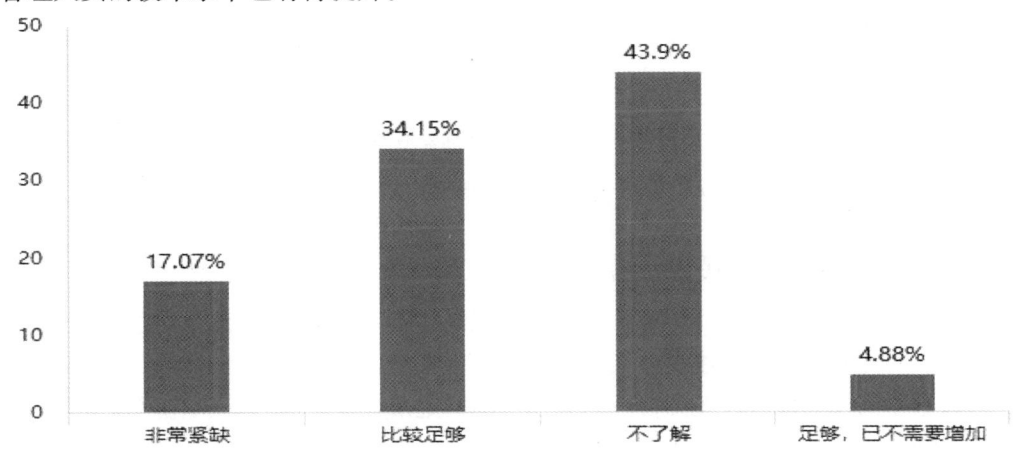

图 4-3 奎屯市智慧社区专业技术型人才拥有情况分析

(四) 宣传发动工作不够重视，主体参与意识不足

根据问卷调查得出的图 4-4 和图 4-5 可以看出，虽然奎屯市的智慧社区已建立了一些智慧社区平台，但居民对智慧社区信息化建设的了解度和参与度都普遍偏低。一方面，居民对智慧社区建设没有足够的关注度，大部分居民对智慧社区不了解，不清楚、不熟悉。另一方面，居民对智慧社区建设的参与热情不高。社区中一半以上的居民都未参与到智慧社区建设中，只有少数的居民参加。可以看出奎屯市在智慧社区信息化建设中宣传力度不足，缺乏完善的宣传措施，对于智慧社区信息化建设只是停留在单独的行动层面，而让作

为智慧社区建设主体的居民成了局外人，没有和居民之间形成密切的合作伙伴关系。

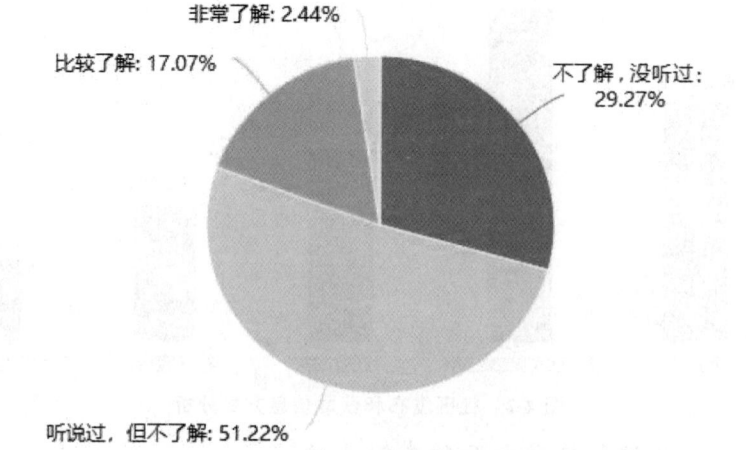

图 4-4　奎屯市社区居民对智慧社区信息化建设了解情况分析

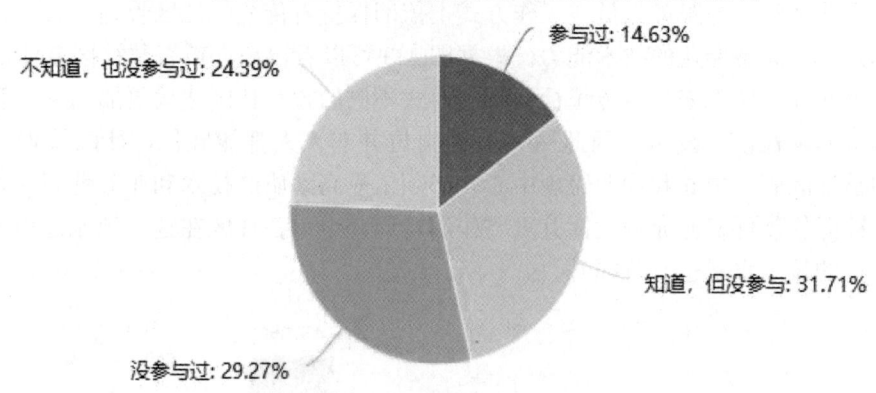

图 4-5　奎屯市社区居民参与智慧社区信息化建设情况分析

四、奎屯市智慧社区信息化建设的对策

（一）统一建设规划管理，完善规范技术指导

首先，奎屯市智慧社区要制定统一的建设规划和管理措施。智慧社区信息化建设的前提条件是要有完善且具体的建设方案与措施，社区人员、专业人士和社区代表等对社区信息化建设进行商议和探讨，根据社区的具体情况制定出合理统一的信息化建设方案，提出相应的具体计划和实施措施。

其次，奎屯市智慧社区要建立完善的社区人员管理措施。社区管理是社区居委会为了实现和完成社区发展目标和社区工作规划、实施和运作相关的组织体系而进行的管理，因此奎屯市在智慧社区信息化建设中，需制定一套科学有效的管理措施来管理社区工作人员，这样才能够更好地发挥和调动工作人员工作的积极性和责任感，从而让他们更好地投入到智慧社区的信息化建设的服务中去。

最后，要完善先进规范的技术指导。智慧社区信息化建设离不开规范的技术指导，技术上不出现偏差才能更好地推进社区信息化建设，确保社区信息化建设安全、低耗、高效。

（二）完善基础设施建设，引进安全信息系统

首先，加强基础设施建设是奎屯市智慧社区信息化建设的首要前提。由于社区的信息化建设最终依靠的还是互联网技术，因此必须对奎屯市智慧社区现有的基础设施进行维修、更换和完善。同时要进行实地调查，不仅要对小区的各种信息功能逐步进行全面的排查，还要对其周边的硬件设施、网络基站进行优化处理，提升小区网络信息的承载能力，扩大小区的网络覆盖面，为智慧社区信息化建设的顺利进行打下坚实的硬件基础。

其次，引入先进的软件系统是奎屯市智慧社区的信息化建设的关键环节。智慧社区的智慧平台需要先通过将互联网、云计算等信息技术与智能家居进行配对与连接，再通过社区内部信息平台与外部信息平台的协同，实现社区精确的监控。因此，软件系统的引进和利用对奎屯市智慧社区信息化建设是十分关键的。

最后，建设居民信息和隐私保护系统是奎屯市智慧社区信息化建设保护居民隐私的重要保证。在当今的大数据时代，随着各种信息技术的不断普及，居民的个人信息和隐私保护对智慧社区的信息化管理要求也越来越高，对此奎屯市在实施智慧社区管理和服务过程中，既要引入先进的技术，又要确保信息系统的安全性。不仅要建立严格规范的信息保障系统，还要求监管者明确信息开放和信息共享的权限。

（三）进行信息知识培训，加强技术人才储备

首先，进行信息技术学习与考核。对于奎屯市现有的社区工作人员，尤其是一直处于传统工作模式的老工作人员应积极鼓励和安排其进行信息技术相关知识的学习，邀请专业的信息技术人员在社区信息化建设过程中对全体社区工作人员及相关居民代表进行专业化的培训，尤其是关于社区信息化建设技术操作方面的内容。熟练掌握现代信息技术，提高他们的综合素质，以便更好地教授与服务他人。同时在学习和培训之后要对其进行技术考核，对考核通过的人员进行嘉奖，没有通过的人员进行再培训，直至通过考核。

其次，奎屯市智慧社区需要加强人才队伍的储备，创新用人机制。一方面，建立人才引进奖励机制。从全国引进智慧社区建设人才，完善福利待遇、创新奖励机制，确保这些人才能够留下来，并获得实实在在的成就感。另一方面，建立与相关高校的合作机制。奎屯市可以和当地高校合作开设适应智慧社区建设需求的相关专业，特别是信息技术类专业，通过定向培养具备相关技术和管理水平的人才，为本地智慧社区信息化建设做好相应的人才储备工作。

最后，社区职务规范需清楚落实。术业有专攻，社区工作也一样，要把合适的人放在合适的位置上，对社区工作人员进行合理的分配与安排，对不同的工作建设不同的合作团队，提高社区信息化建设的效率。对管理智慧社区平台的人，要建立奖惩制度，强化他们的综合素质，增强其道德感和责任感，提高其工作积极性。

（四）加大宣传力度，拓宽居民参与渠道

社区居民既是社区管理与服务的主体，同时也是社区信息化建设的直接受益者，因此社区居民的参与是促进社区信息化建设的主要内在动力。

首先，加大社区信息化建设的宣传力度。一个社区要想成功转变它原有的治理模式，进行创新和改革，就必须要让居民知晓和接受。因此奎屯市在智慧社区信息化建设中要广

泛告知居民，并将所设计的社区新蓝图、新规划解释和展现给他们，充分调动社区居民的积极性与参与度。同时可以通过招募社区志愿者的方式，发动小区居民积极加入志愿者队伍中，鼓励学习能力强的居民参加智慧社区信息化建设的宣传服务。

其次，拓宽居民的参与途径。一方面，要扩大社区居民的知情度和广泛参与度，尽可能多地听取和征求他们的意见，培养他们的责任感和公民意识，鼓励和支持他们大胆发言，通过线下意见箱和线上的智慧社区政务平台、微博、微信公众号等社区公共论坛，了解居民对智慧社区信息化建设最真实的想法。另一方面，要多听取专家的意见，通过举办智慧社区信息化建设交流听证会，听取多方代表的意见，进行综合的分析和采纳，最终实现居民的需求由口头到实际的转变。

五、结　论

通过对奎屯市社区信息化建设的考察与分析，该市社区从总体来说存在信息化建设相对缓慢，社区管理与服务的范围和功能虽然有相应的增加，但信息化设备的运用与普及较少，社区工作人员在工作处理中存在分工不明确等问题，需要进一步地提升和改进。

首先，要增强社区工作人员信息管理与服务的意识，正确理解数据信息对社区治理的意义。另一方面，扩大和延伸社区服务功能，根据奎屯市社区现有服务功能对其进行改进和完善，使居民生活需求得到全方位的满足。

其次，社区作为城市重要组成部分，对城市的发展有着不可替代的作用，但是不同的地区城市社区既具有相同之处也存在不同的特色，智慧社区信息化建设也是如此。我国智慧社区建设在许多地方已经取得了很大的成果，例如在智能缴费方面，部分地方的社区已经实现了应用电视查询生活费用的功能，再例如通过智慧社区平台即可快速获取社区咨询、物业管理等服务，这些便民服务都可以借鉴和采用。

最后，要因地制宜进行长效建设。近年来智慧社区建设始终存在一些问题，其中一点重要的原因就是社区建设中缺乏长远长效、可持续发展性，在社区信息化建设中只求快而不求进的态度使社区失去了长久的稳定性，因此奎屯市在社区信息化建设过程中应该因地制宜，发挥本地区文化特色，进行多元化发展，打造属于奎屯市智慧社区自有的精神文明和社区文化，让居民更具有安全感和归属感。

【参考文献】

[1]简敏,张亚辉.智慧社区信息化建设发展与效能提升[J].重庆行政,2020,21(06)：106-109.

[2]吴小晶.智慧社区建设存在的问题及对策研究[J].智能城市,2021,7(13)：38-39.

[3]潘艳艳.我国智慧社区发展面临的机遇、挑战与实现路径[J].河北青年管理干部学院学报,2021,33(06)：37-42.

[4]翟羽婷,王欣.智慧社区信息化建设的创新研究[J].产业科技创新,2019,1(21)：116-117.

[5]张双阳.智慧社区及其信息化建设[J].环渤海经济瞭望,2018,(12)：22.

[6]孙轩.中国的智慧社区建设:背景、内涵与实践[J].城市观察,2020,06:128-137.

[7]黄山,陈祺祺.城市社区智慧信息化建设研究[J].经济管理文摘,2021,(16):182-184.

[8]孙立伟.加快智慧社区信息化平台建设推进智慧城市的发展[J].智能城市,2016,2(04):26.

[9]方方.中小城市社区信息化建设问题研究[J].现代商贸工业,2020,41(09):87-88.

[10]张琼,廖海辉.面向智慧城市的社区信息化管理探讨[J].数字通信世界,2021,(05):176 177.

[11]何晓燕,张雅淋.我国智慧社区建设存在的问题及对策研究[J].建筑经济,2016,37(12):77-80.

[12]张凯书.面向智慧城市的社区信息化管理研究[J].信息系统工程,2018,(02):59.

[13]王星亚,吴文斌."智慧社区"信息平台建设的问题与对策分析[J].产业与科技论坛,2018,17(01):59-60.

[14]范广智.我国智慧社区建设存在的问题及对策研究[J].农家参谋,2018,(06):284.

[15]孙殿伟.浅析智慧社区信息化建设的网络架构[J].信息记录材料,2019,20(05):80-81.

[16]丹丹.基层社区信息化建设存在的问题及对策——以南京市Y社区为例[J].乡村科技,2020,(02):27-28.

[17]李玉琳,张婧.智慧化建设为社区治理保驾护航[J].中国物业管理,2020,(10):78-79.

[18]崔昌云.智慧城市社区信息化建设分析[J].电子世界,2021(03):9-10.

[19]韩芮."技术+治理"赋能智慧社区新生态[J].中国机关后勤,2021(11):52-55.

[20]郭昊."智慧社区"建设背景下居民参与社区建设的问题及对策探析[J].广西质量监督导报,2021,(03):47-48.

第五章　南部县电子政务服务发展的现存困境与路径选择

随着网络的普及和电子科技的发展，互联网的使用渗透到民众生活的方方面面。政府部门顺应时代的发展，将传统的政务服务模式与互联网技术相结合，推出了电子政务的新型服务模式。实践表明，此举不仅提高了政府管理的运作效率，降低了运作成本，还实现了政务活动的公开透明，增强了政府公信力。但目前，我国电子政务起步较晚，发展尚不成熟，基于此，本文通过实地调研，以四川省南充市南部县电子政务的发展现状为例，剖析其在公众参与、信息沟通、区域差异、服务管理等层面存在的问题，并从相应角度提出可持续发展的建议。

一、南部县电子政务服务的实地调研

通过对南部县电子政务服务的实地调研，主要围绕服务的建设现状、公众评价两个方面展开分析。

（一）建设现状分析

本文以南部县地区的电子政务为调研对象，围绕服务管理、服务形式、服务内容和服务成效四个方面，分析南部县电子政务的机构设置、平台建设、供需实际、取得成效等服务现状。

1. 电子政务服务机构情况

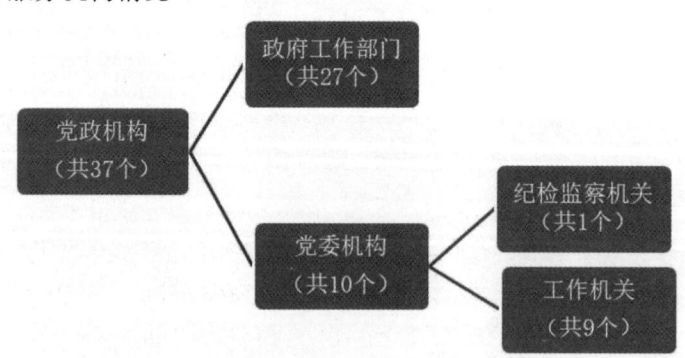

图 5-1　南部县电子政务服务机构现状

党的十九届四中全会明确地将推进数字政府建设写入《中共中央关于坚持和完善中国特色社会主义制度、推进国家治理体系和治理能力现代化若干重大问题的决定》之中。在此号召之下，各级政府部门都高度地重视数字政府的建设。南部县政府也不例外。在机构设置上，如图 5-1 所示，南部县政府部门积极地响应深化机构改革的号召，明确地将党政机构划分为政府工作部门和党委机构，旨在将同类型的部门工作重新整合为一个部门统一管理。这种划分发挥了党政机构的整体优势，提升了其服务水平。但是在机构精简的同时政府也面临着不少的问题。其中最主要的就是各部门责任的加重。部门精简使分配到各个部门的责任比之前更加的多，这就造成各部门之间容易出现互相推卸责任的现象，不利于管理。

2. 电子政务服务平台情况

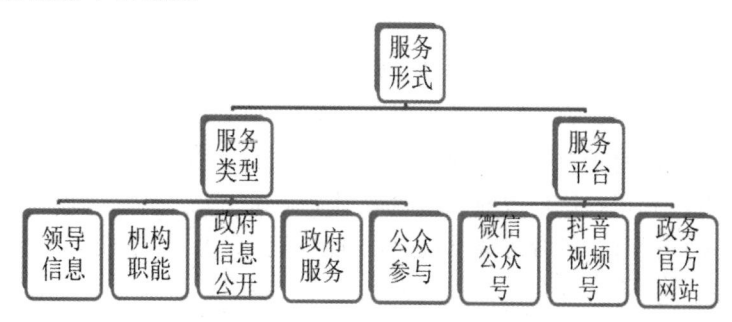

图 5-2　南部县电子政务服务平台现状

在数字化信息普遍发展的时代，政务服务向基层地区延伸已经是越来越普遍的形式。南部县政府亦是如此。南部县政府部门建立了专门的政务服务平台，对服务形式做了划分。如图5-2所示，服务的类型划分为领导信息、机构职能、政府信息公开、政府服务和公众参与等板块。每个板块都具有不同的功能。领导信息板块可以方便公众查阅领导的信息；机构职能板块可以方便公众快速定位能够解决自己困难和问题或想要了解的部门；政府信息公开板块可以增加政府信息的公开度和透明度，从而增加公众对于政府的信赖度；政府服务板块可以使群众在向政府部门求助时可以快速得到回应；公众参与板块可以使公众在面对重大事情时拥有表决权和知情权。并且，南部县政务部门近年来提供服务的平台也更加的多样化，不再局限于某一个单一的平台了。政府开设了如微信公众号、抖音等社交平台的账号。通过这些平台来发布相关的信息，不仅使受众面更广、获取信息的渠道更多，而且让公众获取信息的速度也变得更快了。

3. 电子政务服务供需情况

表 5-1　南部县电子政务服务内容情况

服务类型	服务内容
个人服务	生育收养、户籍办理、民族宗教、教育科研、结业创业等
法人服务	资质认定、社会保障、年检年审、抵押质押、投资审批等
直通部门	教科体局、司法局、公安局、农业农村局、社保局、住建局等
一件事服务	异地就医备案、获得电力、异地养老保险转接、水电气报装等
工程项目审批	新建商品房、新建学校、新建产房、新建污水处理厂等

"大数据""云服务"已经是人们日常生活中必不可少的一部分。南部县政务服务平台顺应时代发展的潮流，融合"大数据""云服务"等互联网服务模式，推出多样化的服务内容。如表5-1所示，南部县政府部门针对不同的服务板块提供了具有针对性的多样化服务内容。服务内容的多样化具有以下三点优势。首先，为公众提供了更为便利的服务。这些政务服务内容的精准化不但推进了信息的网络化，使公众获取信息更加便利，还提高了政府的办事效率以及公众对于电子政务的参与度。其次，密切了政府与公众之间的沟

通，发挥了电子政府沟通媒介的作用，使得政府与群众之间实现更好的交流和沟通，电子政务的实际参与率得到了有效提高。最后，充实了政府电子数据知识库。电子政务信息化不但提高了政府的公信力和执行力，更为重要的是电子政务的网络化通过网络技术获取了更多的信息，丰富了政府数据库的内容。

4. 电子政务服务效果情况

通过近些年对电子政务的大力投入与开发建设，南部县电子政务服务平台的建设已经取得了较大的进步和成效。第一，服务流程的规范化。传统的政务服务可能会导致出现贪污腐败的现象。当下的电子政务，人与人之间面对面交流大幅度减少，在政务服务平台的背后是各自间的互不相识，这样政府贪污腐败现象就减少了。第二，政务信息资源的有效整合以及服务效率的提升。传统的线下服务模式，信息资源只有通过亲自到政府部门询问或者查看才能了解，信息资源存在漏看或者疏忽的可能性，而电子政务的发展恰好弥补了这一缺点，互联网快速融合和传输信息的特点，提高了政府的行政效率。第三是提高了公众的便利度。电子政务在提高政府行政效率的同时降低了政府的管理成本，并且在解决公众问题方面可以及时地收集信息和反馈信息，使公众的问题可以及时有效得到解决，增加了公众对政府的信任。

（二）公众评价分析

本次的实地调研以南部县居民为调研对象，发布并收回有效问卷207份。问卷将从调研对象关于南部县电子政务服务的认知度、认可度和便民度等方面入手进行调查，分析公众评价。

1. 调研对象基本情况

从性别方面来看，以男性居民居多。男性居民的样本数量为133，人数占比为64.3%；女性居民的样本数量为74，人数占比35.7%。

从年龄方面来看，以中年群体居多。0~20岁的样本数量为25，人数占比为12.1%；20~40岁的样本数量为57，人数占比为27.5%；40~60岁的样本数量为88，人数占比为42.5%；60~80岁的样本数量为37，人数占比为17.9%。

从学历方面来看，文化素质普遍偏低。小学文化程度的样本数量为90，人数占比43.5%；初中文化程度的样本数量为45，人数占比为21.7%；高中文化程度的样本容量为32，人数占比为15.5%；本科及本科以上文化程度的样本容量为40，人数占比为19.3%。

表5-2 调查对象的基本情况

问题		频率	百分比（%）
1. 性别	男（1）	133	64.3
	女（2）	74	35.7
2. 年龄	0~20（1）	25	12.1
	20~40（2）	57	27.5
	40~60（3）	88	42.5
	60~80（4）	37	17.9

续表

问题		频率	百分比（%）
3. 学历	小学（1）	90	43.5
	初中（2）	45	21.7
	高中（3）	32	15.5
	本科及以上（4）	40	19.3

2. 电子政务认知度调查

在调查过程中，笔者首先对电子政务的认知情况进行了调查。如表5-3所示，不了解电子政务的人数占据了样本总容量的大部分。其中，不了解电子政务的样本数量为75，人数占比为36.2%；了解电子政务的样本数量为132，人数占比为63.8%。

在是否运用政务服务平台寻求帮助这方面，大部分人都不会运用政务服务平台寻求帮助。其中，会运用政务服务平台寻求帮助的样本数量为55，人数占比为26.6%；不会使用政务服务平台寻求帮助的样本数量为152，人数占比为73.4%。

在查看政务服务平台频率这方面，一天两次及以上的样本容量为20，人数占比为9.7%；一天一次的样本容量为37，人数占比为17.9%；一周两到三次的样本容量为70，人数占比为33.8%；几乎不查看的样本容量为80，人数占比为38.6%。

综上所述，在日常生活中，大部分公众对于电子政务这一新型服务模式的概念还存在着不太了解的情况，这与政府部门宣传不到位存在必然联系，导致电子政务的使用率偏低。即便是对电子政务这一概念有所了解的公众，由于思想的固化，使用的频率也很低，因此电子政务用户的实际参与率并不高。

表5-3 用户对电子政务的认知度情况

问题		频率	百分比（%）
4. 您对电子政务是否了解	是（1）	75	36.2
	否（2）	132	63.8
5. 您是否通过政务服务平台寻求帮助	是（1）	55	26.6
	否（2）	152	73.4
6. 您查看政务服务平台的频率是	一天两次及以上（1）	20	9.7
	一天一次（2）	37	17.9
	一周两到三次（3）	70	33.8
	几乎不查看（4）	80	38.6

3. 电子政务认可度调查

从表5-4来看，在认为电子政务获取信息十分方便这方面，对于该观点非常同意的样本容量为30，人数占比为14.5%；认为同意的样本容量为48，人数占比为23.2%；认为一般的样本容量为78，人数占比为37.7%；认为不同意的样本容量为30，人数占比为14.5%；认为非常不同意的样本容量为21，人数占比为10.1%。

在认为政务人员服务态度很好这方面，认为非常同意的样本容量为22，人数占比为10.6%；认为同意的样本容量为38，人数占比为18.4%；认为一般的样本容量为47，人数占比为22.7%；认为不同意的样本容量为70，人数占比为33.8%；认为非常不同意的样本容量为30，人数占比为14.5%。

在认为解决问题效率很高这方面，非常同意的样本容量为22，人数占比为10.6%；认为同意的样本容量为48，人数占比为23.2%；认为一般的样本容量为66，人数占比为31.9%；认为不同意的样本容量为40，人数占比为19.3%；认为非常不同意的样本容量为31，人数占比为15.0%。

由此可见，公众对电子政务的认可度偏低。第一，电子政务在获取信息方面，政务网站筛选信息的能力偏低，公众能够获取的有效信息很少，且公众对于政务网站的安全度存疑，这些现象的存在总体上降低了电子政务的使用率；第二，在服务态度方面，时代的发展对政务工作人员职业素养的要求越来越高，但是政府很难引进相应的技术服务型人才，对现有员工也未及时开展针对性的培训，导致服务需求大于供应，成为阻碍其发展的因素之一。第三，在解决问题效率方面，各部门之间信息不共享而引发"信息孤岛"现象的出现，使政府部门的行政效率每况愈下，"让群众只跑一次"的设想也离现实生活越来越远。

表5-4 用户对电子政务的认可度情况

问题		频率	百分比（%）
7.电子政务内容获取十分方便	非常同意（1）	30	14.5
	同意（2）	48	23.2
	一般（3）	78	37.7
	不同意（4）	30	14.5
	非常不同意（5）	21	10.1
8.政务人员服务态度很好	非常同意（1）	22	10.6
	同意（2）	38	18.4
	一般（3）	47	22.7
	不同意（4）	70	33.8
	非常不同意（5）	30	14.5
9.电子政务解决问题效率很高	非常同意（1）	22	10.6
	同意（2）	48	23.2
	一般（3）	66	31.9
	不同意（4）	40	19.3
	非常不同意（5）	31	15.0

4.电子政务便民度调查

从表5-5来看，在公众办理一件事情需要找政府部门几次这方面，大部分人认为需要3~4次才能解决问题。认为1~2次就可以解决问题的样本容量为20，人数占比为9.7%；认为2~3次才可以解决问题的样本容量为34，人数占比为16.4%；认为需要3~4次才能解决问题的样本容量为70，人数占比为33.8%；认为4~5次才可以解决问题的样本容量为37，人数占比为17.9%；认为5次以上才能解决问题的样本容量为46，人数占比为22.2%。

在认为电子政务解决问题过程十分简单这方面,认为非常同意的样本容量为23,人数占比为11.1%;认为同意的样本容量为30,人数占比为14.5%;认为一般的样本容量为81,人数占比为39.1%;认为不同意的样本容量为61,人数占比为29.5%;认为非常不同意的样本容量为12,人数占比5.8%。

在认为通过电子政务解决问题可以查到政府办理事务进度这方面,认为非常同意的样本容量为21,人数占比为10.1%;认为同意的样本容量为34,人数占比为16.4%;认为一般的样本容量为66,人数占比为31.9%;认为不同意的样本容量为66,人数占比为31.9%;认为非常不同意的样本容量为20,人数占比9.7%。

由此可见,电子政务的发展并未能高效地解决公众的问题,公众对电子政务的便民服务情况并不满意。究其原因仍是电子政务的不够完善,主要体现在以下三个方面:首先是不能实现公众"跑一次"就解决问题的办事设想,办事效率低下;其次是办理过程繁杂,缺乏专业的技术指导,公众难以独立操作电子政务来解决问题;最后,虽然电子政务的办理程序相对于传统服务模式有所创新,但还是不够透明化,公众对其使用也会有所顾虑。

表5-5　用户对电子政务的便民度情况

问题		频率	百分比（%）
10.办理一件事情需要找政府部门几次	1~2次（1）	20	9.7
	2~3次（2）	34	16.4
	3~4次（3）	70	33.8
	4~5次（4）	37	17.9
	5次以上（5）	46	22.2
11.您认为通过电子政务解决问题过程十分简单	非常同意（1）	23	11.1
	同意（2）	30	14.5
	一般（3）	81	39.1
	不同意（4）	61	29.5
	非常不同意（5）	12	5.8
12.您认为通过电子政务可以查到政府办理事务的进度	非常同意（1）	21	10.1
	同意（2）	34	16.4
	一般（3）	66	31.9
	不同意（4）	66	31.9
	非常不同意（5）	20	9.7

二、南部县电子政务服务发展的现存困境

通过对南部县地区的实地调查,笔者发现,南部县电子政务在公众参与、信息沟通、区域差异、服务管理等层面存在问题,导致公众实际参与率低、"信息孤岛""数字鸿沟"、服务态度差强人意等现象加剧。

（一）电子政务推行效果差,公众实际参与率低

随着新时代信息技术和科学网络技术的发展,我国使用互联网的人数日益增多。根据

第46次《中国互联网络发展状况统计报告》发现，截至2020年6月，我国网民规模为9.40亿，较2020年3月新增网民3 625万，互联网普及率高达67%，较2020年3月提升了2.5个百分比。虽然网络越来越发达，使用互联网的人越来越多，但公众对于通过网络平台，如政务服务平台等寻求帮助的比率却很低，这也造成了电子政务在发展过程中出现象征性参与的现象。通过大量参考文献的收集和实地调研的结果分析，笔者发现造成该现象的原因主要有以下几点。

1. 公众缺乏网络安全信赖度

在实地调查的过程中，笔者发现南部县公众在使用电子政务时，对于需要填写自己的私人信息，如身份证号、银行卡号等来解决他们的问题的时候，极大部分公众可能都会表现出对网络安全的不信任，害怕自己的信息泄露。正是由于对网络安全的信赖度低，缺乏使用政务网站的安全感，导致使用电子政务的人普遍减少。

2. 政务网站解决问题效率低

当公众急切的需要通过政务网站解决问题时，往往不会得到及时的回复或只会是得到了不能解决问题的、官方统一模式的回复。通过实地调查发现南部县政务服务平台上存在着信息更新不及时甚至是不更新的现象。网站信息更新的不及时与解决实际问题的低效率，阻碍了电子政务进一步的发展。

3. 部门间服务权责分配不清

笔者通过访谈法发现南部县政府各部门之间管理与服务责任分不清，导致公众"跑一次"解决问题的名存实亡。政府各部门之间各自为政，推诿扯皮，与群众切身利益相关的小事、实事，可能会让公众跑多个部门才能解决，这不仅增加了政府的行政费用，而且使得公众对于电子政务这样的创新型的办公模式好感度下降。长此以往，公众对电子政务的参与度也就自然而然降低了。

（二）部门之间信息交流少，存在信息孤岛现象

科技和网络的快速发展在某种程度上本应该是能够增加行政部门信息搜集的便民度并减少部门行政费用，但是在电子政务实际发展的过程中，科技的快速发展使各部门之间利用网络技术的发展独自搜集信息，部门之间各自为政，从而导致"信息孤岛"现象的出现。

笔者认为，"信息孤岛"现象的出现是各部门之间为保全自己的利益而各自为政所导致的信息不共享的现象。总的来说，造成"信息孤岛"现象出现的原因主要有以下几点。

1. 政府部门组织架构的特殊性

中国政府的组织架构属于"条块结构"，这也是与其他国家相比，中国政府纵向层级体制的独特之处。简单来讲，"条块结构"就是自上而下监督的纵向管理模式，各级政府在这一结构模式之下运行具有诸如监督力更强等优势，但也存在着不可忽视的劣势。在这一模式之下，南部县政府横向部门之间缺乏有效的积极的交流和信息的共享。然而公众需要解决的某一个问题一般是一个部门就可以解决。这一模式极易造成公众为处理一件事情需要在同类型部门跑多次才能解决的现象。

2. 信息资源传递具有时效性

科技的快速发展使搜集信息的渠道不断增多，但存在优势的同时也存在着劣势。大量

信息的涌入使南部县政府各部门之间接收的信息既存在着有用的信息，也存在着大量无用的信息，这就需要工作人员一条一条地认真的甄别，加大了信息识别的工作量及工作强度。这不仅增加了政府部门整理信息的时间，导致错过处理信息的最佳时机，同时也降低了服务效率，引发公众不满。而且更重要的是，南部县政府各部门的各自为政，导致信息在部门间流通的速度缓慢，部门之间接收信息的时间越长，信息的有效性和可利用性就越低，政府部门的行政事务处理效率也就越低。

3. 政府激励制度缺乏创新性

南部县政府传统的绩效标准，无法起到正向的激励作用。首先就是政府的激励制度不注重整体激励效应。南部县政府绩效的奖惩和人员的晋升不以政府部门的整体绩效情况为标准，而是以单个政府部门的绩效作为标准。这导致各部门之间总是不愿通过信息的共享为其他部门"贡献"绩效，在这种制度之下，政务部门在公众心中的形象降低了，使得电子政务的发展更是举步维艰。其次就是政府的激励制度没有统一的标准。不同的部门同样的绩效，奖励可能存在较大的差异，这也就导致了各部门之间的工作人员存在着不满的情绪，从而降低了政府整体的行政效率。

（三）地区经济发展差异大，数字鸿沟现象加剧

随着社会经济的发展，各地区的发展存在着越来越大的差异性。这些差异性不仅表现在地区的发展之中，而且还表现在人们的日常生活之中。电子政务实际参与率的差异性将地区发展的差异性表现得淋漓尽致。虽然国家近年来对于经济稍微滞后地区电子政务的发展给予了金钱和政策上的支持，但是，仅仅只用这些宏观层面的"支持"去解决"数字鸿沟"现象所造成的本质上的差异性是远远不够的。

笔者认为，导致地区发展差异过大的原因主要有以下几点。

1. 网络普及的差异

网络基础设施的建设和知识的普及率是推行电子政务建设的必要前提。南部县想要加快电子政务服务模式的发展，不仅需要改变群众内在的固化思想，让群众接受这一新型服务模式，还需要通过大量资金的投入来推动这一模式的运行，使电子政务模式的发展真正的内化于心，让群众真正的接受电子政务，改变对电子政务的刻板印象。然而，在我国不同地区，经济发展的不同导致各地区之间对于电子政务的设备及宣传总投入也存在着差异性。长期在这种发展不均衡的情况下，不同地区电子政务发展的程度也不同。

2. 宣传形式的差异

想要电子政务快速的发展，就离不开政府部门强有力的宣传。然而通过实地调查发现南部县电子政务在发展的过程中，政府并没有积极主动地推广宣传电子政务，而是处于一个被动的状态。造成这一现象的原因首先就是政府部门的领导自身对于电子政务建设的意义和作用没有深刻的认识。时代的发展日新月异，南部县政府部门工作人员知识结构的老化使他们跟不上电子政务的发展变化，从而未能建立起推进电子政务快速发展的工作意识。其次就是对电子政务发展的宣传推广投入不够。南部县政府部门对于政府的各类电子平台和电子政务服务模式的宣传相对落后，资金投入也不够，从而导致越来越多的人不愿使用电子政务服务，也不利于政府与群众良性互动关系的形成。

3. 观念意识的差异

在现实生活中，无论是对教育方法的改革还是教育的总投资，总是会在经济发展较好的地区设置试点之后再采取全国性的推广，从点到面，严格的遵循矛盾特殊性的发展规律。所以经济较落后地区的教育改革总是会滞后于经济相对繁荣的地区。南部县是四川省西南部地区的一个县级城市，不管是经济还是教育的发展都相对落后于东部地区。在同一境况下，关于电子政务的概念及其发展，受教育程度越高的人越容易接受，教育程度越低的人越难以接受。这也是电子政务在南部县发展缓慢的原因之一。

（四）人事管理制度不完善，服务态度亟待提升

电子政务以信息技术为保障，而信息技术又需要专门的工作人员。从电子政务的发展史来讲，我国电子政务起源于20世纪80年代末，与西方国家电子政务的发展相比，不但起步较晚，而且存在精通电子政务专业的技术性人才缺少的问题。

1. 人员聘用制度不完善

首先就是政务人员的聘用注重知识的考察，对实际的动手解决问题的能力考察不够。南部县政务部门对于政务人员的招聘采取的是公开招聘的模式，参加考试的人员通过考试、面试和试用期等一系列的选拔，最后再择优录取。但在实际的选拔过程中，选拔出来的人才理论知识方面能力较强，实际解决问题的能力不足。其次就是考录的环节存在流于形式的现象。本来公务员考试是一个综合性的测试，但是现行考试制度使全面性的考察流于形式，侧重于考察上级领导所偏好的方面，这对人才的引进也是一大阻碍。

2. 人才引进机制不完善

虽然南部县电子政务在发展的过程中也尝试着招聘专业技术型人才，但是在电子政务实际的发展过程中，所招收的专业型人才入职后的人才培养模式、师资队伍等方面皆存在的不足，导致人才的发展不能与时俱进。并且由于南部县政府机关的制度性比较强，政务人员不能像公司员工一样随着经济效益的提升而增加薪酬，并且对政务人员的要求也愈加严格。高标准的工作要求及高强度的工作内容加剧政府部门的人员流动性，抑或导致工作人员产生职业倦怠性，工作态度敷衍，人才引进体系的不健全阻碍了电子政务的发展。

3. 培训考证制度不完善

社会一直处于不断进步更新的状态，在这一大背景之下，政府也应该对政务人员进行定期的技术操作和服务技能的培训。但事实上，并未制定工作人员业务能力提升所需的资格认证制度，对培训的资金投入不高，且培训的频率较低，导致政务人员服务意识淡薄，电子政务发展滞缓。

三、南部县电子政务服务发展的路径选择

经过实地调研，梳理南部县电子政务发展存在的困境，围绕加强宣传、整合资源、知识普及、完善制度等四个层面，本文提出完善南部县电子政务服务的可持续发展建议。

（一）加强电子政务推广力度，转变公众观念

电子政务建设的推进是以政府为主导的，地方政府对电子政务的认知水平对总体推进发展情况发挥着关键作用。想要改变公众对电子政务的偏见，加快电子政务的发展，政府

部门就必须做到以下几点。

1. 强化网络信息安全建设

安全保护的建设主要在以下两个方面：第一个是法律制度措施，第二个是技术措施。法律方面，政府要申请国家有关机关出台专门保护电子政务的法律，让法律制度来保护使用电子政务的公众的个人信息，增加公众对电子政务的信赖度，也增加公众使用电子政务解决问题的频次。技术方面，政府部门不但要尽可能地研发保护电子政务安全的程序软件，还要尽可能的少依赖甚至是不依赖国外的技术，积极的掌握安全防线的主动权。

2. 提升网站解决问题效率

想要提高南部县电子政务服务平台服务能力和效率，首先，建立门户网站专人负责制。要加强队伍建设，选择媒体素养高、业务能力强的干部担任网站的"信息专员"，专门服务和管理政务网站这一板块，做到及时回复民众消息，快速办理民众业务和及时更新网页内容，保障政务内容实时公开。其次，建立网站服务反馈机制。收集民众办理业务后的意见及建议，及时改进网站质量，提高网站的服务水平，增加民众的满意度，让群众感受到电子政务的优势，更愿意使用电子政务。

3. 健全政府部门问责机制

理清政府间的责任。政府主体在划分责任和权力时，首先要明确的就是各部门的权力和职责定位。要将权力和职责具体落实到各部门甚至是个人，使各部门和独立的政务人员明白自己的权力和职责，最大限度地减少部门间彼此推诿扯皮的现象，努力让公众"跑一次"成为现实。其次，要理顺部门间的职责关系。各部门要明白政府作为一个整体，想要其作用发挥到最大，就必须实现部门之间的联通。与此同时，理顺部门间的主次关系，保证各部门间的职责既相互独立又相互联系，以此来实现政府效益的最大化。

（二）整合电子政务公共资源，构建合作机制

目前，各级政府各部门之间的发展存在"条块分割"、各自为政的现象，部门之间缺少信息资源的共享。要想使电子政务真正地发挥作用，防止"信息孤岛"现象的出现，须在政府各部门之间建立起长期有效的信息沟通机制。

1. 实现政府部门连续性的"顶层设计"

所谓"顶层设计"就是各部门要统筹全局，要以全局性的眼光看待事物的发展方向。对于事务的处理解决方式，不仅要考虑其现状，更要考虑未来的发展趋势。一方面，"顶层设计"可以推进电子政务之间的信息流通，使各部门之间的信息可以共享，加快解决问题的进程。另一方面，"顶层设计"可以建立完善的电子政务服务保障体系，使电子政务的发展更加完善和规范。只有实现政府部门连续性的"顶层设计"才能便捷高效地实现部门的目标，实现部门利益最大化。

2. 建立电子政务信息的利益共享机制

创新政府奖惩制度，建立信息利益共享机制。政府部门若以贡献的大小为标准把利益分配给单个部门，其他参与工作的部门就会感到不满。这种奖励机制所造成的直接后果就是在下一次解决问题的过程中会有部门不愿意再分享自己所拥有的资源。所以，政府要完善信息利益共享机制，对于协助某一部门完成任务的其他部门，根据其所做出贡献大小的程度，给予部门相应的奖励。在这一制度之下各部门会积极地分享自己所掌握的信息，实

现政府整体利益的最大化。

3. 完善政府部门的绩效考核评估体系

政府部门常出现以部门各自的利益为重，不重视总体利益的现象。其实这是一种"本末倒置"的现象。为此，政府部门应该构建相关评估部门和绩效考核机制。一方面，评估者应更加的多元化，不仅要有来自政府内部的评估主体，而且还要有来自政府外部的评估主体。另一方面，评估的标准要规范化，不能单以某个部门的绩效来实施奖惩的标准，而是要以整个政府部门的绩效作为考核的标准，制定规范的考核标准，调动员工跨部门协作的积极性。

（三）推进电子政务知识普及，缩小区域差异

地区经济发展的差异性导致了电子政务发展的差异性，想要缩小电子政务发展的区域差异，政府必须推进电子政务知识与操作技术的普及，让公众切实感受到电子政务服务的便民性。

1. 普及电子技术的操作知识

在经济欠发达地区，由于交通的不方便，信息的传递更加需要依靠电子政务的发展。但经济欠发达地区群众的基本科学素质偏低，很少有人使用电子政务来解决自己的问题，这进一步增加了电子政务推广的困难。为了改变这一现象就需要政府部门加大对于电子技术使用的培养。针对青少年群体，政府可以采取将信息技术教育的培养和义务教育相结合的措施，加强师资队伍的建设，加强青少年对于电子技术的了解和对电子政务概念的理解。针对成年人群体，政府可以采取开设讲座宣传为其讲解电子政务的操作过程、电子政务与传统线下问政模式的区别以及使用电子政务的优势等措施，使群众积极地参与到电子政务当中来，提高群众对于电子政务使用率。

2. 加大电子政务的宣传力度

电子政务建设的最终目的是为人民提供满意的公共服务，所以必须重视电子政务的宣传工作。首先就是要推进政府部门的领导学习电子政务理论知识。只有让领导跟上电子政务的更新发展的速度，进一步明白电子政务建设的重要性，才能逐步解决阻碍电子政务发展的困境。其次就是增加对电子政务宣传资金的投入。政府要改变原有的单一的投资模式并与其他市场主体达成合作，减轻电子政务宣传的资金支出，同时也达到了向其他市场主体宣传电子政务的效果，实现政府和其他市场主体"双赢"的结果。

3. 转变服务对象的观念认知

地方政府需要做的就是转变服务对象的思想观念，提升公众在电子政务方面的实际参与率。除加大对于电子政务的宣传力度之外，一方面，政务人员不仅需要提前设计好"网络问政"的服务模式，应对在电子政务运行过程中可能面对的突发情况，提升群众的满意度及认可度。另一方面，还需要及时的和公众沟通，了解公众所要解决的问题和公众的需求，使公众自身也参与到解决问题的过程中来。只有让公众意识到这是关乎自身利益的事，才能使公众完全的参与到其中，有效地提高公众对于电子政务的实际参与率。

（四）完善部门人事管理制度，培养人才队伍

人才的短缺也是滞缓电子服务政务平台建设的因素之一。想要加快电子政务的发展，

加快部门人才队伍建设刻不容缓。

1. 改革人员任用模式

南部县政府部门引进政务人员的模式一直是公开竞争的招聘制度，即通过考试、公开选拔等，择优录取。随着时代的发展要求，政府也需要注入新的力量来促进电子政务的发展，跟上时代发展的步伐。所以，南部县政府部门应该对政府政务人员的招聘模式进行改革。首先，招收有专门技术的人才来维持和维护电子政务的运行。政府招收技术型人才，能快速的推进电子政务的发展。其次，在招聘政务人员时不仅要考察其对理论知识的理解，也要考察其解决实际问题的能力。

2. 加大人才引进力度

电子政务快速的发展离不开人才的引进。首先，南部县政府应该拓宽人才引进的渠道。可以和各高校合作，建立创新型平台，对这些创新型平台提供资金支持，吸引即将毕业的高校人才。其次，提升薪酬、奖励与福利待遇，按照多劳多得的原则实行奖惩，提高政务人员工作的积极性。

3. 加强政务人员培训

定期培训是提高工作人员科学素养与服务意识的有效的办法，定期的培训可以使工作人员与时俱进，掌握最新的电子技术，更好地理解电子政务的内涵，提高政府的办公效率。首先，政府部门应该开展分层式学习与培训。对在不同岗位的政务人员开展不同的培训，使政务人员更好地掌握工作相关的知识技能。其次，要加大电子政务培训的力度。政府部门要经常开展培训，使政务人员与时俱进，更好的理解自己的工作性质，提升自身的政治素质，从而打造一个更好的服务型政府。

四、结 论

通过实地调查，笔者发现，近年来，南部县政府在电子政务方面的建设取得了巨大的成就，不但建立了较为完善的电子政务服务平台，而且也加深了公众对电子政务的认识程度，为电子政务的快速发展奠定了基础。但电子政务在发展的过程中仍然存在着一些问题，比如：存在部分公众对电子政务的不理解、政务部门之间存在着信息沟通不畅、不同地区之间电子政务发展差异大和政府缺乏相关电子政务专业型人才等问题。

通过对电子政务发展现存困境的考察与分析，笔者分析了出现现存困境的原因，给出了以下四个方面对策：第一，加大电子政务政策宣传，转变公众观念；第二，整合电子政务公共资源，构建合作机制；第三，推进电子政务知识普及，缩小区域差异；第四，完善政府规章制度，培养人才。希望政务部门可以通过这些措施，解决电子政务的现存问题，进一步推进南部县电子政务的发展。

【参考文献】

[1]鲁金萍."十四五"时期我国电子政务发展趋势展望[J].网络安全和信息化，2020(09):23-25.

[2]达钰鹏,陈艳春.基于零信任模型的电子政务信息共享研究[J].信息安全研究，

2021,7(08):739-744.

[3]程珊.电子政务环境下跨部门政府信息资源共享机制研究[D].湖北工业大学,2015.

[4]黄健.黑龙江省电子政务信息安全问题分析与管理对策[D].哈尔滨工业大学,2012.

[5]许敏.电子政务系统中信息安全技术研究与应用[D].北京邮电大学,2014.

[6]Bruce Schneier.网络信息安全的真相[M].吴世忠,等,译.北京.机械工业出版社.2001.

[7]李卫东.政府信息资源共享的原理和方法[J].中国行政管理,2008(1):65-67.

[8]武乾,陈燕玲.电子政务领域个人信息的法律保护[J].西南石油大学学报(社会科学版),2022,24(01):86-96.

[9]道格拉斯·霍姆斯.电子政务[M].詹俊峰,李怀璋,曹济,译.北京:机械工业出版社,2003.

[10]黄舒晨.基于数据包时效性的实时视频传输策略研究及平台设计[D].北京邮电大学,2020.

[11]中国企业改革与发展研究会.中国企业改革发展2019蓝皮书[M].北京:中国商务出版社,2019.

[12]李建.城乡一体化进程中基层治理现代化探析[J].江苏农村经济,2016(03):62-64.

[13]中国互联网络信息中心发布第46次《中国互联网络发展状况统计报告》[J].国家图书馆学刊,2020,29(06):19.

[14]Pieterson W, Ebbers W Dijk J V. An Inventory of Organizational and User Obstacles towards Personalization of Electronic Services in the Public Sector [J]. Government Information Quarterly, 2007, 24(1):148-164.

[15]周杨.商丘市政务信息孤岛问题及对策研究[D].河南大学,2019.

[16]李建.城乡一体化进程中基层治理现代化探析[J].江苏农村经济,2016(03):62-64.

[17]李雅黠.当前我国政务诚信缺失现状及其对策研究[D].郑州轻工业学院,2016.

[18]王建华.我国电子政务建设中存在的问题与路径选择[D].燕山大学,2019.

[19]刘全.地方政府电子政务建设问题与对策研究[D].山东师范大学,2016.

[20]姜家昆.我国电子政务发展现状、问题与对策研究[D].吉林大学,2021.

[21]祝威豪.拉萨电子政务发展问题及对策研究[D].西藏大学,2019.

[22]张文馨.电子政务助力解决偏远地区数字鸿沟问题研究[J].办公室业务,2021(15):180-181.

[23]岳佳慧.我国电子政务绩效评估存在的问题及优化路径[J].经济研究导刊,2020(05):183-184.

[24]桓德铭.山东省"互联网+政务服务"建设及优化路径研究[D].山东财经大学,2021.

[25]刘雨瑶.服务型政府视角下我国电子政务建设与创新研究[J].广西质量监督导报,2020(10):44-45.

第六章　基层治理中的乡镇网格化服务管理
——以丹棱县齐乐镇 Q 社区为例

《中共中央　国务院关于加强基层治理体系和治理能力现代化建设的意见》指出，要从根本上解决基层问题，必须加强基层治理和治理能力现代化。为响应中共中央的号召，本文从四川省眉山市丹棱县齐乐镇 Q 社区实际出发，分析其问题及原因，提出针对性措施。目前 Q 社区网格化治理体系建设中，主要在网格化范围、队伍、任务、主体、监督五方面存在问题，为此本文在区域定格、网格定人、人员定责、机制创新和公示公开五方面提出了解决措施，为 Q 社区网格化治理建设提供思路，为 Q 社区基层治理提供可供参考的解决途径。

一、Q 社区网格化治理现状分析

（一）齐乐镇 Q 社区网格概况

Q 社区位于齐乐镇东南部，东邻观音社区，南界青龙村，西边是狮子社区，北边是东升社区。社区面积 5.69 平方公里，下设 8 个居民小组，户籍人口 2 801 户 5 002 人，常住人口 3 143 户 6 667 人。下辖小区党支部 6 个，社区党员 162 名，其中党员致富带头人 5 名。辖区内有 9 个行政事业单位，医院 3 所，学校 8 所，2 个综合交易市场，1 个体育中心。Q 社区的网格化服务管理模式，分为五个相互依存、相互促进的过程：政策目标的确定、政策资源的分配、政策过程的监测以及控制和问责效果的评估，这些过程经历了一个周期，又开始了新的周期。在 2019—2021 年的网格化治理中，Q 社区的专职网格员数量和网格数量发生了变化（具体情况如图 6-1 所示）。

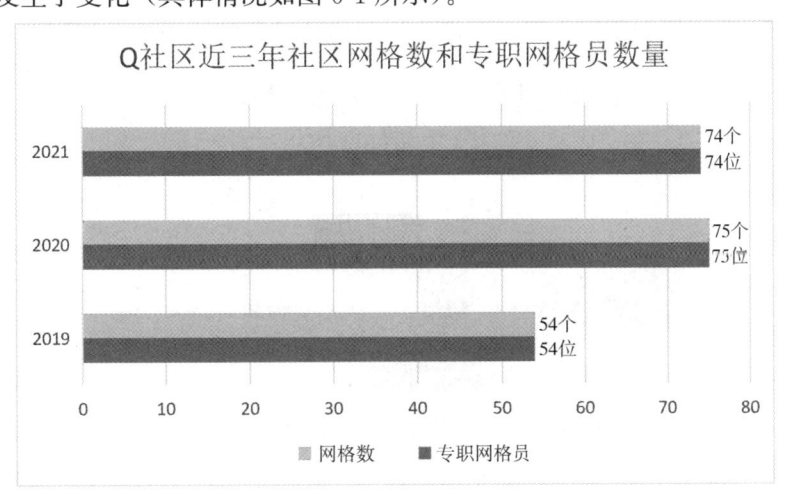

图 6-1　2019—2021 年 Q 社区网格数和专职网格员数量图

从图 6-1 可以看出，Q 社区的网格和专职网格员的数量在 2019—2020 年这两年中有大幅度增加，而到了2021年Q社区的网格和专职网格员的数量却减少了一个，说明Q社区在近三年中充分利用信息化的优势推动网格化改革，将网格范围缩小，数量增多，减少了网格员的工作量，提高了网格员工作效率，让社区居民在生活中所遇到的问题能够得到更好的解决。而减少的那一个网格和网格员，是Q社区对网格化管理工作中对存在问题的改进。

（二）Q社区居民对网格化治理的调查与分析

本问卷以Q社区居民和基层干部为调查对象，从不同的方面尽量地全方位体现Q社区居民对网格化治理现况的了解。问卷的问题也分为基本情况调查和专业问题调查，在性别比例上有明显的差距，大部分为女性，女性所占比例超过男性，并且普遍年龄较大，年轻人数量较少，年龄集中在29~40岁之间，如图6-2所示。

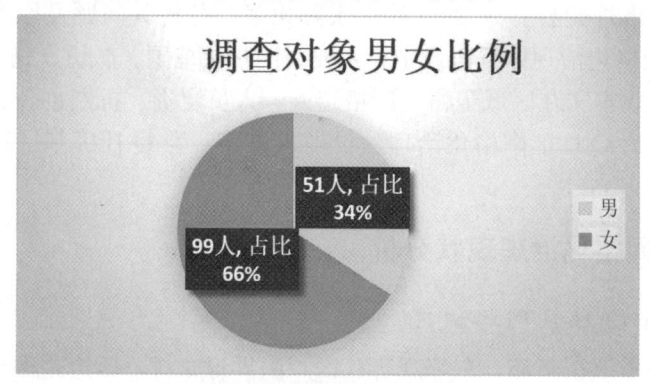

图6-2 调查对象男女比例

本文在Q社区选择了150名社区居民开展问卷调查活动，总共派发问卷150份，回收有效问卷150份，问卷调查的利用率为100%。调研内容包含了社区居民对社区网格化的了解、网格化治理的效果、网格干部与居民的沟通情况、社区居民对网格化服务的满意度等问题，共25个题，依据问卷调查，文中对Q社区居民和基层干部网格化治理的各个方面的看法展开了统计分析。

1. 对Q社区网格化治理和网格范围的情况分析

Q社区150位居民和基层干部对网格化治理的了解情况，如图6-3所示。

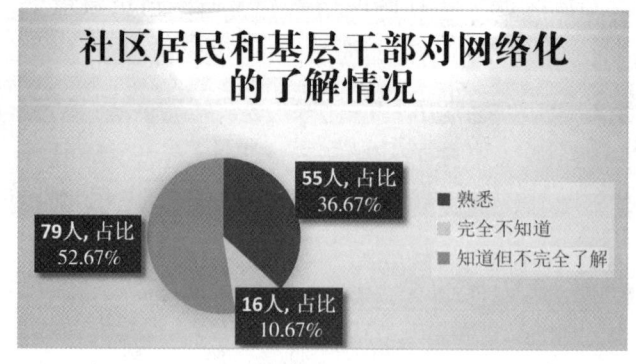

图6-3 社区居民和基层干部对网格化治理工作的了解情况

由图6-3可以看出，自Q社区引入网格化治理以后，居民和基层干部对网格化治理的熟悉程度仍处于较低水平。本次调查发现，仍有居民将问卷中的"网格"一词误解为"网络"，10%的调查对象对网格化治理一无所知，或者甚至是第一次听说这个概念。根据这些数据，我们可以看出，社区网格化治理的宣传工作还有待提高。

其次，通过对 Q 社区网格范围的调查（见表 6-1），发现其虽然通过利用计算机、地理信息系统等技术手段，在原有基础上建成了社区治理的网格化体系，但是 Q 社区在网格间的管理方面仍然存在着职责交叉、网格边界模糊等问题。

表 6-1　网格范围统计表

网格范围	是	否
职责是否交叉	√	
网格边界是否模糊	√	
是否跨越行政边界	√	
网格边界出现重叠	√	

2. 网格员队伍问题分析

对 Q 社区 74 名网格管理员进行结构分析，人员年龄构成方面，20～29 岁的有 7 人占 9.46%，30～39 岁及以下的有 11 人占 14.86%，40～49 岁的 33 人占 44.59%，50～59 岁的 17 人占 22.97%，60 岁以上的 6 人占 8.11%，如图 6-4 所示。

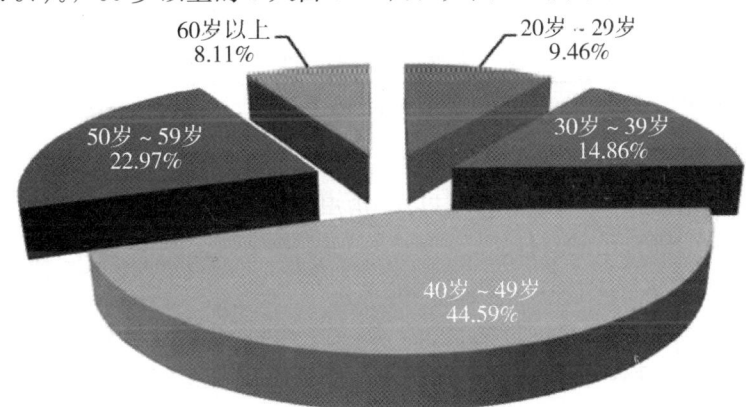

图 6-4　Q 社区网格管理员年龄结构图

从教育水平来看，小学文化程度的有 4 人，占总数的 5.41%，初中（含中专、中技）文化程度的共有 36 人，占 48.65%，高中文化程度的共有 29 人，占 39.19%，具有大学以上学历的共有 5 人，占 6.76%，如图 6-5 所示。

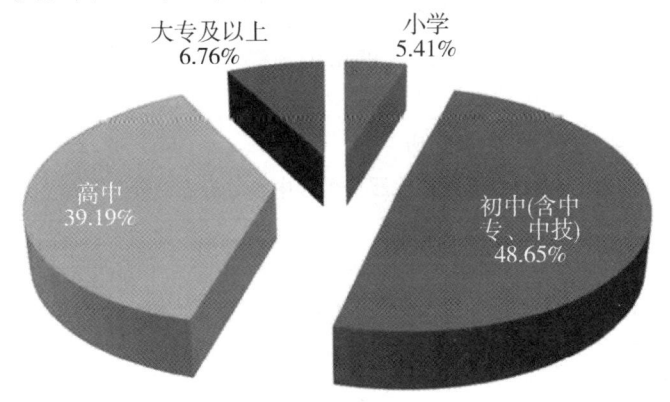

图 6-5　Q 社区网格管理员教育水平结构图

另外，其中2人为考试招聘的人员，34名为退休职工，28名为低收入群体。综上所述，我们可以看出，整个社区网格管理员队伍存在年龄偏大、知识水平较低等问题，服务质量和工作能力与网格管理的需求有很大差距。

3. 网格化治理任务分配问题分析

分析Q社区网格化治理任务，主要从市容卫生与安全物业管理、组织社区活动、调解矛盾的效果、劳动就业服务、街道秩序服务、园林绿化服务和公共设施管理等方面入手。

表6-2 网格化治理任务分配统计表

项目	内容	责任单位
市容卫生与安全物业管理方面	市容卫生整治与物业安保	社区、街道
组织社区活动方面	负责社区内活动的举办	社区、街道
调解矛盾方面	负责调解居民之间的矛盾	社区、街道
劳动就业方面	负责社区居民劳动就业问题	劳务局
街道秩序服务方面	负责维护街道秩序、街道清洁	社区、街道
园林绿化服务方面	负责对社区园林绿化进行修建维护	林业局
公共设施管理方面	负责公共设施的维修和保养	社区、街道

由表6-2可以看出Q社区在网格化治理过程中，大部分的任务都划分给了社区和街道，只有劳务局和林业局明确了网格化治理的责任，专事专办。而将一些不属于社区和街道职责的任务都交给了社区街道，导致社区和街道的工作量过高，网格管理员不能切实发挥自身作用，不能明确自己的责任。

4. 网格化治理中多元主体参与问题分析

调查Q社区多元主体参与治理的情况，本文了解到其多元主体涉及政府、社区、街道、居委会、业委会、物业公司、社区居民等。因为Q社区的网格化治理存在多元化、多主体的情况，存在着领域模糊，交叉态势，使得Q社区多元主体的权利与责任难以有效界定。基于此，Q社区的网格化治理中的不同参与者之间会产生有关经济利益、社会关系以及价值观念等不同方面的矛盾。然而，Q社区当前的治理行为规范适用冲突、管理能力与服务能力的不平衡，导致多元主体的参与面临着标准化、规范化和精准化的困境。正因如此，居委会、业委会、物业公司、社区居民等参与主体，虽然处于同一网格之中，但是对社区网格化治理的积极性并不高。因此，网格中虽然聚集了多种参与主体，但是不能够形成社会资源的整合和基层协同治理。

5. 网格化治理中政务公开问题分析

表6-3 Q社区网格化服务管理中心政府主动公开清单

序号	具体职责	业务事项	信息类别	内容标准	公开时限	公开形式
1	负责本中心工作计划、工作总结撰写工作	撰写年终工作总结、年初工作计划	总结计划	【年终总结】【年初计划】【折子工程】【重点工作】	实时公开	政府网站专题公开

续表

序号	具体职责	业务事项	信息类别	内容标准	公开时限	公开形式
2	负责综合性会议和议事决策的组织工作	撰写发布会议纪要、信息	会议信息	【通报】【议题】【审议】【决议】【会议精神】	实时公开	中心网站实时公开，政府网站专题公开
3		制定议事规则	网格服务管理中心议事规则	【总则】【形式】【内容】【组织】【程序】【记录】【决议实施】【责任制度】【附则】	实时公开	中心网站实时公开，政府网站专题公开

根据表6-3来看，Q社区网格化服务管理中心政府主动公开的清单只有三点内容，这对于社区中想要了解网格化治理效果的居民来说是远远不够的。就公开的内容来看，社区居民只能了解到年终工作总结、年初工作计划和一些会议记录等。但是对于事务的实施过程，社区居民是不清楚的，这就意味着政务公开不太透明。

同时，Q社区居民了解网格化治理的途径主要有三种，分别是社区宣传栏、社区举办的活动、媒体宣传。大部分居民都是通过社区宣传栏来了解Q社区网格化治理的进程情况。

二、Q社区网格治理中存在的问题

（一）网格化范围不够清晰

Q社区管理网格之间的职责交叉、边界模糊等问题依然存在，网格化范围的划分需进一步明确。其在社区扩容、小区开发、棚户区改造等深入推进的过程中，网格调整的设定不能及时跟上Q社区发展的需要，致使网格在调整设置过程中，出现不稳定的情况，网格之间的边界出现了重叠，导致网格边界模糊，没有了可识别性，网格管理员在工作的过程中找不到实地的分割物。因此，网格中的居民遇到问题时，网格管理员可能会因为找不到实地的分割物，而分不清该网格是否是自己负责，从而使居民的问题得不到解决，致使居民的切身利益受到损害。同时，也会阻碍Q社区网格化治理水平的提高。

（二）网格员队伍不稳定

Q社区在网格管理员队伍建设方面存在不足，大部分网格管理员缺乏足够的专业知识，整个网格管理队伍存在年龄偏大、知识水平相对低下的问题。网格管理由于项目众多，工作范围广泛，工作内容复杂，程序严格，因此，管理工作并不容易，这对网格管理员的专业素质要求很高，他们必须具备信息技术知识。其次，他们必须对社会、法律和管理问题有充分的了解，还需要对民俗、政策和管理制度有很好的了解。然而，网格员队伍中年龄较大和受教育程度较低的管理员的比例很高。他们的专业技能和工作能力与网格治理的要求之间存在着很大差距。虽然他们有比较丰富的专业经验和良好的群众基础，但普遍存在着年龄结构老化、知识水平较低、团队普遍责任感不强、服务管理理念落后等问题。由于网格管理员来源比较复杂，网格管理员在网格化治理中会出现离职的情况，网格管理员频繁流动的现象，不仅浪费公共资源，甚至还影响了网格化治理工作的正常运转，不利于网格化服务管理系统的长期良性运行。

（三）网格化任务不够明确

Q社区没有对问题发现、上报、处置、反馈等流程进行细化，没有明确各个环节的工作职责，加上网格管理员队伍年龄偏大、学历较低，处理问题的能力不足，方法较为过时。即使社区住户反映的基本生活问题能够得到反馈并得到有效处理，但面临一些技术性较强或者说情况复杂的问题时，社区住户难以得到网格管理员的有效援助，大部分住户表示网格管理员能力有限，这一岗位存在的意义不大。并且，因为监督制度还不够完善，致使网格管理员的工作态度不积极，他们也不会对自己的工作进行总结，更不会主动发现其中存在的问题。也正因为监督制度没有约束管理员履责，缺少业务考核的制约与监督，管理员工作中难以聚焦重点，工作效率低下，导致社区网格化治理中存在的问题没有得到有效的解决。

网格化服务管理是一项劳动密集型、时间和能源密集型的工作，这对网格管理员提出了更高的责任要求。有的网格管理员对所从事的工作不熟悉，有的对工作的操作和要求不熟悉，对需要设置的账簿、需要报告和处理的问题、日常工作记录等了解不够，不能很好地履行职责。一些网格管理员对网格化治理的作用没有明确的认识，在工作中没有责任感。他们害怕自己承担责任，总是想方设法应付检查，不关心工作效率，宁愿少干点活，不愿意每天都忙碌，倾向于被动应付。以上种种原因，导致网格化管理的各项措施没有得到切实的执行。

（四）多元化主体参与不足

网格管理中的多个主体之间的互动机制还不健全，网格内的"格"易于划分，但网格内的"网"却较难编织。有格有网，既要有多元主体，又要有多元主体之间的信息共享和良性互动，才能真正打破条块分割，形成横到边、纵到底、无缝隙、全覆盖的条块联合、共驻共建状态。多元主体间的协作，既要有信息技术的支持，又要有与技术相适应的人才运行机制，还要有高效的共治共享机制和有效的激励机制鼓励各方联动，形成资源共享、优势互补的协作治理结构。

网格化治理一定要坚持多元治理和合作治理相结合，是由网格员发挥桥梁和纽带作用，充分调动各种社会各种力量来为网格化治理服务，从而实现自上而下与自下而上的有机结合。但从对社区居民和基层干部的问卷调查中可以看出，Q社区的网格化工作仍然是由政府行主导行使行政权力，呈现单一、单向的管理特征，表现为由齐乐镇镇政府制定网格化服务管理事项清单，网格员在考核压力下被动执行，社区居民和社会组织有限参与的闭环处置流程。归根结底，主要在于Q社区的网格化治理还是内在地遵循其行政本位逻辑、执行压力机制和其他规则，依然习惯性依靠行政体制和各种行政手段来落实各项工作，仍然处于自上而下的管理逻辑之中，使得网格成为镇政府行政权力向下延伸的又一个层级，导致基层治理的内卷化或异化。此外，多元化主体参与不足还归结于公众、社会组织等主体参与意识不强、参与积极性不高以及参与效能感偏低等。

（五）监督检查不够透明

Q社区在网格化治理过程中并有将没有将网格化管理图，包括网格管理员、协管员

(信息员）布局安排、工作职责、联系电话等基本信息进行完全的公示公开。并且，Q 社区的信息公开缺少社区居民的参与，导致其网格化治理工作缺少社区居民的监督，也使社区居民无法有效行使参与权和监督权。其次，Q 社区在公布社区网格化治理的内容时，公布的内容不充足，内容质量不佳，致使社区居民对社区网格化治理只能片面地了解到一部分信息，由于对网格化治理没有清晰的了解，居民对参与社区建设的积极性也不高，从而阻碍了 Q 社区网格化治理的发展。

三、完善 Q 社区网格化治理的对策

（一）明确网格化治理范围划分，实现区域定格

网格是基层网格化治理建设的基础，明确划分网格化治理范围，能够解决职责交叉、网格边界模糊等问题，从而推动基层社区的管理和服务体系的发展，以此来提高基层治理服务的水平。

在网格区域划分不明确的情况下，Q 社区应进行科学的网格划分，完善城市基层管理和社会服务体系，使网格提供更加严格的管理服务，加强基层管理。Q 社区应组织社区管理人员定期对居民和社区单位进行详细的摸底调查，使情况始终是准确的、动态的。按照便于管理、界定清晰、全面覆盖、不留空白的原则，充分利用摸底成果，将 Q 社区科学合理地划分为若干个单元网格。这使社区所有的居民群相关的非公有制经济组织和社会组织，以及社区内的商业门店等被网格所覆盖，解决了职责交叉、网格边界模糊等问题，实现网格管理无缝衔接，有效消除基层社会管理和服务工作中薄弱的环节。进一步对网格划分进行调整和完善，使每个网格大小相同、容纳相同人口、任务和工作量相同、网格边界清晰、网格边界与行政边界相同。网格确定后，明确每个网格的负责人，并按照网格划分情况创建社区网格管理图，以确保分片包户的固定性和知晓情况的连续性，以此实现区域定格。

（二）建设网格员管理队伍，实现网格定人

选拔并确定网格员管理队伍，是基层网格化治理建设的重中之重，进一步加强网格员队伍的管理，能够减少公共资源的浪费，使服务管理系统长期良性运行，以此实现网格定人。

网格员的管理团队需要从三个方面进行改进：建立管理制度、工作程序的标准化以及建立监督和问责机制。有必要制定并公布网格员管理制度，如建立工作会议制度，定期组织会议；切实了解网格员管理队伍的现状，要建立日常服务情况考核评价制度，完善考勤记录，以此作为考核依据；完善工作制度，对网格管理员的履职能力进行全面考核。要完善网格管理员工作制度，在走访检查、及时通报、解决问题等方面制定严格的规定。要对网格员队伍加强管理，以网管员队伍建设为基础。督促网格管理员做好巡查、走访、更新信息、收集问题等工作，细化队伍管理和工作纪律，实行定期、限时考察。有关部门要定期组织检查督导，深入了解网格管理服务的实施和应用情况，及时发现和查处网格管理员工作中存在的突出问题，对普遍存在的问题，及时组织有关单位研究解决问题的办法，鼓励网格管理员及时补救，使网格管理正常进行，网管员严格执行任务。要建立网格基础数

据库，录入网格员政治面貌、学历、专业、兴趣爱好等基本信息，按照每个人的优势和特长，灵活安排各种人才。

(三) 明确网格管理员职责范围，实现人员定责

明确网格管理员的职责范围，让其清楚自己的责任，明白网格化相关的服务、管理工作对于当前社区的管理工作的有利影响，以此帮助管理人员树立落实网格化治理的各项措施的责任意识。

在系统建设上，针对当前工作的实际情况，制定和完善网格管理员的管理规范，有效地规范了管理员的工作和行为。通过详细、清晰的工作规范，让网格员清楚地知道什么是必须要做的，什么是不能做的，什么是工作中需要特别注意的方面，什么是容易出现纰漏的地方。除此之外，因管理员的具体职责没有明确的条文进行限定，工作的内容大多依靠管理人员根据具体的情况主动采取行动，所以管理员的工作效率取决于他的自觉性和责任感，特别是社区对其进行额外的工作分配时，加大了管理员的工作负担和压力，减少完成本职网格管理的各项工作精力和时间，工作质量自然会出现下降的问题。所以，要明确网格管理员的职责，清楚什么事情要管理，什么事情要自己处理，不要独自承担所有的事情。相反，网格管理员也不能"无为而治"，只会做一些力所能及的事情。要全面提高网格管理人员的综合素质，为社区居民服务，做好自己的本职工作。明确网格管理人员的工作责任，细化其工作内容，明确其职能界限，对其进行规范和界定。

(四) 促进多元主体的有效参与，实现机制创新

首先，在社区管理中，社区的民意调查、管理方案提出与实施和监察等工作都是在基层部门的管理下执行的。通过走访和民意调查，收集和分析问题，并提交至政府部门和党委进行审核，审核通过后，将其应用到社区治理工作中，并在职能部门的监督下，依据相关的法律法规和群众的意见，对社区的工作开展情况进行评价，并向政府有关部门上报，以此来决定Q社区工作人员的奖励和惩罚。其次，发挥社会团体、企业的作用。社会团体的主体是非营利组织，在社区治理的过程中，要转变社会团体的被动参与为主动加入，同时，建立社会团体的审查机制，让经过审查的团体与工作委员会并驾齐驱，在社区治理中发挥其作用，特别是在养老、教育等方面的作用。此外，也可以设立自治组织，让社区居民根据Q社区的特点组成自治组织，管理社区的内部事务和解决居民之间的冲突。为了保证组织的合法性，可以通过定期培训和评估以提高工作人员的意识和能力。最后，促进共建、共治、共享机制和激励机制的创新，以此鼓励各方联动，形成资源共享、优势互补，促进Q社区的多元主体的有效参与，实现机制的创新。

(五) 提高网格化治理透明程度，实现公示公开

提高网格化治理透明程度，将当前治理的进度和情况，按照公开的原则对社区住户进行通告，让社区的住户能够充分享有知情权，促使住户行使自身的参与权以及表达权，在此基础上监督社区工作，促进网格化治理在阳光下运行。

首先，在政府和公众之间开辟绿色的沟通渠道，加快解决居民问题的进程。Q社区应及时听取公众对信息的要求，更好地满足其合理需求。在互联网上开辟民意窗口，打造政民互动的便捷平台，及时了解居民的诉求，并采取行动积极回应居民，这样不仅可以提高

基层治理的有效性,还可以营造公众参与政治生活的良好氛围,提高公众的满意度和信任度。其次,完善信息公开的评估体系,这有利于乡镇、街道、社区之间相互学习,促进彼此之间的共同进步。最后,要学习好的信息公开模式,意识到自身在信息公开方面的不足,结合公众对政府信息公开的满意度调查结果,做好政府信息公开公众满意度调查结果的反思工作,化民意为动力,不断提高政府的公信力,实现人民当家做主,履行为民服务的职能。

四、结　语

为了优化基层治理体系,提高我国社会的治理能力,实现基层治理的现代化,完善网格化的管理和服务体系是实现基层治理现代化的关键。随着全球化和我国城镇化进程的不断加快,网格化治理凭借着精细化、技术化、清晰化等优势,成为推进基层治理建设的一种重要手段。在这个时代背景下,基层治理的发展,要紧跟时代的步伐,不断完善网格化管理服务体系,完善我国目前的社区治理。

本文通过问卷调查法和文献分析法解析了 Q 社区网格化治理中存在网格化范围不清晰、网格员队伍不够稳定、任务安排条理不清等问题。为解决以上问题,Q 社区提出了明确网格化治理范围的划分,实现区域定格、建立健全网格管理员工作队伍,实现网格定人、明确网格管理员职责范围,实现人员定责等对策。建设完善的网格化服务管理体系,能够保证基层治理的发展,对于这一课题的研究具有一定的价值,希望社会各界人士充分关注该领域,对 Q 社区网格化服务管理进行进一步探索。

【参考文献】

[1]费迪南·滕尼斯.共同体与社会:纯粹社会学的基本概念[M].林荣远,译.北京:商务印书馆,1999.

[2]斯蒂芬·戈德史密斯,威廉·D.埃格斯.网络化治理——公共部门的新形态[M].孙近春,译.北京:北京大学出版社,2008.

[3]理查德·C.博克斯.公民治理:引领 21 世纪的美国社区[M].孙柏瑛,等,译.北京:中国人民大学出版社,2005.

[4]简·芳汀.构建虚拟政府:信息技术与制度创新[M].邵国松,译.北京:中国人民大学出版社,2004.

[5]刘伟,土柏秀.国内学界的网格化管埋研究:回顾、反思与展望[J].公共管理与政策评论,2022,11(01):157-168.

[6]孙涛,韩清颖.我国城市社区"网格化管理"建设:国家治理现代化在基层的创新——以广州市越秀区为例[J].华东经济管理,2019,33(05):5-11.

[7]吴结兵.网格化管理的实践成效与发展方向[J].人民论坛,2020(29):22-24.

[8]伊庆山.新时代我国农村社区网格化服务管理创新研究——基于 S 省网格化政策实践调查[J].兰州学刊,2020(09):171-186.

[9]汪洁.善治视阈下城市社区复合治理机制的构建——基于网格化管理与居民自治的

融合[J].中共天津市委党校学报,2019,21(03):82-88.

[10]李亚鹏,申龙明.从网格到网络:网络化治理视域下城市社区治理的新型态——以拉萨市为例[J].西藏大学学报(社会科学版),2019,34(01):201-208.

[11]钱全."多元善治":基层网格化多元共治及实践限度——以苏南涉农社区个案为例[J].新疆社会科学,2019(03):140-147.

[12]吴结兵,崔曼菲,李勇.网格化管理何以实现精细化的应急防控——基于政策执行的视角[J].湖北社会科学,2021(12):32-38.

[13]朱萌.城市社区网络化治理的组织机制分析——基于天津市X区L街道的个案研究[J].领导科学,2021(02):8-12.

[14]安琪,唐昌海,王婉晨,等.协同优势视角下突发公共卫生事件社区网格化治理研究[J].中国卫生政策研究,2021,14(07):26-31.

[15]菅从进,王琦.共同体视域下社区网格化治理法治化的主体之维[J].广西社会科学,2021(02):8-14.

[16]李慧,韩可卫.城乡治理视野下的网格化路径探析——以湖北省X市为例进行实证分析[J].湖北社会科学,2018(01):88-94.

[17]王维维,王义保.基于"前馈控制"的网格化治理危机预警多点触发机制研究[J].南通大学学报(社会科学版),2021,37(04):88-94.

[18]刘景琦.网格化联动与城市治理"最后一公里"再造——以苏南Y社区为例[J].中共福建省委党校学报,2019(06):97-104.

[19]沈迁.党建嵌入社区网格化治理:实践形态、运行机制与内在逻辑[J].中共福建省委党校(福建行政学院)学报,2022(01):63-73.

[20]宋晓娟.共生理论视角下的中国城市社区治理研究[D].吉林大学,2021.

[21]曹海军,王梦.双网共生:社会网络与网格化管理何以协同联动?——以S市新冠肺炎疫情防控为例[J].中国行政管理,2022(02):59-66.

[22]钱坤.城乡比较视角下农村网格化管理审视[J].华南农业大学学报(社会科学版),2022,21(02):121-131.

[23]吕童.结构与功能视角下的数字化整合型组织优化研究——以X市网格化服务中心为例[J].学海,2021(06):121-127.

[24]何继新,付美佳.网格化管理在社区基层公共服务网络关系中的变迁动力与反思对策[J].杭州师范大学学报(社会科学版),2021,43(06):114-123.

[25]朱瑞,顾林妮.市域社会精细治理:实践经验与运行逻辑——以北京市东城区网格化建设为例[J].新视野,2021(06):43-47+61.

[26]高晶磊,刘春平,孙海燕,等.基于协同治理理论的城市医联体网格化管理模式研究[J].中国卫生经济,2021,40(11):18-22.

第七章　甘肃省西和县乡村文化服务助推乡村振兴存在的问题与对策分析

随着乡村振兴的发展，乡村文化振兴对乡村发展的作用越来越重要，分析乡村文化发展对乡村振兴具有重要意义。本文通过对甘肃省陇南市西和县乡村公共文化建设的研究，采用实地访谈、文献研究、问卷调查等方法进行研究分析，探究出一条乡村振兴战略背景下的乡村文化发展之路。保护和传承优秀乡村传统民俗文化对实施乡村振兴战略起着重要的作用。弘扬和保护社会主义先进农业传统文化，增加公共文化服务供应，发展壮大中国特色社会主义乡村文化事业和产业，走可持续发展之路，是新时代我们必须要牢牢把握的发展方向。

一、乡村文化服务概述

（一）乡村振兴战略

乡村振兴战略是党的十九大报告中明确提出的重要战略布局，是解决"三农"问题的行动指南。2018年初出台的《中共中央　国务院关于实施乡村振兴战略的意见》确定了乡村振兴战略的目标任务，明确提出了产业兴旺、生态宜居、乡风文明、治理有效、生活富裕的总要求。产业兴旺要求加大乡村文化产业的建设，要基于乡村自身资源优势，创新发展，形成自己独有的品牌。生态宜居是乡村振兴的关键。生态宜居要求根据乡村生态文明制定适当的生态补偿政策，以保护乡村文化遗产。乡风文明是乡村振兴的保证。开展乡村公益文明建设是乡村振兴的关键。治理有效，是乡村振兴的基础。发展乡村公共文化服务，是保证乡村祥和安定、经济管理健康有序发展的重要基础。生活富裕，是中国乡村振兴战略的根本。本文将贯穿这五个方面研究西和县乡村文化服务对乡村振兴的作用。

（二）乡村文化服务

乡村文化服务是指面向大众的公益性的文化服务体系，主要包括两个方面的内容。

1. 公共文化服务网络

公共文化服务网络是以文化基础设施为基础，通过文化基础设施建设形成多角度、多渠道、立体型的全覆盖式公共文化网络服务系统。通过公共文化服务网络的互相配合、相互交织为社会和基层群众提供丰富的文化娱乐产品，提高整个社会的精神文明素质。

2. 公共文化服务的各项工程

公共文化服务的各项工程主要指国家政府部门提倡的各项公共文化重大项目工程，例如我国提出的文化信息资源共享工程、互联网全覆盖工程、广播电视村村通工程等。建设公共文化服务体系，对于建设和谐文化、全面建成小康社会、实现中华民族伟大复兴的中国梦具有重要的意义。

二、西和县乡村文化服务发展现状研究

(一) 西和县基本情况

1. 常住人口

据 2020 年 11 月份统计,全县常住人口为 351 069 人,与 2010 年第六次全国人口普查时的 393 272 人相比,减少了 42 203 人。

2. 户别人口

全县共有家庭户 105 695 户,集体户 1 350 户。家庭户人口为 346 443 人,集体户人口为 4 626 人。平均每个家庭户的人口为 3.28 人,比 2010 年第六次全国人口普查时的 4.45 人减少 1.17 人。

3. 文化资源

西和县有云华山、伏羲崖、凤凰山、晚霞湖、八峰崖等旅游景点和特色草编手工艺品,传统的社火等文化习俗。西和县曾先后被授予"中国半夏之乡"和"我国乞巧民族传统文化之乡"的称号。

甘肃省陇南市西和县本身就是贫困县,对其乡村文化服务发展的现状进行分析将有利于扶贫项目工作的开展,更能在新时期下推进乡村振兴工作的顺利进行。政府在开设便民利民的商业渠道中引入文化发展,深入挖掘,大力推广,对西和县树立更好的形象和"走出去"意义重大。

(二) 西和县乡村公共文化服务建设所取得的成效

1. 乡村公共文化基础设施建设不断加强

坚持城乡一体,推进乡村建设。2020 年以来西和县农村基础设施和公共服务补短板步伐加快,先后投入 1.24 亿元用于实施厕所、垃圾、污水、风貌、庭院"五大革命"项目,累计改造农村厕所 1.46 万座,创建清洁村庄 60 个,7 个建制镇污水处理厂建成投运。相继完成安全饮水、通动力电、中心村 100% 通光纤宽带、4G 网络全覆盖等基础设施的建设。建成产业路、自然村组硬化路等 405 公里,完成 37 个暴洪灾后重建项目,实施了一批防灾减灾、水土保持、安全人饮和农村堤防工程。"增绿" 8 万亩,"护绿" 103 万亩,森林覆盖率达到 36.79%。

持续推进城乡教育、医疗、文化等公共设施建设,提升服务保障水平,加快实施 16 所智慧校园、12 所义务教育阶段学校和 15 所幼儿园新建、改扩建项目,县医院搬迁等省市重大项目取得积极进展。城乡居民医保参保率 95.5%,养老保险参保率 97%,一季度落实低保、特困供养、残疾人"两项补贴"、临时救助等资金 4 292.7 万元。

2. 农家书屋建设成效显著

农家书屋是满足人民群众公共文化服务需求的重要抓手和当前开展新时代乡村文明建设的有效载体。西和县在实现村级文化服务中心全覆盖的基础上,持续推动农家书屋提质增效,助推新时代文明实践活动深入开展。

西和县积极发挥农家书屋功能,助力新时代文明实践站建设,充分展现了广大群众的读书传统和阅读风采。农家书屋和新时代文明实践站融合共建,让阅读活动真正惠及群

众,成为传播科学、文化、教育知识的重要阵地。

经调查统计,西和县共建成农家书屋386个,每个书屋藏书2500册左右。走进任何一家农家书屋,图书种类繁多,尽可能地满足了群众的大多数需求。全县农家书屋已全部纳入新时代文明实践站整体布局,统筹管理使用,一体化运作。这在乡村文明建设中发挥了重要作用。即使西和县乡村文化服务发展取得了一定的成效,但在乡村振兴发展过程中还存在不少问题。

三、西和县乡村文化服务在乡村振兴中存在的问题

(一) 乡村文化产业发展动力不足

1. 乡村文化服务人才队伍建设落后

乡村传统民俗资源的开发,需要坚强有力的、专业的人才队伍。西和县乡村传统民俗文化的开发刚刚起步,现有人才队伍的规模与结构都难以满足农村公共文化服务发展的需要,缺乏高学历和有专业技术职称的文化人才,各乡村文化服务保障机制和现代乡村农业发展也缺乏专业人才。由于基层文化队伍普遍工作条件较差、工资待遇不高,所以工作人员工作积极性难以得到有效调动,各类文化志愿服务活动也大多集中于城区地段,基层农村文化资源服务普遍欠缺。经调查,现有人才的断层现象十分明显,相关人员的年龄结构非常不合理,年轻人扎根基层工作的意愿不强烈,部分年轻工作人员的工作激情不高,将农村基层工作当成跳板,并未能扎根农村,人才队伍发展动力严重不足。

2. 乡村公共文化服务地区间差距明显

西和县已建成的文化服务站点超过了200个。根据2021年的数据显示,建成的文化服务站点尚未达标的占比为30%。在调查中发现,各乡村文化供给模式参差不齐,由于各乡村之间产业经济发展存在明显差异,产业经济相对较好的乡村的基础文化设施建设投入更多,基础设施的规模和公共文化服务站点都比产业经济落后的乡村更完整。另外,地方党委管理也不到位。

表7-2 西和县部分乡镇及文化服务站点个数

乡镇名称	兴隆镇	长道镇	大桥镇	汉源镇	卢河镇	稍峪镇	晒经乡
站点个数	6	9	6	14	10	12	4

3. 乡村文化服务整体影响力较弱

虽然在西和县政府的积极号召下,部分乡镇已开启以乞巧民俗文化、社火、羊皮扇鼓等传统文化为主题的项目,但还没有形成整体开发的大思路。各个村庄开展的文化活动相对分散,没有形成向心力,整体影响力不足。甚至有些地方的传统文化开发仍处于空白状态,缺少宣传与对外开放的平台,致使这一独特的民俗被后代逐渐淡忘,难逃自生自灭的厄运。各个村庄之间也缺少交流与合作,已形成强大的竞争力,使得传统文化的开发效率很低,对当地发展的贡献也不高。

另外,通过对西和县各乡村居民对乡村文化服务的了解问卷调查中发现,居民对乡村文化服务相关政策的内容和发展充分了解的占比为10%,比较了解的占比为12%,一般了解的占比为25%,不了解的占比为53%。由此可见,关于西和县乡村文化服务的进一

步研发和宣传亟须加强。

（二）乡村文化带动就业能力不强

西和县在云华山、晚霞湖等文化旅游景点的开发过程中没有有效利用当地劳动力，劳动力的外流非常严重。旅游开发项目组人员对当地劳动力情况不清楚，导致从其他地方引入劳动力，既大大提高了成本，也对当地乡村居民就业造成很大的损伤。旅游景点建成后还需要大量的工作人员，而西和县部分景点存在职能不明确，工作人员不匹配，部分岗位人员紧缺等问题。另外，旅游景点缺少商业服务性功能区，当地特色产品也很难推广出去。如果在旅游景点附近建设民宿、农家乐等附属产业，将会延长旅游产业链，衍生其他更多的行业，带动乡村全方位发展，解决大部分乡村人口的就业问题。

乞巧民俗文化项目开发过程中发展模式比较落后，缺乏创新，相关附属艺术品也不符合现代市场的需求，很难迎合现代人群的消费喜好。除了政府引领，还需要各乡村共同探讨，研究新思路，集思广益探索乞巧文化发展新模式。

在乡村特色文化农产品种植方面，由于乡村劳动力的外流缺少相应的劳动力，半夏的种植和挖取需要大量劳动力，而留在乡村的劳动力远远不够，即使半夏的种植有一定的规模，但劳动力方面是个棘手的问题。另外，西和县缺少农业种植示范点，联动大棚种植分红方式落后，不符合现代农业发展要求，满足不了乡村居民真实愿望需求。

（三）乡村文化资源开发力度不够

1. 政府财政投入力度不够

西和县虽然有乞巧民俗文化、仇池山歌、影子腔、西和秧歌、羊皮扇鼓等独特的传统文化，但没有形成完整的产业链，各类文化也没有研发相关产品。在旅游开发中政府财政支出不够，资金保障机制不完善，很难发挥社会和市场的投资带动作用，动力相当不足。文化市场发展乏力，整体发展水平落后，跟不上时代的步伐，在电子网络技术快速发展的当今时代没有形成网络文化展演节目，发展十分滞后。各地乡村对土地资源的浪费问题也非常突出，即使部分乡村有当地特色的花椒和香菇，但没有技术研发和形成产业就难以发挥其真正的市场作用。

2. 民俗文化开发模式不合理

优秀传统文化的吸引力在于它古老的艺术特点，西和县在传统文化开发过程中既没有成型的文化产业模式，缺乏政府的积极引导和统筹规划，主要以地方性文化发展为主，缺乏主干力量，群众参与意愿不是很强，很难调动群众的积极性；也没有注重对原始文化特点的保护，缺乏原有的文化风味，无法满足群众的品位，难以做到口碑极佳的效果。

3. 各地文化农产品发展落后

西和县各乡镇有属于自己的独特的农产品，就是缺乏一定的种植培育开发措施。通过调查，十里镇有出名的绿豆种植产地，但对土地的利用率相当低下，主要以种植小麦、土豆和玉米为主，而没有用于种植绿豆。这无疑缺失了绿豆种植所带来的经济效益。洛峪镇的花椒也是小有名气的，但对其开发只是停留在最初的种植技术和管理方式，在花椒的品种研发和管理创新以及市场供给需求方面都相对落后，经济效益并不是很好。姜席镇香菇和草莓培育开发过程中同样存在技术管理方面的不足，没有与当前发展模式做好有力衔接。

（四）乡村文化环境治理不到位

西和县各乡村在文化发展过程中由于乡村观念滞后给乡村文化环境治理制造了不少问题。通过问卷调查得知，各乡村在唱戏期间由于各种摆摊活动制造了太多垃圾，对场地周边的花草树木破坏也是一大弊端。唱戏作为一种"下乡"文化活动对当地文化具有很好的调动作用，但其中存在的问题不可忽视。另外，在部分乡镇建成的新农村墙上常出现乱涂乱画和贴小广告的现象，这给村容村貌的建设造成了许多麻烦。部分乡村文化环境治理工作职能不明确，责任追究不到位，维护文化环境缺乏专业组织和队伍。

四、完善西和县乡村文化服务对乡村振兴作用的对策建议

（一）以发展乡村文化产业为载体，推动乡村产业发展

1. 全面推进乡村文化服务人才振兴

加快推进乡村文化公共服务人才队伍建设。围绕发展壮大现代乡村文化优势产业，建设一批乡村文化培训基地和农村创业创新孵化实训基地。支持各类企业参与乡村文化人才培养，通过建设实训基地、创新成果转化应用等各种方式，提高农民文化理论水平，推广新技术的应用。

县政府应该每年选派一批优秀年轻干部到各乡镇挂职；吸引西和县籍高校毕业生回家乡建功立业；建立城市人才定期服务乡村政策；打通乡村人才发展路径，优化乡村文化环境，健全人才引进、培养、使用、评价、服务保障机制，吸引各类人才在乡村振兴中建功立业，以人才振兴赋能乡村振兴。

2. 建立有效的供给机制，缩小地区差距

建立健全以群众需求为导向的乡村文化服务站点供给机制，提供便利的工作环境，实施各乡村文化服务发展补偿性机制，激发居民参与乡村文化开发的积极性，挖掘并推广各地特色乡村文化，缩小各地区间文化服务水平的差距。

面对人民群众日益增长的文化需求与文化发展的不均衡和不充分的现实矛盾，满足人民群众对美好文化生活的需要必须建立以群众需求为导向的乡村公共文化服务供给机制。健全乡村文化服务站点供给机制要转变"唯上""唯标"的公共文化服务观念和供给套路，建构"唯民""唯实"的乡村公共文化服务理念和供给模式。秉持以人民为中心、以群众需求为导向，扩大乡村公共文化决策制定的社会参与，完善地方党委、政府与文旅管理部门主导，企业、社会组织与民众参与的乡村公共文化政策制定的协商机制，特别是发挥文化智库的作用，提升公共文化决策的科学性、民主性和可行性，充分实现乡村文化政策与群众文化需求的协调与耦合。

3. 通过大力宣传，提升西和县乡村文化服务影响力

在各市通过开展西和县农特产品展销活动扩大其影响力，并尝试与当地建立合作关系，与农户达成销售协议的农产品以蜂蜜、粉条、手工制品为主。还可以通过短视频引流、直播带货、电商营销等方式进行宣传推广。

在网络发展的新时代背景下，大力通过各种媒介、网络，如利用抖音、快手等在网络平台中加以大量推广，使更多的人真正了解和感受到西和县乡村传统民俗文化的独特与魅

力，让西和县独具特色的乡村文化尤其是乞巧民俗文化"走出去"。最关键的是要突出其真实性、民间性、艺术性，凸显西和县传统民俗文化的地域性特点。坚持乡村传统文化中的原有表现形式、固有内在魅力，以防止出现和其他地区传统文化中的雷同现象。利用此来抓住企业投资商的眼睛，使他们发现新兴的乡村传统民俗文化在未来企业文化市场领域里所蕴含的巨大商机。

（二）以盘活乡村文化资源为抓手，增强乡村发展动能

1. 加大西和县旅游资源资金投入力度

西和县旅游接待能力有待提升，挖掘和整理乞巧民俗、仇池山歌、影子腔、西和秧歌、羊皮扇鼓舞等非遗项目，科学开发旅游资源，将旅游景区景点串联起来、形成规模，这就需要政府财政投入，深层次挖掘其潜在的价值。如果未来能将这些资源合理整合，发挥其作用，那么西和县旅游产业发展也将再上一个新的台阶。

云华山位于西和县城东北十公里处的稍峪镇，挺拔俊秀、山峰耸峙。这里是秦始皇祭祀先祖之地，文化底蕴深厚。利用云华山的人文和自然资源发展文化和旅游业，能够大力带动周边乡镇经济增长，应该加大财政资金投入，激发群众参与积极性，释放社会动能，集中人力、物力、财力对云华山旅游景点进一步挖掘创新。可以在旅游景区附近建设农家乐、民宿、纪念物品店等一系列以传统文化为主题的商业载体，加大资金投入以完善旅游景点的基础配套设施。不断创新，提供便利的数字化服务，进一步建立符合现代社会需求的旅游人性化设施，吸引社会眼球，为西和县旅游产业释放新活力。另外，充分发挥市场和社会作用，鼓励并吸收社会资本参与对旅游景区的开发。

2. 制定乞巧民俗文化合理化、有效化的开发模式

西和县乞巧民俗文化的原始景点、原生态音乐、原始舞蹈和神秘传统等独特之处迎合了人们的精神需求。新兴的旅游市场将为进一步推动乡村振兴战略工作发挥更有力的作用，这就需要相应的规划来开发乞巧传统文化，使乞巧民俗文化为乡村文化服务增添新活力。

首先，必须要从西和当地的地理环境、历史内涵、传统习俗、人文风情等多方面、多领域出发，制定出相匹配的开发规划。另外，制定乞巧民俗开发规划，必须要遵循以下几点。

一是政府要积极引导，集中民意，做好带头作用，调动广大民众参与的积极性，邀请国内外知名专家、学者进行实地考察，并综合研究，献计献策，收集采纳切实可行的意见建议。

二是要统筹兼顾，突出重点领域。秉持民俗保护与开发相结合、整体与重点相结合、原生态传承与适度创新相结合、理论指导与实践操作相结合的发展理念。

三是要循序渐进，行稳致远。西和县乞巧民俗文化开发正处于发展阶段，要深入挖掘其内涵、追溯其历史渊源，尊重其历史。不可盲目开发，只顾追求眼前经济利益，要善于学习国内外开发民俗文化的成功经验，促进西和县乞巧民俗文化开发的顺利进行。

乞巧民俗文化作为西和县文化软实力的重要载体，无论是在城镇改造工作中，还是新农村建设的开展中，都发挥着重要的作用。乞巧民俗资源本身就隐藏着巨大的文化价值与实际意义。西和县政府在乡村振兴战略背景下要允分利用大力发展经济的机遇，加速深层

次开发乞巧民俗文化的经济效益和文化效益，实现文化与经济发展的双赢。

3. 因地制宜发展各地特色文化农产品

西和县应该紧紧围绕特色农产品做文章，把盘活闲置资源与农民致富相结合，针对山区空闲地等闲置资源进行集中整治，通过建设联动大棚种植蔬菜水果，发展壮大村级集体经济，助力乡村振兴。

针对西和县十里镇梁集村，要致力于提高土地利用率和农产品附加值，因地制宜发展绿豆种植，以品牌、品质带动特色产业高质量发展，让农民走出一条"绿色"致富路。

针对洛峪镇，要借助其独有的特产花椒，优化农业产业结构，加快发展特色农业，加强椒园标准化管护，推动花椒产业提档升级，巩固拓展脱贫成果，助力乡村振兴，让花椒产业成为当地农户增收致富的重要产业。

针对姜席镇，要立足当地自然资源禀赋，充分培育香菇、草莓等优质蔬菜水果，延长产业链，积极研发新品种。发挥党支部战斗堡垒作用和党员先锋模范作用，多方面统筹推进全镇经济社会发展，因势利导发展特色产业，开启以产业振兴带动乡村振兴的新征程。

（三）以提供乡村文化服务为契机，增加乡村就业岗位

西和县在围绕巩固拓展脱贫成果时要同乡村振兴有效衔接，要及时针对乡村文化服务制定出台方案，千方百计筹措资金，多渠道、多领域开发乡村道路维护、乡村保洁员、爱心理发员等公益性岗位，优先农村困难群体就业，有效提升乡村各项公共服务能力、促进乡村振兴。

首先，在乡村公益性岗位管理上，要按照"县定、乡聘乡管、村用"的管理机制，严格公告、申报、审核、公示、聘用、岗前培训及安排上岗等程序进行人员选聘，助推美丽乡村建设。

云华山的景区栈道、游客接待中心、停车场、旅游厕所等正在紧锣密鼓地建设，应响应号召带动周边乡村尤其是贫困户人口的就业。

云华山景区建成后应该推出一系列帮扶措施，如带动村民开办农家乐、在景区内设立一定数量的公益性岗位等，带动更多村民脱贫增收。

其次，要发挥乞巧民俗文化在开发中能积极带动广大妇女实现就地就业、就地增收的作用，采用"农户＋协会＋企业＋电商"模式，成立西和县乞巧文化产业发展公司。也可以建立"乞巧坊"文化旅游产品电商旗舰店，打造多家乞巧文化产品网店，尤其要对手工刺绣、手工麻纸、巧娘娘纸扎等特色打造品牌。

最后，要依靠联动大棚农产品产业发展和半夏的种植，吸纳季节性务工人员，创新产业效益分红方式，对异地扶贫搬迁集中安置的人口进行配股分红，采取五五分成的方式。通过网红带货的方式，拓宽销售渠道，增加农民收益。打造养殖示范点、加工示范点、种植示范点，走一主多辅的产业发展道路，使全镇农业产业向规模化、连片化、科学化风向发展，增加更多就业岗位，让联动大棚菜农走上致富路。

（四）以改善乡村文化环境为目标，促进美丽乡村建设

以制度为保障，通过加大投入推进农村环境提升，推进乡村振兴发展。西和县要进一步调整县委农村工作领导小组，增设人居环境整治、乡村规划编制、保障粮食安全等专责

工作组,在产业、人才、文化、生态和组织振兴专班分头抓推进,督促专责组专项促落实。

1. 齐头并进,改善农村村容村貌

在各乡村要以村容村貌整治为突破口,大力整治农村人居环境,着力发展绿色产业,推进乡风文明建设,扮亮环境增面子、做活产业鼓袋子、涵养新风补里子,努力打造美丽宜居的新农村,不断提升群众的生活质量,助力乡村振兴建设。在农村人居环境整治的大背景下,要持续巩固无违建街镇村居创建成果,推进美丽乡村风景线沿线乱搭乱建现象的有效管控。同时,为了整治工作长效推进,重点整治乱搭、乱建、乱堆,清理道路两边垃圾堆放,并整治"小广告"违规张贴、乱涂乱画,对文艺展出场地要严格督促各类摆摊业主及时清除垃圾,保护周边树木花草。在平时活动中也要保持乡村常态化整洁。要不断通过人居环境整治和"美丽乡村—幸福家园"创建,继而使农户宅前屋后日益整洁、"小三园"井然有序,生活生产质量逐步提升。在今后的发展中,各乡村还要进一步紧扣农村发展实际,聚焦乡村振兴的新时代目标,强力攻坚,有序推进,奋力谱写美丽乡村的新篇章。

2. 全民行动,维护优化公共环境

在各乡村开展整治行动时应该充分发挥统筹协调的作用,明确工作责任,细化工作措施,针对前期暴露出来的薄弱环节和突出问题,逐一研究分析问题原因和整改措施,各司其职、各负其责,限期落实整改,切实做到村域治脏治乱工作常态化、长效化。同时积极开展乡村文化活动,在保护中传承优秀文化传统,在继承中不断创新探索新发展理念,全面推进乡村振兴发展,全力促进农民增收,切实增强农民群众的幸福感、获得感。为中国新时期的乡村建设发展提供强大的动力支持。

五、结语

在乡村振兴战略背景下,通过分析当前西和县乡村公共文化服务发展状况和其在推动乡村振兴过程中存在的问题,提出了完善西和县乡村文化服务的对策建议。通过调查甘肃省西和县各乡村居民对文化发展服务工作机制的看法,发现存在的问题,进而分析提出解决问题的对策,建议应该集中力量在乡村旅游产业、乡村文化服务与就业、乡村文化资源开发、乡村文化环境治理各领域中,剖析了乡村公共文化服务与乡村振兴之间的关系,从而总结出西和县乡村文化发展路径。

【参考文献】

[1]李长学."乡村振兴"的本质内涵与逻辑成因[J].社会科学家,2018(05):36-41.

[2]夏淼.当代中国乡村文明建设研究[D].兰州大学,2011.

[3]柯艳霞.城镇化进程中乡土文化的危机与重构[J].兰州学刊,2012(11):210-212.

[4]习近平.决胜全面建成小康社会夺取新时代中国特色社会主义伟大胜利——在中国共产党第十九次全国代表大会上的报告[N].人民日报,2017-10-28(01).

[5]赵霞.乡村文化的秩序转型与价值重建[D].河北师范大学,2012.

[6]赵建军,胡春立.美丽中国视野下的乡村文化重塑[J].中国特色社会主义研究,2016(06):49-53.

[7]朱启臻.乡村振兴背景下的乡村产业——产业兴旺的一种社会学解释[J].中国农业大学学报(社会科学版),2018,35(03):89-95.

[8]谈慧娟,罗家为.乡村振兴战略:新时代"三农"问题的破解与发展路径[J].江西社会科学,2018,38(09):209-217+256.

[9]李佳.文化创意视角下中华传统文化现代性转化探究[J].大庆社会科学,2018(05):94-97.

[10]林玮.特色文化产业集群的资源开发与乡村实践[J].西北农林科技大学学报(社会科学版),2015,15(05):89-94.

[11]卞靖.特色文化产业发展要抢抓乡村振兴战略机遇[J].中国经贸导刊,2018(06):60-62.

[12]王笑容.乡村振兴战略背景下的田园综合体发展研究[D].江西师范大学,2018.

[13]郑蕾.文化创意驱动农业发展研究[J].西南民族大学学报(人文社科版),2016,37(06):120-124.

[14]重庆市中国特色社会主义理论体系研究中心.深刻认识习近平总书记关于扶贫工作重要论述的重大意义[N].重庆日报,2019-05-14(07).

[15]高鸣,芦千文.中国农村集体经济:70年发展历程与启示[J].中国农村经济:2019(10):19-39.

[16]李兴平.以绿色发展引领乡村振兴的哲学意蕴[N].光明日报,2020-01-02(06).

[17]吕德文.乡村治理70年:国家治理现代化的视角[J].南京农业大学学报(社会科学版),2019,19(04):11-19+156.

[20]苏小庆,王颂吉,白永秀.新型城镇化与乡村振兴联动:现实背景、理论逻辑与实现路径[J].天津社会科学,2020(03):96-102.

[21]袁忠,刘雯雯.我国乡村多元治理格局的困境及其破解——基于"三治合一"乡村治理体系的思考[J].广东行政学院学报,2019,31(06):17-22.

[22]陈振明.公共政策分析[M].北京:中国人民大学出版社,2003.

[23]王满船.公共政策制定择优过程与机制[M].北京:中国经济出版社.2004.

[24]方卫华,周华.新政策工具与政府治理[J].中国行政管理.2017(10):69-72.

第八章 进安社区公共文化服务存在的问题及对策分析

随着时代的发展，人们的物质水平不断提升，精神文化需求随着物质水平的提升而提升。社区是最贴近居民与面向居民的，社区是居民最基本的生活空间，文化源自生活，与居民的关系更为密切，所以社区公共文化服务是实现居民获得文化权益、满足心理和文化需求的一种重要途径。社区公共文化服务是我国公共文化建设的基础，社区公共文化服务关系到每一个居民的文化权利，更加关系到国家公共文化服务的发展。本文通过问卷调查，收集进安社区公共文化服务现状的信息，主要是对进安社区公共文化服务存在的问题进行研究，基于调查发现进安社区的活动实施、活动类型和以前相比有了很大的改善，但是也存在管理制度不够规范、宣传工作力度不到位、社区专业人才较少、公共文化服务质量低等问题。通过调查进安社区公共文化服务，结合本社区的实际情况，进一步提出发展本社区公共文化服务的建议。

一、进安社区公共文化服务概况

松潘县位于四川省西北部、阿坝藏族自治州东北部，地处川、甘、青三省交界处和四川省西部旅游黄金路线的中心位置，平均海拔3 000米以上，是岷江和涪江发源地、长江上游的生态屏障。进安社区位于松潘县松州广场旁边，进安社区居民居住比较散，主要有藏、羌、回、汉四个民族。松潘县有丰富的旅游资源，有二道海和扎嘎瀑布两处国家AAAA级旅游景区，国家级重点文物保护单位松州古城。居（村）民收入主要依靠旅游业，旅游服务、商贸、运输、劳务输出是进安镇群众发展经济的主要支柱。

进安社区的文化基础设施有1处室内多功能活动室，1处户外活动场地，2处文化宣传栏。进安社区内设图书室、会议室。进安社区公共文化服务建设主要通过宣讲、座谈会、电影放映等贴近居民、接地气的办法进行。例如：春节舞龙、耍狮、跳花灯等文艺演出；环境保护、法律法规、健康教育等宣讲活动。

二、进安社区公共文化服务调查分析

（一）问卷样本基本情况

本次调查问卷共设23个选择题，从四个角度来考量：第一，被访者的性别、年龄、学历等个人资料；第二，当前进安社区公共文化的供给状况；第三，群众感知与参与；第四，居民对进安社区公共文化服务满意度。

本次调查一共发放167份问卷，收回有效问卷167份。受访者主要是松潘县进安社区的居民。受访者的基本情况由性别、年龄、学历、职业、月收入构成。受访者中男性居多，年龄主要以青年为主，学历以大专及以上的居多，职业主要是企业工作者最多。

如表8-1所示，受访者中，男性人数较多，共92位，占55.09%，女性人数偏少共75

位，占 44.91%，男女人数比例差距相对较小。在受访者中，年龄分布较为平均，50 岁以上的占比最少为 3.59%，20 岁以下的占比为 7.78%，41~50 岁占比 7.78%，21~30 岁和 31~40 岁的人数最多，占比分别是 47.90% 和 32.93%。总体来看受访者的年龄主要以 21~30 岁的居民为主。受访者的学历以大专及以上的人数最多，占比 41.32%。受访者的职业分布比较分散，企业工作人员最多，占比 40.12%，其次是务工人员，占比 23.35%。职业类型分布较广泛，能提高研究的信度。

表 8-1 进安社区调查样本基本情况表

基本信息	类别	数量	百分比
性别	男	92	55.09%
	女	75	44.91%
年龄	20 岁以下	13	7.78%
	21~30 岁	80	47.90%
	31~40 岁	55	32.93%
	41~50 岁	13	7.78%
	50 岁以上	6	3.59%
学历	小学及以下	17	10.18%
	初中	46	27.54%
	高中	35	20.96%
	大专及以上	69	41.32%
职业	行政机关	3	1.80%
	事业单位	18	10.78%
	企业工作人员	67	40.12%
	个体经营者	2	1.20%
	自由职业者	21	12.57%
	学生	5	2.99%
	离退休人员	0	0.00%
	务农人员	7	4.19%
	务工人员	39	23.35%
	其他	5	2.99%
月收入	2000 元以下	22	13.17%
	2000—4000 元	27	16.17%
	4000—6000 元	40	23.95%
	6000—8000 元	43	25.75%
	8000 元	35	20.96%

数据来源：进安社区公共文化服务调查问卷整理分析

(二) 研究结果与分析

1. 公共文化服务供给现状分析

进安社区提供的公共文化服务类型比较多，其中电影放映最多，占比17.75%。其余社区公共文化服务类型占比相对平均，比如：文艺演出占比7.89%、技能培训占比8.31%、体育运动占比8.59%（见图8-1），这些服务类型为居民们提供了丰富的精神文化，满足了居民们的文化需求。

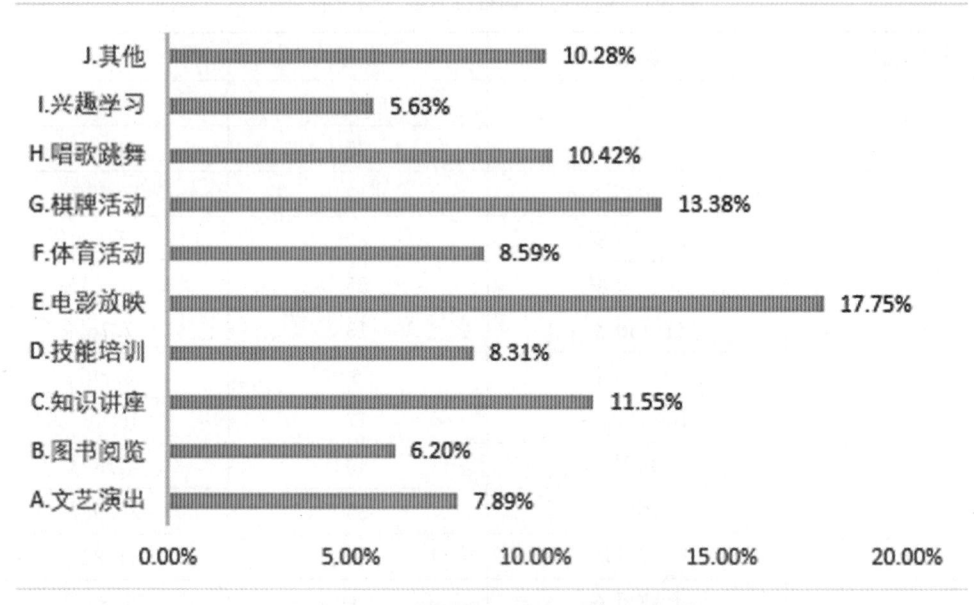

```
J.其他        10.28%
I.兴趣学习     5.63%
H.唱歌跳舞    10.42%
G.棋牌活动    13.38%
F.体育活动     8.59%
E.电影放映    17.75%
D.技能培训     8.31%
C.知识讲座    11.55%
B.图书阅览     6.20%
A.文艺演出     7.89%
```

图8-1 社区提供了哪些公共文化服务

进安社区的居民了解进安社区公共文化服务的渠道还是比较多的，根据问卷调查中的问题"您一般通过什么渠道了解社区公共文化服务的信息"，数据显示居民平时主要通过社区工作人员、活动横幅了解社区公共文化服务的信息，占比分别为23.49%、23.02%，主动询问的比较少，占比3.49%，社区公告栏占比15.35%、群众转告占比13.49%、手机App占比11.16%、其他占比10%。

进安社区提供的公共文化服务面向的不同群体差异较大，老年人占比29.8%、中年人占比8.83%、青少年占比18.1%、儿童占比17%、其他特殊群体占比26.27%。由此可见，进安社区公共文化服务存在受众群体多样化的情况。进安社区的工作人员需要通过创新服务的内容和方式，来吸引不同的群体参与社区公共文化活动。

进安社区通过电话访谈调查群众公共文化服务需求较多，占比22.69%，入户调查占比22.22%、口头随机访问占比19.91%、问卷调查占比17.36%、群众主动反映占比16.44%、其他占比1.39%（见图8-2）。由此可见，在了解居民文化需求方面还是存在一定的不足。进安社区工作者在调查居民公共文化服务需求的过程中，要认真听取居民的意见和建议，要体察民情、了解民意、解决民需、不搞形式主义。

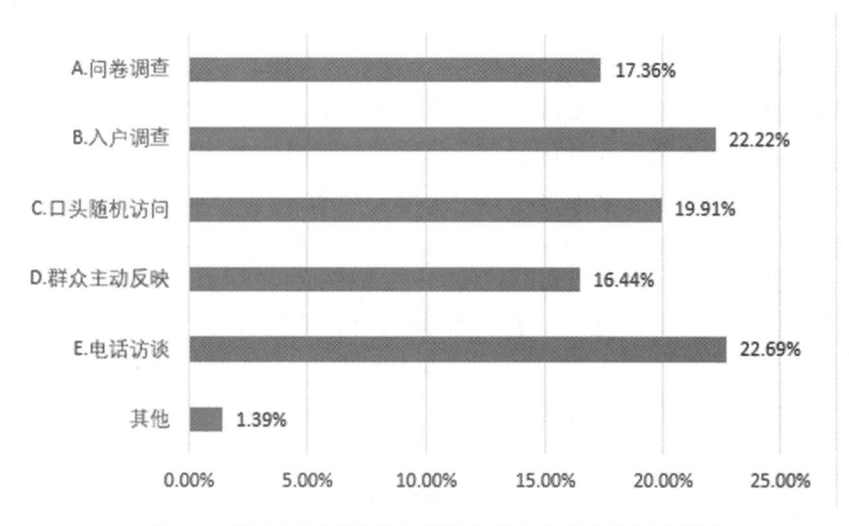

图 8-2　社区会通过哪些途径调查群众公共文化服务需求

2. 群众感知与参与

受访者大多参加过进安社区的公共文化服务，但是从调查数据来看还有 2.4% 的人没有参加过，体现出一部分居民对于进安社区公共文化活动参与意识低。有很多公共文化服务活动基本上依靠进安社区通过利益交换的形式带动社区居民参与。很多居民往往会认为进安社区的活动与自己无关，且对很多文化服务活动的参与并不感兴趣。

进安社区对公共文化服务的宣传也存在着很大的问题，调查问卷数据显示，居民认为宣传规模太小的占比 44.01%，认为宣传次数太少的占比 18.77%，认为宣传不及时的占比 16.50%，认为宣传渠道狭隘的占比 16.18%，认为宣传很到位的占比 0.97%，其他占比 3.56%。如图 8-3 所示，反映出进安社区对公共文化服务的宣传还不是很到位。大力宣传进安社区的公共文化服务，对居民起到润物细无声的作用，才能有更多的居民参加公共文化的活动，才能让居民的文化权益得到保障，满足精神需求。

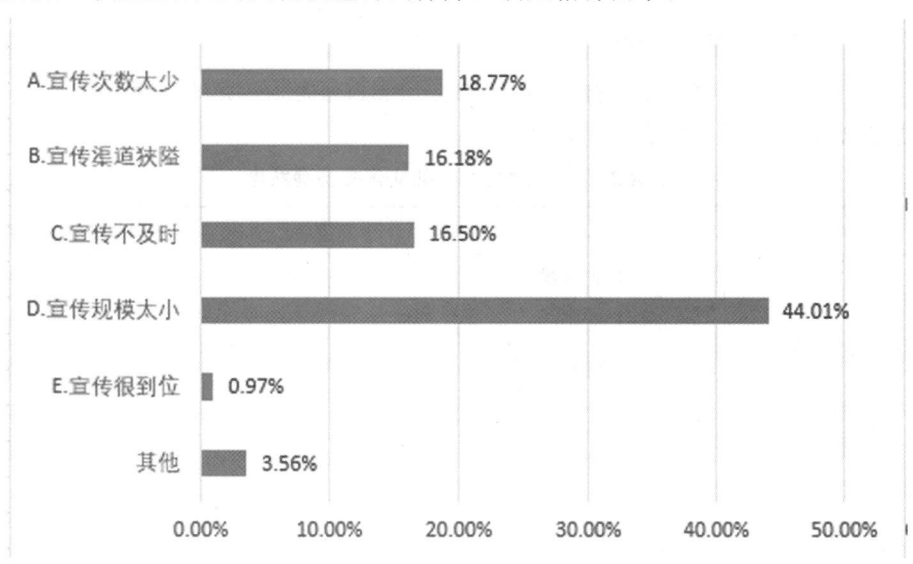

图 8-3　您认为社区当前对公共文化服务的宣传做得怎么样

调查显示居民认为进安社区提供公共文化服务的频率很少的占比34.5%,认为一般的占比26.55%,认为较多的占比17.25%,认为过多的占比21.7%。由于进安社区承担的行政业务过多,进安社区工作人员数量少,需要兼顾多方面的工作,具有专业素养的工作人员较少等原因,导致开展进安社区公共文化活动的频率过少。

居民参加进安社区公共文化服务的频率不高,一周2次及以上占比10.78%,一周一次占比10.78%,一月2~3次占比16.77%,一年4~10次占比27.54%,一年1~3次占比23.95%,几乎没参加占比1.2%,其他占比8.98%。

"社区有没有专门针对您这一年龄群体提供公共文化服务"这一问题的数据显示,27.54%的受访者表示较少;18.56%的受访者表示极少;10.78%的受访者表示没有,如图8-4所示。由此可见,进安社区应该增加对各个年龄群体提供相应的公共文化服务。实行个性化服务,对进安社区居民的需求定位,满足不同年龄层居民的需求。比如:青少年活动(乐器、舞蹈等);老年人活动(健身类活动、书法、绘画等);节日文化;民族文化。

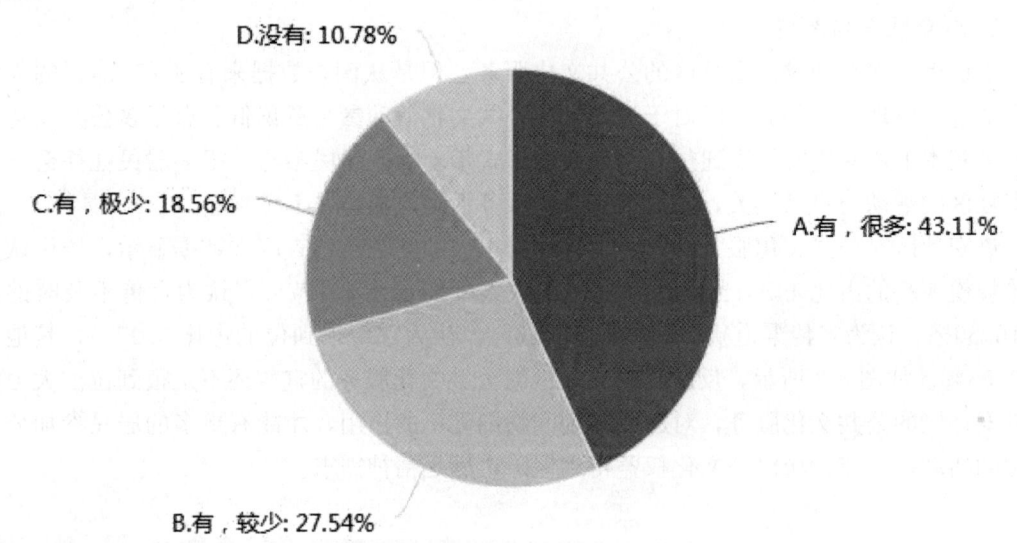

图8-4 社区有没有专门针对您这一年龄群体提供公共文化服务

3. 居民对社区公共文化服务满意度

表8-2 居民对社区公共文化服务满意度

名称	选项	频数	百分比
您对社区的文化设施满意度	非常满意	40	23.95%
	比较满意	44	26.35%
	一般满意	27	16.17%
	不太满意	10	5.99%
	不满意	46	27.54%

续表

名称	选项	频数	百分比
您对社区公共文化服务中提供服务的工作人员的满意度	非常满意	37	22.16%
	比较满意	37	22.16%
	一般满意	29	17.37%
	不太满意	60	35.93%
	不满意	4	2.40%
您对社区公共文化服务保障满意度	非常满意	70	41.92%
	比较满意	26	15.57%
	一般满意	19	11.38%
	不太满意	17	10.18%
	不满意	35	20.96%
您对社区公共文化服务活动的总体满意度	非常满意	45	26.95%
	比较满意	41	24.55%
	一般满意	35	20.96%
	不太满意	32	19.16%
	不满意	14	8.38%

数据来源：进安社区公共文化服务调查问卷整理分析

从表8-2可知，进安社区居民在公共文化服务上普遍认知是：其一，居民对进安社区的文化设施满意度方面，表示一般及以下的居民占比接近一半，进安社区文化设施配套虽有建设，但不同年龄段对于进安社区的文化设施的需求多样，而且进安社区的文化设施在建设的过程中，没有针对性的考虑居民的实际需求，致使居民对文化设施不满意；其二，居民对进安社区公共文化服务中提供服务的工作人员的满意度方面，有高达35.93%的受访者表示不太满意，居民对于工作人员的满意程度比较低，工作人员需要改善工作品质；其三，进安社区公共文化服务保障方面有20.96%的受访者表示不满意。由此可见，居民对进安社区公共文化服务活动的总体满意度上还有提升的空间。

三、进安社区公共文化服务中存在的问题

通过对进安社区公共文化服务现状的归纳和调查问卷的分析，尽管进安社区在公共文化服务中不断进步，增砖添瓦，但是依然存在很多的不足，还有很多需要不断完善的方面。

（一）管理制度不够规范

当前，我国社区管理模式在不断地创新和改革，政府部门对于创新的管理模式依然是不熟悉和不了解，仍以传统的方式实施着自上而下的方式进行文化建设，未能依据实际情况出发，导致工作陷入了进展缓慢、效率低下的境地。进安社区公共文化服务建设没有一套完善的制度，进安社区公共文化服务的管理事务混淆，管理者也没有意识到社区公共文化服务的价值，对其不够重视。没有审查和制定进安社区公共文化服务的日常管理和使用

的制度，不能确保居民在文化活动中的适度发展。从设备设施的运行、活动资源的保障、专业兼职人员的配置、服务职能的履行、活动的开展等方面，没有设置公共文化服务评价机制。在进安社区公共文化服务组织的管理过程中没有形成有效的监督机制，工作人员的工作效率得不到有效的监督。

（二）宣传工作力度不到位

进安社区对公共文化服务的宣传还是存在着很大的问题。进安社区对公共文化服务的宣传规模太小、宣传很不及时、社区公告栏的信息被覆盖，没有独立的公众号，虽然有微信群，但是没有得到合理的利用。进安社区工作人员只有在有具体的工作安排时才发布相关信息，平时对文化这一方面宣传的比较少。进安社区工作人员往往更重视行政事务，而忽略了社区公共文化服务方面的宣传，社区公共文化服务是长久性的，短期内是难以看到成效。部分领导干部未意识到其重要性，忽略了社区公共文化对居民思想上的作用。进安社区工作人员在公共文化服务认识上存在不足，导致了在日常的工作中，只是口头上重视，行动上轻视，对宣传工作造成了一定的困难。宣传的内容有局限性，大多数是倾向于政策方面的内容。宣传的形式只是对文件的转载，没有新颖的形式进行宣传。

（三）社区专业人才较少，公共文化服务质量低

近年来，国家越来越重视文化自信、文化软实力，推动公共文化的高质量发展。对于上级机关派发的公共文化建设任务，进安社区工作人员不够重视。进安社区的普遍做法是先完成行政性任务，再完成社区公共文化方面的相关工作。进安社区的公共文化工作如同可有可无的工作，这是进安社区公共文化服务质量低的一个原因。

进安社区公共文化服务活动大部分是简单的让居民参加娱乐活动，社区没有设置专门的公共文化服务工作人员，长此以往，居民对社区文化活动的热情就没有了，这是进安社区公共文化服务质量低的另一个原因。

进安社区公共文化服务质量低的主要原因是社区缺乏专业人才。进安社区的精神文化建设离不开具有专业素养的工作人员，提高进安社区精神文化程度需广开思路、进贤拔能，建设一个为社区公共文化服务的队伍。由于近几年来，从事专业文化建设的人才缺乏，外聘薪酬偏低，缺乏相关的激励措施，致使专业人才流失。社区工作人员数量不足，工作人员兼顾多方面的工作，导致工作不是高质量地完成，影响了社区公共文化服务的活动质量。很多进安社区工作人员还是很愿意贡献自己的一份力量，但也是因为专业知识的欠缺，不知道该怎样建设社区公共文化，对进安社区公共文化服务的发展带来难度。

（四）居民缺乏兴趣，参与意识较低

如今，随着城市化的高速发展，人们的生活节奏越来越快，居民之间的交往越来越少，越来越疏离。同时，由于网络和信息技术的发展，特别是移动电话和计算机的普及，使得居民对进安社区公共文化活动的兴趣越来越低，极少参加进安社区举办的文化活动。部分居民对进安社区文化活动的参与意识不强，认为其与自身没有任何关系，部分居民都是以围观者、旁观者的身份存在。而且社区居民构成也比较复杂，流动人口也比较多。居民的防范意识强、安全感低，对社区各项活动的认同度较低，对社区的归属感、认同度也随之减少。这是造成居民对社区公共文化活动缺乏热情的主要原因。此外，进安社区的公

共文化服务内容单一、陈旧、缺少新意,对居民的吸引力也不够,很难吸引中青年的注意。在进安社区居民参与文化活动的积极性较低的条件下,进安社区对居民精神文化建设的积极作用很难得到充分发挥。

(五) 社区公共文化服务理想和现实的矛盾

随着我国经济的高速发展,居民的素质有着明显的提高。在这种背景下,居民对公共文化服务的需求和期望不断增加,其结果是,进安社区的公共文化服务与居民的预期有很大差距,导致了居民对进安社区公共文化服务的不满。

首先,进安社区公共文化服务的开展必须对居民的文化需求有一定的认识。进安社区的公共文化服务因其自身的资源不足而无法满足居民的需要。其次,进安社区公共文化服务的成长速度跟不上居民对公共文化服务日益增长的期待。最后,进安社区没有能够准确地了解居民对文化的需求,这就造成了进安社区提供的公共文化出现了偏差。以上导致了进安社区提供的公共文化服务与居民的文化需求有很大的差距。

进安社区公共文化服务与居民期待之间的关系,需要从整体上兼顾。居民对公共文化服务的接受程度与预期的公共文化品质有一定的差别,当居民对其所接受的文化服务品质高于预期时,则会产生满足感。反之,就会觉得不满足。只有充分了解居民所期盼的公共文化服务与居民现实接受的公共文化服务之间的分歧,了解居民反馈的意见,才能解决进安社区在公共文化服务建设方面和居民所期望的公共文化服务之间的差异,从而提高居民对社区公共文化服务的满意程度。

四、提升进安社区公共文化服务的对策建议

(一) 健全社区公共文化制度建设

进安社区地处川西地区经济较不发达的地区,建设社区公共文化服务困难较多。需要以政府为主导,社区为辅的方式进行社区公共文化建设。进安社区人员组成较为复杂,以藏、羌、回、汉为主,组织社区公共文化活动可以以民族特色文化为主题,改善活动模式较为单一的情况。进安社区工作人员可以以进安社区居民的喜好设计文化活动。不同民族拥有不同的习俗和文化,在进行社区公共文化服务的时候要根据不同民族的特点提供符合各民族文化的内容,这样有利于保障居民的基本文化权益,激发其参与热情。定期成立调查小组对社区居民进行走访调查,访问民情了解社区居民对工作人员的满意度,进安社区工作人员可以以此作为考核和绩效的评判手段之一,激发工作人员的积极性和责任心。

进安社区应总结经验,通过制度建设来改善公共文化服务。第一,完善运行保障体制、人才培养体制和公共文化服务管理体制,尽快实现公共文化服务建设规范化和制度化。第二,要审查和制定进安社区公共文化服务的日常管理制度,确保大众文化活动的适度发展。第三,从设备设施的运行、活动资源的保障、专业兼职人员的配置、服务职能的履行、活动的开展等方面,确立和健全公共文化服务机构的设置和评价机制。

(二) 加强宣传力度

宣传工作到位才能有更多的居民参加进安社区公共文化活动,从而才能让居民的文化权益得到保障,精神生活得到满足。可以从以下三个方面强化宣传。

1. 丰富进安社区公共文化宣传形式

及时对居民宣传进安社区公共文化服务,增加进安社区公共文化服务的宣传次数,可以通过多种多样的传播方式来实现,如微信公众号,手机 App,微信社区群,线上线下的宣传,方便进安社区居民了解社区公共文化服务,进安社区工作人员也能及时地了解居民的需求。

2. 针对人群分类宣传

宣传素材要丰富,可以针对每一个年龄段来宣传文化活动:对于青年人,可以使用网络化的宣传,如各种手机 App,微信公众号等;对于老年人,他们不会使用手机,所以就不能使用网络来进行宣传,需要进安社区工作人员走访居民,面对面地进行交流,宣传才更有效果;对于儿童,宣传对象是家长,和家长交流,可以让家长带着孩子参加各种文化活动。合理地运用进安社区的资源,组织文化活动,提高居民文化素养。

3. 进安社区民族文化宣传

进安社区为了更好地运用媒介进行民族文化的推广,应加强对具有民族特色的文化内涵进行宣传。宣传的内容基于真实的情况,展示居民的日常生活或者是宣传独特的节庆文化,以此获得广泛的认可度。进安社区可以发挥当地的资源优势,加大对社区公共文化服务的宣传力度,促进各民族居民之间的对话与沟通。加强各民族居民的团结与协作,有助于提高进安社区居民对民族特有文化的认知。进安社区开展少数民族特色文化活动的形式十分普遍,但其内容与深度仍需不断拓宽,其深厚的民族文化意蕴仍需不断深化。

(三) 加强社区人才队伍建设

1. 加强进安社区工作人员服务意识

首先,进安社区要把居民的文化需求放在第一位,主动了解居民的文化需求,提高工作效率。进安社区工作人员应该树立正确的工作态度与价值观。其次,进安社区工作人员需要认真学习进安社区公共文化服务建设的基本知识,将理论结合实践,积累工作经验,更好地让居民的文化权益得到保障,满足居民的精神文化生活。最后,进安社区工作要进行合理分工,不只是完成上面派下来的任务,更多的是要从居民的需求出发,不仅要完成硬性任务,而且还要把文化软实力做好,推动进安社区公共文化服务的高质量发展,从而使进安镇的公共文化服务也得到发展。全心全意为人民服务,要利用各种形式,多宣传,积极开展进安社区公共文化活动,提升居民的文化素养。全面提升了居民的文化素养,居民自己就愿意参加以后的各种社区公共文化活动。进安社区工作人员提高自己的文化素质,才能更好地带动居民参加活动,保障居民的文化权益,满足文化需求。

2. 加强进安社区人才吸纳和培养

首先,进安社区应制定一套考察标准,工作人员要有能力、有耐心、沟通能力强,能够与时俱进,跟着时代进步,及时调整社区公共文化服务的工作,才能更好地胜任这份工作。

其次,进安社区应拓宽人才引进的方式,与大学合作,通过个人自荐、组织推荐相结合的方式吸纳人才。培训发展文化型干部,找出本辖区内的优秀文化人才,他们有着独特的风格和丰富的文化底蕴,既能弘扬本土优秀文化又能推进社区公共文化服务的发展。

再次,培养进安社区管理人才。从多个方面培养进安社区公共文化服务管理人才,而不是仅从单一某一方面培养人才，这样在人员不足的情况下，也能很好地完成工作。

最后，进安社区要完善引进、激励制度，提高基层工作人员的工资和福利，才能留住人才。合理地分工，消除一人兼顾几个方面的工作的局面，高质量地完成的工作。

（四）调动居民的积极性

为了激发居民积极参加进安社区的文化活动，在进安社区要努力创造一种积极的居民参与的氛围。在进安社区内，人人平等享受文化。社区工作人员在日常工作中，要强化对居民进行思想上的指导。在进安社区中，要加强居民的社区意识，增强自主性，定期组织各种形式的文化实践活动。比如，举办跳锅庄、松潘曲子、花灯舞，这些具有浓郁本土特色的民族文化，在松潘县丰富多彩的民族传统文化中具有很强的代表性，展现了非物质文化遗产的精髓，汇聚了藏、羌、回、汉多元的民族文化和厚重的历史韵味。既能充实居民的业余活动，又能增加居民的娱乐活动。既能营造进安社区良好的文化氛围，又能为社区的居民搭建一个交流平台，增进邻里间相互理解，增加居民之间的信任度，从而提高居民的社区意识。进安社区工作人员还可以吸纳积极性高和参与度高的社区居民为社区工作辅助成员。让其深入居民之中了解居民的需求和愿望；为进安社区活动的开展提供参考性建议，使居民感受到重视和关怀，以激发居民的参与度。还可以以此为基础，努力培养一批有影响力、有活力、有特色的文化队伍，以此为纽带，让更多的居民参加到社区的文化生活中来。在社区文化的构建中，既要注重传统文化和民族文化的传承与发展对当地居民的吸引力，又要注意外来文化对居民的影响。对于本地的特色文化进行筛选作为日常开展居民活动的内容，以贴近当地社区居民生活，使他们对其有参与的兴趣。融合外来优秀的文化，改变居民对社区文化的刻板印象。这些做法无形当中传递了文化内涵，使居民真正融入进安社区文化活动中，共同参与进安社区的文化建设。

（五）拓宽居民需求表达平台

从居民满意度的角度来看，进安社区公共文化服务应以"以人为本"的理念为指导。从这个意义上说，社区公共文化服务可以发展并形成一个意识圈，最终满足居民的需求。这意味着应提高服务质量，为居民创造附加值，并积极吸引居民参与。为了提高社区公共文化服务的效率，有必要明确表达需求的方式。政府与社区要改变传统的服务制度与理念，由自上而下的供应方式向自下而上的需求提供方式转变。建立居民交流平台，完善政府、社区、居民互动交流平台。可以通过民意调查、现场评估、电话采访、居民来信等方式，充分了解居民文化需求和对参加公共文化服务活动的评价，从而使社区做出公共文化服务的改善。为居民创造一个发声窗口，从而提高了居民对社区公共文化服务的满意度。

五、结语

既要改善进安社区居民的需求表达途径，又要利用现代资讯科技开发新的、更有效的表达需求的途径，两者相结合，才能达到所期望的效果。政府大力发展电子政务，充分运用现代网络技术，将公共文化服务的信息传达给广大市民。进安社区通过微信群、公众号、QQ群等即时、快捷的通讯平台，实现文化资源的共享，推动居民获得文化资讯。

【参考文献】

[1]新华社.习近平:决胜全面建成小康社会夺取新时代中国特色社会主义伟大胜利——在中国共产党第十九次全国代表大会上的报告[EB/OL].(2017-10-27)[2022-03-09].http://www.gov.cn/zhuanti/2017-10/27/content_5234876.htm.

[2]中共十九届五中全会在京举行[N].人民日报,2020-10-30.

[3]理查德·C.博克斯.公民治理:引领21世纪的美国社区[M].孙柏英,等,译.北京:中国人民大学出版社,2014.

[4]汪圣.流失与重塑:政府购买公共文化服务的公共性问题研究[J].图书馆,2021(09):1-6.

[5]杨红.公共文化服务水平提升路径:从"管理"到"治理"[J].图书馆论坛,2021,41(10):20-22.

[6]金栋昌,刘吉发.优化社区公共文化服务供给结构的理念转向与实践模式[J].中州学刊,2020(07):76-82.

[7]颜玉凡.公共文化服务参与主体的行为特征及优化发展[J].中州学刊,2019(01):81-86.

[8]甘露,韩隽.哪些因素阻碍社区文化建设[J].人民论坛,2018(07):134-135.

[9]陆玉莹,柏晗,殷亚丽.苏南地区城镇居民对社区公共文化服务体系的满意度研究[J].山西档案,2017(01):186-188.

[10]孙琦,田鹏.基层社区文化治理体系转型及重建的实践逻辑——基于苏北新型农村社区的实地调查[J].南京农业大学学报(社会科学版),2022,22(01):118-127.

[11]胡志平,许小贞.城市社区公共文化服务供给何以精准:社会企业视角[J].中共中央党校(国家行政学院)学报,2021,25(06):103-110.

[12]熊婉彤,周永康.社区公共文化服务的居民参与:公共服务质量与动机的双重驱动[J].图书馆建设,2021(03):34-45.

[13]郭彦彦.基层公共文化服务视域下社区书院(书吧)建设研究[J].图书馆工作与研究,2018(S1):203-209.

[14]翁列恩,王汇宇,鲁界兵.社区公共文化服务供需匹配模型构建与实证研究[J].理论探讨,2018(02):150-156.

[15]郭剑雄.城市社区文化中心公共文化服务供给研究——基于上海与青岛、济南比较的视角[J].四川师范大学学报(社会科学版),2018,45(03):16-23.

[16]文琴.公共文化服务体系下的社区图书馆政策研究[J].图书馆杂志,2017,36(12):85-90.

[17]李娟.社区公共文化服务供给机制的优化创新策略分析[J].中华文化论坛,2017(06):46-50.

[18]陈世香,王余生.基层治理现代化:社区公共文化服务的社会化研究——基于三个社区文化活动中心的比较分析[J].辽宁大学学报(哲学社会科学版),2017,45(04):11-17.

[19]杨刚.城市社区公共文化服务行政化供给研究[J].文化艺术研究,2018,11(01):14-21.

[20]颜玉凡,叶南客.多元融入还是路径依赖:城市社区公共文化服务中的政府行动策略——以对N市JY区的考察为例[J].艺术百家,2016,32(06):52-58.

[21]杨兰芝,刘庆,赵建梅.地方高校图书馆参与新型城镇社区公共文化服务研究[J].图书馆工作与研究,2015(11):20-23.

[22]洪艳,冷新科,傅端林.基于社区视角的湖南公共文化服务体系的完善研究[J].湖南社会科学,2014(01):172-175.

[23]菊秋芳,尚硕彤.试论西部民族区域社区公共文化服务体系构建——以基层图书馆为例[J].图书馆理论与实践,2011(10):88-89+93.

[24]陈波,张洁娴.城市社区公共文化空间的建设现实与未来设计——基于全国17省46社区的考察[J].山东大学学报(哲学社会科学版),2017(06):23-31.

[25]刘文俭.公民参与公共文化服务体系建设对策研究[J].行政论坛,2010,17(03):80-83.

[26]荆晓燕.提升基层公共文化服务水平的路径研究[J].行政论坛,2013,20(04):17-20.

[27]土迪.坚持人民立场:城镇公共文化服务的五点转向[J].国家行政学院学报,2018(05):150-157+192.

第九章 浅析二道镇政府乡村文化建设的问题及对策

党的十九大提出了乡村振兴战略,随着一系列政策、举措的深度落实,乡村经济得到较快发展,有效提升了乡村居民的物质生活水平。但乡村文化建设仍有不足,民众的精神文化需求得不到充分满足。在此背景下,本文选取二道镇为研究对象,运用文献研究法、问卷调查法、访谈法等方法,探讨了当前二道镇初步建成基础文化设施、乡村文化活动形式丰富的现状、分析二道镇基础建设薄弱、缺乏差异性建设,人才队伍不足等问题,提出因地制宜完善乡村文化建设、加强宣传教育力度、建立监督管理体系等对策,为相似的广大乡村在开展乡村文化建设时提供依据和思路,增加美丽乡村建设理论的可操作性。

一、二道镇概况及乡村文化建设现状

(一)研究区概况

二道镇,隶属于四川省南充市仪陇县,地处四川省东北部,距仪陇县城 34 千米,区域总面积 47.88 平方千米,境内由山地和丘陵组成,平地面积占比仅为 10%。截至 2021 年末,二道镇户籍人口为 21 408 人;下辖 3 个社区、10 个行政村,镇人民政府驻普脊村 5 组。

仪陇县文化遗产多姿多彩,有以"红军总司令朱德是仪陇人"而自豪的,打土豪、分田地、参军参战的光荣历史,给民间文学留下了红色文化;也有在明末清初"湖广填四川"时,客家人随湖广移民至仪陇带来的客家文化;还有被四川省政府命名为"先进县文化"的,从 20 世纪 80 年代开始,在全县广泛开展以剪纸、篆刻、书法为代表的"三乡艺术文化"的荣誉。二道镇作为仪陇县辖区内的一个乡镇,人们传承与学习这些文化,使之成为具有仪陇县特色文化属性的组成部分。

2018 年仪陇县摘掉了国家级贫困县的帽子,二道镇也随着乡村振兴战略的贯彻落实,经济产业向着规模化、多元化发展,经济状况逐渐好转,二道镇文化建设也受到了政府和民众的重视和支持。

(二)二道镇乡村文化建设现状

1. 初步建全农村基础文化阵地

文化阵地是文化工作的载体,没有文化阵地就难以开展文化活动。二道镇政府鉴于本镇文化建设基础薄弱、发展缓慢,为加强农村文化阵地建设,从 2017 年至今建设了一批文化基础设施和娱乐休闲设施,旨在为群众文化生活提供有力阵地。

表 9-1　二道镇现有基础文化设施及数量

文化设施类型	数量
文化站	1
县级文物保护单位	5
乡镇文化服务中心	7
村文化活动广场	13
农村书屋	13
体育健身场所	13

2. 打造文艺活动平台，文化活动形式丰富

近年来，二道镇以现有公共文化服务设施和临时搭建场所为基础，打造了包括广场大舞台、乡村文化戏台和民俗文化展台，用以开展多样的文化活动。

一是充分利用文化站和学校外广场、临河公园等公共场所搭建广场大舞台，开展"唱出生活，跳出美好"的主题群众性广场舞活动。二是用临时搭建场所作为乡村文化戏台，通过曲艺巡演活动等，表演川北大木偶戏、川剧、川北灯戏等文化活动，把文化活动送到乡村。三是在好学路、向家坝桥搭建民俗文化展台，举办仪陇特色民俗文化节，组织剪纸、石刻、木版年画等活动，展示优秀文化遗产风采。

同时，二道镇文化活动提倡多样化，内容健康，积极向上。文化相关部门组织文化艺术团体积极开展农村文化活动，活跃农民文化生活氛围。通过问卷的3、7、8题统计到以下数据：

表 9-2　二道镇开展文化活动形式及数量统计

序号	文化活动名	年份区间	开展次数
1	免费放映电影	2017－2021	约100次
2	广场文艺活动	2017－2021	14次
3	下乡文化活动	2017－2021	16次

表 9-3　二道镇送文化相关产品及数量

序号	产品名	年份区间	数量
1	节日相关宣传册	2017－2021	约600本
2	春联	2017－2021	约300条
3	图书	2017－2021	约200册

3. 设置文化管理人员岗，开展公益文艺培训

二道镇设立了专门文化管理人员1名，文化协管员2名，用以汇集二道镇独特的文化禀赋和相关文化作品，组织开展文化宣传活动，协调解决居民群众文化相关问题。

二道镇文化馆工作人员为发挥引领作用，紧紧围绕政府的中心工作，秉承"文化服务基层群众"的理念，推进公益文化艺术培训活动。自2017年，二道镇正式启动公益性课堂讲座，针对二道镇学生的文化艺术需求，开设声乐、舞蹈、书法等艺术门类培训活动，

发挥了公益性社会职能。

同时，为持续深化党史学习教育"我为群众办实事"的实践活动，二道镇文化馆动员公益班的教师党员、乡镇干部和志愿者，作为临时培训教师，利用自己的闲余时间，为公益班助力。

二、二道镇乡村文化建设存在的问题

目前，二道镇乡村文化建设仍不能满足农民的精神文化需求。经过调查分析，二道镇文化建设存在以下问题。

（一）活动场所利用不足，文化场地使用率低

二道镇多数村落社区的图书阅览室、文化活动室及文化服务中心等基础设施均年久失修、容貌破旧、存在安全隐患，且多数时间都处于大门紧锁的关闭闲置状态（一个月开放5天以内），直到有上级来检查时才会整理和开放。

13个村社的农村书屋内书籍报刊数量普遍较少（低于500册），在文化知识教育、劳动者培训等图书资源方面，创业创新、农民致富案例书籍较少，各文化室中文化教育、职业规划书籍较少。村级文化广场本来是开展文化活动的场所，如今变成了晒麦场、停车场，导致人们的文化活动无法正常开展。

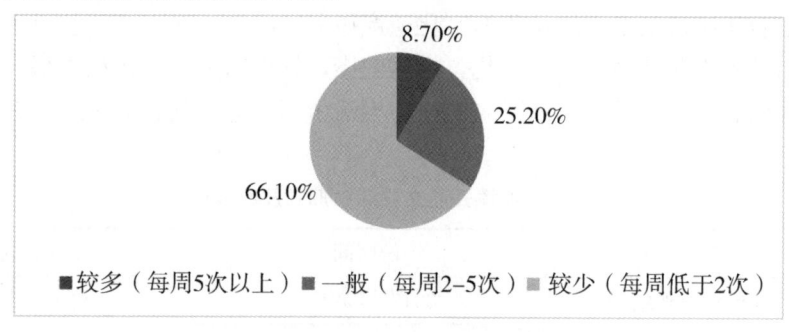

图 9-1 公共文化设施使用频率

如图9-1所示，通过笔者调查分析，对于镇上和村集体的公共文化设施，二道镇居民群众每周使用次数低于2次的比例达66%以上，文化设施使用频率较低。

（二）宣传教育力度不足，供需对应不强

二道镇的村落和社区处于年轻人外出经商、务工，老年人和小孩留守农村的状态。由于二道镇外出务工人员达二分之一以上，空心化问题在二道镇较为严重，这使得二道镇文化宣传教育活动面向的对象多是中老年人，关于中年人和青少年的文化活动体验缺少考虑。这也导致哪怕是逢年过节，在文化建设和活动开展中，都忽略了中年人和青少年的文化需求。村社搞文化活动，都是一些老年人的文化活动项目，缺少年轻人喜爱的活动。也正是如此，年轻人缺乏参与文化活动的热情。同时，二道镇小学和初中囊括了二道镇大部分的中小学生，但85%的家长和监护人都反映很少听说学校有关于中小学生文化教育活动。

二道镇政府及县文化部门只注重活动数量等指标，忽视了参与人数和内容满意度。在传统节假日期间，会在二道镇的普脊村、杨庙村、古井村等少数乡村开展表演、播放电影等文化娱乐活动，平时不会耗费时间与人力来开展。同时，多数时候，二道镇开展乡村公

共文化服务往往流于形式,只注重"送电影""送剧本"。加之事前缺少统计和调查,少有适合农民生活的电影,很少有人对下乡放电影感兴趣,文化供给与农民文化需求脱节,无法调动农民参与的积极性。

(三)文化管理队伍缺位,文化服务人才缺乏

1. 二道镇的乡村文化管理队伍人手不足。现有负责二道镇及辖下13个村庄社区的文化管理员共3人(国家规定乡镇文化工作者与乡镇人口比例为1∶4000,二道镇按比例应有5人以上),且2人为兼职,平日忙于本职工作,加上管理较为宽松,待遇不高,时间短缺,他们既不愿意主动开展文化工作,也很少参加文化业务培训和学习。

2. 由于工作内容单一,工资低,现有人才队伍缺乏高学历人才,缺乏拥有专业技术的人才,且人才队伍结构也不尽合理,中年人即将退休,激情有限,缺乏创新意识和能力;年轻人在基层工作的主观意愿并不强烈,大多数年轻人并不想真的在农村扎根,而是把农村工作仅仅作为一个跳板或一个磨炼自己的机会。近年来,虽然志愿者人数逐渐增加,但大多与交通指挥、护林防火、防疫防控合作,对各类文化志愿活动意向不强。以上问题导致乡村文化服务人才的缺乏。

(四)监督管理机制缺失,群众反馈渠道不畅通

"知屋漏者在宇下,知政失者在草野",要明确二道镇政府的乡村文化建设进度、文化活动开展过程中的收获和工作中存在哪些不足,就应该意识到群众的反馈意见和健全群众的评价考核体制是必不可少的组成部分,它既对乡村文化建设工作的顺利开展起着监督管理、激励约束的作用,也让群众顺理成章地成为乡村文化建设的参与者和推动者。

图 9-2　居民对文化反馈渠道了解程度

通过图9-2可以看出,二道镇82%的居民群众不了解二道镇文化建设的反馈渠道,少部分了解渠道的群众认为反馈意见找二道镇政府任意工作人员都可以。这一方面说明目前二道镇还没有建立工作考评、监督等制度,没有建立群众的沟通反馈渠道;另一方面说明二道镇文化相关人员对农民群众满意程度的测评没有实质的开展,没有深入了解群众对于文化建设的意见。

三、二道镇乡村文化建设中问题的原因分析

(一)缺乏经费致使基础建设与人才缺乏

二道镇经济面貌萧条,原国有丝绸场搬迁后,缺乏大型企业的经济支撑,农业、林业

和电站成为主要经济来源。经济建设作为社会关系与社会活动的基础，政府重视农村经济发展本无可厚非，但存在"认为老百姓的生活水平提高了，精神文明自然就提高了"的想法，因为思想认识上的偏差，政府集中全部精神、人力和物力投入到农村经济的发展，忽视了文化发展的经费投入，直接导致乡村文化建设资金投入的比例失衡，缺乏稳定充足的资金保障，导致乡村文化发展停滞，使得乡村精神文明建设很难取得长足有效的进展。因为缺少维护设施的资金，二道镇没有后续资金在设施损坏后进行维护。

同时，因为发展规划和政府财政预算中缺少文化负责人相应的资金份额，使得文化管理机构人员配置不足，编制少、待遇低，也导致了对现有人员的文化技能培训不足。

（二）群众参与积极性不高导致场所利用率低

农民群众是乡村文化建设的主体与受众，如果不深入农村，扎根农村民众，就难以调动农民参与农村文化的主观能动性，使得乡村文化建设缺乏内在动力。

图 9-3　群众参与主体意识比例图

如图 9-3 所示，关于文化建设和对文化活动开展的监督，64%的群众是旁观者的身份，22%的群众也是仅仅参与活动，缺乏热情。这些情况出现的原因在于：一方面，二道镇政府开展的文化服务活动脱离了农民生产生活实际，不能引起农民的共鸣和兴趣；另一方面，由于乡村空心化率的增加，二道镇各村社以老年人、小孩为主，大多数农民几乎没有文化，他们不知道如何组织文化活动或参加群众文化活动，乡村也没有组织相关的培训和参观活动。

同时，村民群众对乡村文化的了解程度和重视程度都不理想，85%的人认为村委干部是乡村文化建设的主体。在问及"是否经常参加乡村文化中心举办的活动"时，回答"没有参加过""完全没兴趣"的两项加起来超过70%，但其中也有50%的人希望以后有机会能参加。

（三）政府引领不足导致活动形式单一与管理缺位

笔者通过实际调研发现，基层政府对待文化建设思想认识不足，上级安排督促了就干、抓，主管、分管领导热爱了就动员号召搞，缺乏主动性。并且把文化建设和宣传教育当作次要的"闲公事"，认为干不干、搞不搞都无所谓，不影响日常工作和年终考核。

二道镇平时组织举办镇级文化活动次数少，社会营造的文化氛围不浓，指导村级开展文化活动职责不够明确，引导群众文化生活不够，组织开展文化培训教育次数少。也正因如此，二道镇政府对文化相关工作人员没有设置硬性规定，没有落实镇级以及村社一级常态化工作要求，已开展的工作也没有深入群众内部，大多采用应景式手段开展文化工作，缺乏积极有效的管理部署，让文化活动远离了人们生活实际。

四、二道镇乡村文化建设的对策建议

（一）对标完善基础设施，因地制宜突出特色

二道镇政府应对标国办发〔2015〕74号文件《关于推进基层综合性文化服务中心建设的指导意见》，根据文件要求完善二道镇目前总体欠缺的综合性文化服务中心基础设施，并完善投入除普脊村和童治桥村之外，其余11个村社均缺乏的如村文化场、体育健身器材、小健身房等文体设施。同时，可针对二道镇各村社不同地理情况做以下加强。

1. 加强通信网络设施建设

二道镇魏家山和插旗山属于山区，农民人户较分散，存在有线网络接入率低（只有林场和村办公室接入）和信号基站分布距离远、移动信号差的问题。因此，需要做好家家户户的通信网络建设，并与通信建设公司加强合作，基于电信电话线路进行有线宽带的建设，才可以使农村居民享受信息化与数字化带来的新生活，也利于政府利用新媒体开展工作。

2. 发展乡村旅游场地建设

二道镇辖区内有魏家山、插旗山这两处风景较好的山峰，植被覆盖面积高达80%，空气良好，四季阳光充足，风土人情淳朴。拥有抗战历史文化的黑寨梁，以及便利的交通，自发来山上锻炼和游玩的居民群体和学生较多，有发展体育锻炼和文化宣传的乡村旅游场地的基础。

同时，二道镇的童治桥村和石缸村是大面积种植莲藕的乡镇，在夏季可开展赏莲花、莲塘泛舟等活动，并推广莲子和藕等产品。积极开展农家乐捕虾抓鱼、莲蓬及果蔬采摘等活动，并推进建设公共基础设施（如公厕、停车场），为乡村文化旅游的发展打下坚实的基础，形成丰富多样的产品类型和结构完整的文化旅游体系。

（二）保障活动场所运行，提高群众使用意愿

针对前文提出的场所破旧、应景式开放场所、群众对设施使用率低等问题，笔者通过收集群众意见和网上查阅资料，认为二道镇应加强以下方面。

1. 加强后续维护检查，落实安全责任防护

三分建、七分管。乡村文化设施不能一建了之、只建不管，要注重管护，确保常态长效。第一，向上争取、村级自筹，要落实常规经费，保障经费投入，持续更新维护设施。第二，要落实开放时间，规定日常开放时间，并根据农忙等实际情况适当调整，提前广而告之，让村民知晓，灵活安排时间。第三，要落实管护人员，确保乡村文化活动中心正常使用。负责人可以确定一名村（组）干部进行日常维护，并招募培养一些责任心强、有奉献精神、爱好文化公益事业的志愿者，管好文化设施，定期开放场馆，切实发挥文化设施最大效用。

2. 以活动为载体，提高群众兴趣

让闲置的文化设施被充分利用，活动是最好的载体，要千方百计把设施用起来、活动办起来、让群众乐起来。除每年集中组织的文化下乡活动和文化展演，村级每年也要组织

一定数量的接地气、易接受,兼顾不同年龄层次的文化活动,比如举行具有村级特色的文艺活动、趣味体育活动、广场舞、节日性庆祝活动等。发挥乡镇文化站、新时代文明实践中心和村里民间艺人、文化能人的作用,强化发动宣传,组织群众参与有创意、亮点、新意的文化活动,提高文化设施投入使用的频率。

(三) 加强宣传教育力度,结合新媒体强化供需

1. 针对性设置文化宣传

一方面要充分利用二道镇的文化广场、宣传栏、图书室、文化墙、村里的广播等文化基础设施,把乡村文化通过村民通俗易懂的、生活化、形象化、具体化的形式展现出来。

另一方面也应当做到因地制宜,科学规划。普脊村地势平坦,又是场镇所在地,人群在每月的1、4、7号(逢场期间)尤为集聚,受众量大,可用广播、海报和传单进行特定时期的特定文化宣传,能取得的效果最好;插旗山村和魏家山村作为山区,群众分散,可选择在进山口和分岔路口放置大横幅,在行车路沿途的岩壁做图文海报宣传,制作手册宣传册发到各社社长,让社长负责片区内的资料发放讲解。

2. 多元化提高文化教育

通过二道小学、二道初中和家庭教育提升在校学生的文化自觉。在家庭日常生活中,有意识地让孩子接触一些优秀的传统文化,学校里老师也要有意识地在教学中增加关于乡村文化的授课,让二道镇的学生了解悠久的乡村文化历史。同时也要让二道镇的学生积极参与乡村文化保护,可在假期组织学生到朱德故里景区、张思德纪念馆做志愿者,让他们在具体实践中感受到文化保护的重要性。

3. 发挥新媒体对乡村文化建设的作用

随着4G和5G基站的普及,在其高速快捷的传播优势下,互联网、智能手机和电脑大量普及,抖音、快手在乡村大量兴起,改变了农民群众获取信息知识的方式。

图 9-4　二道镇居民群众新媒体使用频率图

通过图9-4可看出,经常使用新媒体的居民群众占比较高,达到62%。因此在乡村文化建设的过程中,二道镇政府可以拓展"媒体+""互联网+"方式,利用视频号、官方账号等发布积极、健康、有用的视频信息,方便农民群众了解最新的方针政策,也利于问题答疑,困难反馈,从而构建一个良好的线上交流沟通平台。群众也可利用短视频表达自我,推动乡村文化有效传播。

（四）建设人才队伍，打造结构合理的建设团队

人才队伍作为推动乡村文化建设的关键所在，二道镇要建设人才队伍，首先要派专门的文化工作者负责文化建设，使二道镇的每个村都能有具体的负责人员，让他们充当农村文化的带头人，在二道镇文化建设方面提出适合本村环境的建议和具体解决措施，规划和开展全村文化建设的各项文化活动。同时，政府应鼓励文化专业人士通过书籍、互联网、知识论坛、实地考察等方式不断学习、获取新知识和技能，提高文化创造力。

其次，要完善和加强农村文化队伍建设，二道镇政府还可综合将素质好、热爱文化工作的年轻人安排到农村文化助理队伍中去。也可以通过"三支一扶"选拔本地户籍的人才，招募大学生村官和干部下乡，吸引懂文化的优秀人才，在综合文化站和乡村文化服务中心开展工作，不断壮大地方文化队伍的实力。还可利用寒暑假招募二道镇及仪陇县志愿者，将志愿服务范围拓宽到对优秀文化和特色文化的宣传。

（五）建立健全评价监督机制，打造群众反馈途径

为提高二道镇乡村文化专项建设工程的绩效和后续文化服务活动开展的可持续性，二道镇应建立相关社会评价机制，制定可量化标准用以衡量工作开展效果，加强文化建设的绩效评价和调查研究，倒逼各社区村落负责人落实各项指标的评估、考核和监督。

首先，可在二道镇文化站所在处设立规模较大的公示栏，以月为周期标示10个村落和3个社区的居民群众对所在地方对标文化建设评价指标的满意程度，建立合适的奖惩机制；其次，辖下的社区村落负责人也可在村社不定期地开展针对文化建设投入产出、速度效益、群众满意度等问题的不记名的调查问卷和访谈，既可以提高群众参与感与文化建设意识，也可确保绩效管理真正发挥应有的作用；最后，在二道镇的文化站应该设立专门的群众意见反馈窗口，既能凸显二道镇在文化建设中对群众意见的重视，也能让群众有同文化建设的工作人员直接提意见的选择。

五、结语

乡村文化的振兴，是乡村的振兴，也将是整个社会的振兴。二道镇随着经济建设的稳步推进，乡村的发展日新月异。对二道镇基于乡村振兴战略背景的乡村文化建设研究，有利于乡风文明目标的达成，虽然目前存在诸多不足，但二道镇的文化建设是势在必行的。

"政府搭台，社会助力，群众唱戏"，首先二道镇政府应落实中央的命令和号召，平衡对文化建设与经济发展的重视程度，发动基层党组织和党员的力量，使其作为发展建设带头人，确保乡村群众从思想观念上接受先进文化，传承优良文化，摒弃歪风邪气。此外，二道镇的经济状况水平决定了发展乡村文化建设还需要集中更多的社会力量支持，可通过打造特色品牌，特色产品，特色服务，促进一二三产业融合。居民群众也应主动参与，发挥主观能动性，群策群力，既可以监督评价二道镇文化建设的活动开展，也可对政府提出自己对于二道镇文化建设的建议和看法。相信二道镇的乡村文化会建设得更好。

【参考文献】

[1]习近平.决胜全面建成小康社会 夺取新时代中国特色社会主义伟大胜利——在中

国共产党第十九次全国人民代表大会上的报告[N].人民日报,2017-10-18(01).

[2]谭建跃.当前我国乡村文化建设存在的问题及对策——以湖南X乡村为例[J].南华大学学报(社会科学版),2008(04):15-19.

[3]林勇.乡村文化需求与乡村文化建设研究——以福清市为例[D].福建农林大学,2018.

[4]周锦,赵正玉.乡村振兴战略背景下的文化建设路径研究[J].农村经济,2018(09):9-15.

[5]詹绍文,李恺.乡村文化产业发展:价值追求、现实困境与推进路径[J].中州学刊,2019(03):66-70.

[6]欧阳雪梅.振兴乡村文化面临的挑战及实践路径[J].毛泽东邓小平理论研究,2018(05)30-36+107.

[7]王宁.乡村振兴战略下乡村文化建设的现状及发展进路[J].湖北社会科学,2018(09):46-52.

[8]王廷信,李制.乡村振兴战略与中华优秀传统艺术体系建构[J].民族艺术,2018(05):13-18.

[9]陈锦泉,郑金贵.生态文明视角下晋江市的美丽乡村建设问题研究[J].福建论坛,2016(8):187-193.

[10]何苑,邓生菊.美丽乡村的规划建设与模式选择——基于甘肃的经验[M].北京:经济管理出版社,2019.

[11]王惠林,洪明.政府治理与村民自治的互动机制、理论解释及政策启示——基于"美丽乡村建设"的案例分析[J].学习与实践,2018(3):105-112.

[12]刘潇,王虹.基层政府视角下的乡村文化治理研究[J].中共石家庄市委党校学报,2019(9):37-40.

[13]王赵铭.农村文化建设中的地方政府责任[J].湖北社会科学,2006(08):187-189.

[14]张文霞.甘肃省美丽乡村标准化建设现状及问题分析—以卓尼县部分村庄为例[J].中国标准化,2021(10):55-58.

[15]杨泽利.广东汕头美丽乡村建设现状、存在问题及对策建议[J].南方农村,2019(4):49-52.

[16]李国江.乡村文化当前态势、存在问题及振兴对策[J].东北农业大学学报(社会科学版),2019(01):1-7.

[17]陈晓霞.乡村振兴战略下的乡村文化建设[J].理论学刊.2021(01):141-149.

[18]李辰,高君.新时代乡村文化振兴的现实困境和路径选择[J].云南农业大学学报(社会科学),2021(1):41-46.

[19]吴礼明.乡村振兴战略实施下乡村文化建设的困境及成因分析[J].社会科学动态,2021(10):40-42.

[20]吴理财,解胜利.文化治理视角下的乡村文化振兴:价值耦合与体系建构[J].华中农业大学学报(社会科学版),2019(01):162-163.

[21]吕宾.乡村振兴视域下乡村文化重塑的必要性、困境与路径[J].求实,2019(02):

97-108.

[22]武金翠,徐维骏,吴瑞,等.苏州市美丽乡村可持续发展路径探析[J].现代农业科技,2020(15):264-265.

[23]李宏伟,屈锡华.不同类型涉农社区的经济特征与文化建设——以四川省成都市为例[J].农村经济,2011(3):43-47.

[24]张璐瑶,龙皓妍,赖娟,等.乡村振兴战略背景下的乡村文化建设实践研究——以梧州蒙山新农村文化建设为例[J].科教导刊(电子版)(下旬),2022(2):275-276.

[25]孙全蓉.帅乡文化耀中华[J].中国老区建设,2012(2):34.

第十章　宣汉县南坝镇农村公共文化基础设施建设现状及问题分析

发展乡村文化事业,是新农村建设的重要课题,也是广大农民提高文化素质的需要。党的十九大报告中明确提出只有坚持文化自信,才能实现文化的繁荣和富强以及中华民族的伟大复兴。本文以四川省达州市宣汉县南坝镇为研究对象,运用文献法、问卷法、访谈法等研究手段,运用主流的公共管理理论,对南坝镇的公共文化设施建设及管理现状进行了研究,总结出南坝镇目前存在的设施供需不对称,资金投入相对较少,设施闲置和浪费等问题,并提出了健全农村社区文化建设的需求表达机制、拓宽农村社区文化基础设施建设筹资途径、加强公共文化设施使用管理等对策,旨在综合提高南坝镇乡村文化水平。

一、概念界定及理论分析

(一) 农村公共文化

公共文化的概念产生于资本主义初期的民主化进程阶段,它在分化为政治、文化两个层面之后,又通过制度化而发展为当代的大众文化。而农村公共文化是一种具有地域性的共同文化,因为农村经济社会的发展,而被农民所认同和需要,逐渐形成一种被普遍认同的价值取向、行为方式等的总和。

(二) 公共文化设施

公共文化设施是指由各级人民政府组织社会各方力量协同建设的以公益为目的的图书馆、博物馆等不同类型的设施设备。而农村文化设施建设因为地区经济、政治、地理环境等方面的不同,农村文化设施建设的重点是文化站、广场、公园等设施。

(三) 农村公共文化基础设施

根据性质和管理对象的不同,公共文化设施可划分两个层级:第一层级是由国家出资兴建的公共图书馆、文化馆、博物馆等公共文化设施;第二层级是基层文化设施,它是指由地方各级政府的资金投资和经营,根据地区实际情况调整公共文化服务标准,对公众采取不收费方式的,为公共文化活动提供条件的文化站、文化广场等。关于如何区分乡村公共文化设施类型,国内学界众说纷纭,比较有代表性的是,有的学者认为,可以将乡村公共文化基础设施根据性质功能方面的差异分成艺术表演设施、学习阅览设施、文化娱乐设施与体育设施四种。

(四) 农村公共文化设施建设的理论依据

1. 公共产品理论

20世纪50年代,美国社会学领域著名研究学者萨缪尔森第一次提出了"公共产品"这一概念,并将公共产品定义为,在社会群体中以公众为目标的,部分无法剥离、非排斥、非竞争的产品。而李爱苹、王金球等人将具备一项公共产品特性，而其他方面彰显不足的产品称为"混合产品"。所以农村公共文化基础设施不是纯公共产品，而是属于准公共产品。

2. 新公共服务理论

美国著名的社会学学者罗伯特·登哈特首先提出了这一理论，他认为，在社会领域中，公民拥有着参与和监督的权力。新的公共服务理念的出现，使政府对公共事务的管理和服务、提供公共物品的角色定位，被置于服务者的视角，并把它看作是公共事务的管理者。因此了解公民文化需求，建立健全公民文化需求反馈机制，转变政府职能——管理者到服务者刻不容缓。

3. 需求层次理论

美国知名的社会学和心理学学者马斯洛在20世纪50年代首次提出了这一理论。马斯洛需求层次理论将人的需求分为五个层次，按照从低到高的层次排序，依次为生理、安全、沟通、尊重和自我实现的需求。在现代化时代背景下，人们对精神生活的要求伴随着社会生产力水平和人均GDP的发展而提高。在提供各种公共产品时，要注意市民的需求水平的提升，使各种有需要的人群都能得到，并能适应大众的差异性公共服务需求。

二、南坝镇文化基础设施建设现状及调查分析

（一）研究区域概况

南坝镇隶属四川省达州市宣汉县，位于四川盆地东北部，大巴山南麓，距宣汉县城32公里，东临天台乡，南临上峡乡，西靠下八镇，北与峰城镇接壤。南坝镇是全国重点镇，中国特色镇；作为川东四大古镇之一的南坝镇，同时也是宣汉县20余个乡镇的经济中心、文化中心、信息中心、物流中心和经济中心，南坝镇占地143.5平方公里，海拔340～1100米。下辖7个社区24个村，总人口150 000。

境内有市级文物保护单位2处：东阳村唐瑜墓、啸池社区观音岩古石刻；县级文物保护单位1处：圣墩山红四方面军战斗纪念地。有帝师文化公园、圣墩山千步梯、南坝景观平台、沙湾新村、黑溪寺、高洞瀑布、万寿寺等景区。

（二）文化基础设施建设现状

近年来，南坝镇围绕"夯实、健全、弘扬、提升"八个字下功夫，着力打造乡村文化振兴样板，培育文明乡风、良好家风、淳朴民风。2021年6—8月，先后被表彰为"四川省先进基层党组织""达州市乡村文化振兴样板镇"。

目前，辖区内规范建成高标准文化站1所，建成应急广播村村响的村占比100%、电视信号入户率100%并建有广播电视公共服务网点2处。辖区村（社区）委会下建有自治组织的村（社区）占比100%，镇上多次开展精神文明主题活动、移风易俗专项行动、文明实践志愿活动等，努力提高农村社会文明程度。

按照达川区文广局提出的"社区文化活动中心"建设的要求，室内综合文化活动场地（包括阅览室、多功能活动室）的规模按要求在100平方米以上；拥有超过30平方米的阅览室，拥有2 000多本书籍，15种以上的报纸；综合文娱活动场所设有棋牌、锣、鼓、乒

乒球桌，以及为业余文艺表演团队所需的配套设施（设备）；多功能训练室有25个办公桌和50个座位，配有电脑、电视机、音响、投影机等多媒体设施，并与文化信息共享工程基层服务点相结合；建设户外运动文化设施，如户外篮球场地（文化广场）。

部分社区（村）按照上级文件精神和指示要求，建设了文化中心、活动广场、办公室、文化活动大厅、多功能室等文化活动场所，一些社区（村）由于客观、主观原因，未设置专业机构，与其他单位共处办公。有些社区（村）基础设施完善，设备完善，有专人负责日常维护，有完善的使用管理制度，档案资料等一应俱全，很少出现损坏，而有的社区（村）在这方面工作做得不是很到位（见表10-1所列）。

表10-1 南坝镇文化站建设现状

社区（村）	建设基本情况
清泉社区	占地560平方米，设有一个特定的办公室，配备了专业的员工和工作地点。还有500平方米的花园广场和休闲健身场所，由于地处中心地区，设施得到利用
新桥社区	占地400平方米，只有基本的文化站、图书室及少量健身设施
啸池社区	占地700平方米，除各种公共文化基础设施外，还建设有曲棍球场等活动场所
书苑社区	占地620平方米，社会养老服务中心设立了专用的办公室、图书室、棋牌室、厨房、卫生间等功能室。还在养老中心外建设有篮球场、乒乓球场、羽毛球场
龙文社区	占地200平方米的特色文化广场等健身娱乐设施。建成3000平方米文化活动场地，设有篮球场、乒乓球场
临江社区	设立有200平方米的文化站，且沿江建设有4000平方米滨河广场，包括篮球场、乒乓球场、健身娱乐设施
花滩社区	占地300平方米，社区文化中心棋牌休闲室、农家书屋一应俱全，室外还建设有乒乓球、羽毛球、象棋、健身器材等文化体育设施
圣墩村	占地500平方米，建设了文化活动室、图书室、信息管理平台等专用文化场所和设施。缺乏人员管理，存在设施闲置现象
天台村	占地376平方米的综合文化站，基础文化设施完备。并建有34000平方米的帝师文化主题公园

通过对南坝镇文化馆的年度报告和有关资料的梳理，南坝镇各社区（村）文化馆的建筑面积。基本达到了国家规定的标准，但仍有不均衡的情况，有的地方甚至还没有达到上级规定的标准。根据现场调查发现，目前各社区（村）文化馆的建设程度还不够高，占用空间不足。

就社区（村）文化活动中心的现状及存在的问题来看。要举办相关的文化活动，必须要拥有举行文化活动的场地。目前，南坝镇所有的社区（村）都配备了能举办文化活动的广场。但是，由于村庄环境的差异，不同的社区（村）活动场所、广场等条件也不同。

（三）南坝镇公共文化基础设施建设满意度调查

1. 样本选择及变量设计

在查阅相关文献资料的基础上，根据南坝镇前期调研对象中的留守老人、儿童数量相对比较多的特点，为了保证问卷的科学可信，在设计调查问卷时，选择有代表性的乡村公共文化设施作为调查对象。为更好地了解南坝镇文化产业的发展状况，本次研究采用分层抽样法，通过发放问卷并回收的方式，以南坝镇社区（村）居民为对象，共发放150份问卷，回收124份，回收率达82%。在收集到的124份调查问卷中，有12份是不正确的，因此共有112份是有效的。可用于此次研究。

以回收的有效问卷数量为基数，为保证数据的严谨性和合理性，本次调查研究覆盖了所有年龄段的人，并将其分为以下六个年龄段：18岁以下占比22.4%，18~30岁占比15.5%，31~40岁占比11.4%，41~50岁占比19%，51~60岁占比19.8%，60岁以上占比11.9%。在调查对象中，40岁以上的人群高达50.7%，18岁以下人群也占比22.4%，这表明了中老年人和儿童的比例更高。

在调查对象的性别方面，总共52名妇女，占46.4%；其中，男性60人，占53.6%。男女比例相差不大，只有7.2%。

2. 调查结果分析

通过分析调查问卷内容中的15个问题的调查统计的情况，可以进一步获得如下结论。

首先，通过问卷的第1题、第2题了解到大多数农村居民都能直接接触诸如图书室、活动广场，但接近55%的村民对农村公共文化基础设施的概念十分模糊，不知道公共文化基础设施的界定，农村居民对于国家出台的文化基础设施相关政策、什么是农村公共文化基础设施这方面的认识是有待加强的。第3题中居民了解文化活动开展情况的途径过于单一，只能通过海报、宣传单以及居民之间的口口相传有所了解，网络平台和广播等方式没有被重视、被利用。

其次，第4题、第5题、第6题，各社区（村）基本上都建有图书室、活动室或活动广场，但是90人表示很少或者没有去过社区（村）图书室，只有22人表示经常前往图书室借阅书籍。而在这些借阅书籍的人群中当中有一半的人认为图书室藏书较少，不能满足自己对书籍的需求。

通过问卷的第7题、第8题了解到，有60人表示对公共文化基础设施不满意，认为满意的民众刚刚超过三分之一，25人则认为公共文化基础设施只能满足部分中心区域居民的需求，且在本社区（村）文化基础设施建设对大家有什么作用方面，大部分居民认为只是丰富了大家空闲时间，愉悦身心，对提升文化水平没有太大的影响。这表明需要加强建设农村公共文化基础设施，降低社区（村）文化设施建设差异，从而提升群众的满意度。

从第8题和第9题的反馈可以看出，活动室、活动广场的利用率远高于图书室，所有受访者都或多或少的去活动室、活动广场参与过文化活动，相反的，居然有90位受访者没去过图书室，在与农村村民交流过程中了解到书籍更新慢，题材不能吸引人是造成群众极少去图书室的主要原因，也在一定程度上解释了第6题中为什么受访者对图书室满意度低；接近80%的受访者对农村的活动室、文化活动广场是满意的。

一直以来，公共文化设施建设这项工作在乡镇实际工作中被边缘化，这一现象在第10题中得到了印证，有84位受访者表示乡镇、村没有向民众了解过文化娱乐需求，在公共文化设施提供的服务中没有考虑到民众的需求，导致政府与民众之间缺乏连接的桥梁。综合考虑第10题、第11题的反馈结果也能窥见一斑，农村民众对公共文化的需求不断提升，对服务质量的要求不断提高，却缺乏反映真实需求的路径，造成了处境尴尬的一个局面,也就是农村居民这边认为农村的文化建设非常欠缺;另一边却存在文化设施浪费的情况。各村几乎都建设了活动广场,但第12题最迫切需求的文化基础设施还有91位受访者选择文体广场,说明民众对基础设施质量要求变高了。

第13题的结果反映出,乡镇政府是组织村民开展文化活动的主体。受访者中参加村民自发组织文化活动的达到70人,这透露出了积极的讯号:村民对精神文化需求的提升,由被动参与逐渐转变为主动组织。结合总体满意度和第1题、第2题、第3题的反馈结果,反映出需求和供给之间的缺口,主管部门要倾听村民心声,提升服务质量。在宣传和具体服务方面的双管齐下是刻不容缓的。

第14题中40名受访者表示没有意愿参与供给公共文化基础设施建设,是公共文化服务应该由政府免费提供这种长期固有观念导致的;长期以来,供给对象和资金渠道的单一化都在一定程度上阻碍了农村公共文化的发展,政府部门、企业、社会组织甚至有能力的个人都应该转变思想,充分调动各方力量为农村公共文化建设服务。

最后,从第15题来看,当前农村公共文化建设最大的困难是缺乏资金。这与调研过程中反映出来的结果是相同的。南坝镇居民认为公共文化设施建设问题最重要的是资金来源少,且渠道单一。

三、南坝镇文化基础设施建设存在问题及原因分析

(一)政府文化建设认识程度不高

过去,南坝镇镇政府只注重经济,忽略了文化,尤其是乡村公共文化设施,有些地方的领导还不够理性,总以为文化建设不如经济发展来得更紧迫、更重要,经济基础一建立,群众文化需求自然就会被满足,而忽略了文化的积极作用,拆除了老街等有历史文化特色的建筑,也可能是因为文化设施建设"效应慢",导致许多领导不愿加大对文化的投资。此外,我国政府对乡村公共文化服务的提供仍仅限于"送文化"的"下乡"模式,对"种文化"和"育文化"的乡村文化建设及文化基础设施却很少关注。于是,南坝镇政府每年都会举办多次"送文化"下乡活动,表面上看起来风起云涌,可是一旦文化下乡队伍离开,文化资源就会回归到"荒芜"的境地。

例如,2021年南坝镇建成镇级文化综合服务中心1处、村级文化室29处,实现了乡镇和农村的基本公共文化服务。大力开展文化惠民,镇文联组织建立曲艺、舞蹈、美术、书法等协会,并联谊县文化馆"送文化大餐"213场次,给群众带去更多更好的农村公共文化产品和服务。但在希望社区(村)中开展什么样的文化娱乐活动的问题中,50%的居民往往希望自主组织、群众参与,30%的居民认为政府指导的文艺会演等活动更符合他们的需求,只有15%的居民认为深入群众送"知识"下乡(书籍)、组织文艺下乡等活动更好。由此可见频繁的文化下乡活动并没有与居民的文化需求有密切联系,而是存在形式上的偏差。

(二)基础设施供需不平衡

尽管南坝镇近年来大力发展公共文化事业,但至今仍是处于以民间团体为主体的状态,政府组织较少。通过问卷调查及访谈了解到,在受访者人群中54%的居民认为本社区

（村）的文化基础设施不足以满足大家的基本需求，23%的居民认为不能满足所有人的文化需求，还有33%的居民认为可以满足大家的文化需求。比如，帝师公园、街心花园等文化广场的建设，可以很好地满足一些中老年人跳广场舞和娱乐活动的需要。但其对象是以中老年女性为主，大部分的中老年男性仍然以社区老年活动中心的棋牌室及篮球、曲棍球等活动场所为中心进行文化活动，却因为社区老年活动中心面积有限，常常出现拥挤的情况，不能很好地满足所有人的文化活动需求。

除此之外，青少年的文化需求往往被忽略，尤其青少年群体中的青年，因为外出求学、务工、经商，所以以青年为对象的农村文化活动的开展次数逐渐降低。目前，南坝镇文化站文化活动的现状是开展活动次数较少、范围狭窄、对象单一，文化活动仍是处于以群众自发开展为主的无秩序状态，政府指导较少。

（三）存在设施闲置浪费现象

在走访调查过程中发现，40%的居民认为文化设施很少被人利用，有32%的居民认为文化设施基本处于闲置状态，只有28%的居民认为文化设施被充分利用。目前，公共文化基础设施管理人员基本都由社区（村）干部兼任，专人管理的情况寥寥无几，往往由社区（村）干部兼任，公共文化设施的开放时间不固定。这就使得部分文化基础设施无法被充分利用。还有一些没有被需要的设备资源，因为没有人使用造成浪费。拿图书室来说，通过调查问卷了解到大部分受访者对于图书室需求不大，80%左右的中老年受访者没有进入过图书室借阅。在这当中有40%的人认为图书室藏书较少，不能满足自己对书籍的需求。而在问卷调查中居民需求最高的是文化广场（公园）等能够提供广场舞场地的文化设施，需求占比达到85%。

除因管理不当造成的闲置浪费外，社区公共文化活动单调乏味、适用性不强因素的影响也不可忽视，形式过于单一的文化活动受众群体太小，满足不了大多数居民的需要，不能成为大众喜闻乐见的文化，因此对社区（村）文化设施利用率不高。而适用性不强，则不能长时间吸引社区（村）居民的兴趣，公共文化基础设施利用呈现碎片化、无序化的利用情况，利用率不高的同时，可能会与其他居民产生文化设施使用权的冲突问题。

（四）资金投入相对较少

虽然，近几年基层政府加大了对公共文化服务的投入，但由于基础比较薄弱，总体来说，还是存在整体水平不高等问题。基于政府公布的预算数据，南坝镇人民政府在2022年财政拨款中的支出总额为3 942.47万元，较2021年预算总额增长2 377.4200元，这主要是因为去年结转的经费和项目预算的增长。其中，文化活动支出18万元，占比0.8%。但是文化设施建设资金来源仍是各级政府财政拨款及企业、社会和个人共同出资建设的。资金来源渠道少且固定，资金来源结构不合理。

就资金来源来说，借助访谈和相关问卷调查，以及对相关文献资料的搜集基础上可以了解到，基层社区（村）干部及居民都认为，制约乡村公共文化基础建设发展的主要因素是资金投入太少。由于南坝镇镇政府现今发展的重心仍是经济发展，所以将更多的政府预算用于发展经济。对于社区公共文化基础设施的建设，政府的责任不可推卸。问卷中"您认为在新农村文化建设中亟待解决的问题是哪些"的反馈显示，80%的受访者认为政府应该增加政府经费投入。其余的受访者也认为资金问题很重要，但应该立即改变的是规范资金的使用，建立科学严谨的资金使用审核机制，杜绝社区文化站工作人员不合理、不科学、不正当的资金使用行为。

四、南坝镇文化基础设施建设对策建议

（一）提高政府对农村公共文化服务的认识程度

首先，要加强有关领导干部的思想意识，既要注重"经济建设"，又要注重"文化建设"。可以定期召开有关的专题讨论会，使农村公共文化建设与乡村经济建设一样重要。

其次，要将农村公共文化建设的效果与政府绩效指标挂钩，既要削弱或消除一些经济指标，又要提高农村文化等领域的发展状况在政绩考核体系中的比重，尽快建立健全科学的政绩考核体系。

最后，在"送文化"的过程中，要注意"种文化"。要想"种文化"，就必须加大资金投入，加强乡村文化基础设施建设。此外，还要鼓励具有文化特色的当地农民自发组织文化活动队"种文化"。但是更重要的是政府要鼓励当地有文艺特长的农民自行发起、组织文化活动队伍，坚持以"三农"为主题进行文艺创作，鼓励广大文艺工作者继续推出反映农民生产、生活、特别是乡村振兴的优秀文艺作品，充分展现新时代农村农民的精神面貌。

（二）健全农村社区文化建设的需求表达机制

农村社区（村）公共文化基础设施的建设有一个最主要的目的，那就是满足居民的切实需求。要拓宽民意反馈的渠道，搭建百姓建议、参与的平台，充分发挥居民的主人翁意识。在最大限度地满足居民的差异化公共文化需求的同时，让居民发挥主观能动性，丰富自己的生活。要防止出现群众所需的东西不能建设，或者建设得太少，群众用不着的地方却建设得太多，造成大量的闲置和浪费的现象。推进农村文化建设的改革，逐步解决城乡公共文化服务供给与需求的矛盾，降低公共文化设施闲置率。

（三）加强公共文化设施使用管理

要实现文化事业的可持续发展，就需要有物质载体来支持它的发展。公共文化设施种类齐全、功能完备，是农村文化发展和农村公共文化服务系统建设的重要内容。要达成对乡村公共文化设施有效利用的目标，就必须不断提高农村公共文化设施的使用和管理，才能更好地为人民服务。

第一，从公共文化设施的使用上，要想方设法的提高资源地利用率，确保公共文化设施的安全和持续地向社会大众开放，必须积极引导社区居民有序开展大众喜闻乐见的文化活动。例如，在广场（公园）的利用上，既要保证其休闲散步等行为的正常进行，还要满足广场舞团体的场地需求。

第二，在农村公共文化设施管理方面，加强对乡村公共文化设施的管理，落实责任制、职能制、规范化管理。同时，要重视对乡村公共文化设施的维护、保护和调整，确保其正常运行。在这一领域，政府可以引入一些企业和个人来经营。

第三，在农村文化工作队伍的建设上，加强对社区（村）文化工作者的培训，建立健全文化工作者流动机制，建设一支有活力、能创新、会学习的新时代文化工作者队伍，让

农村公共文化焕发新的光彩。

（四）拓宽农村社区文化基础设施建设筹资途径

改变招商引资方式，扩大融资渠道，树立协同发展的理念，让社会各方资金融入农村社区文化建设当中去。要充分调动社会、市场主体的积极性，构建"自下而上"、多元化的供给格局。通过企业捐赠、参股、赞助等方式，引入社会各方的资本参与到农村文化设施建设中来，为乡村文化的发展打下坚实的基础。

同时，基层组织也要树立自强自立的理念，充分利用自己的资源、人才优势，组织各类文化活动，以不影响社会经济效益的方式引进相关文化项目，以达到自主筹资的目的。比如，在有条件的社区（村）文化站，可以组织各类培训班，并从中收取一定的费用，以供今后的改造和重建。

五、结 论

本文以南坝镇为个案，运用基础理论对其公共文化建设进行了系统的梳理，指出其存在的问题，并在问题的基础上提出对策建议。包括：完善农村社区文化基础设施需求表达机制，拓宽农村社区文化基础设施建设筹资途径，加强公共文化设施使用管理等。

经过上述分析，本文获得了以下结论。

首先，在农村公共文化设施的建设与管理中，政府要转变角色——从管理者转变为引导者。通过实地调研，我们认为只有真正负起责任，注重发展和繁荣，才能真正推动乡村社区的建设和不断完善。有效加快建设同时，还要加强社会各界的积极参与，以政府部门为主导，积极推动社会组织、企业、个人的参与，将社会各方资金引入公共文化设施建设，稳步推进公共文化发展水平的提高。

其次，建立健全农村社区公共文化设施需求报告制度，以便更好地了解农民的实际需要和真实的观点，尽可能地保护农村居民的合法权益，减少供求矛盾，改善公共文化设施的使用状况。

最后，南坝镇的公共文化设施建设还存在着各社区（村）之间的差距，因此，南坝镇镇政府要加强对乡村文化的关注，健全乡村公共文化设施的建设与管理制度，为各社区（村）公共文化设施建设协调发展，共同实现精神文化的富裕做出努力。

【参考文献】

[1]马斯洛.动机与人格[M].许金声,程朝翔,译.北京:华夏出版社,1987.

[2]徐碧英.农村社区文化建设的问题和对策——以四川地区为例[J].黑龙江史志,2008(16):15-16.

[3]Chris, Miller. The Creative City: A Toolkit for Urban Innovators[J]. Community Dev J, 2001.

[4]王瑞涵.农村公共文化服务体系建设:财政责任与经费保障机制[J].地方财政研究,2010(08):46-52.

[5]邹林,方章东.完善农村公共文化基础设施建设保障机制[J].内蒙古农业大学学报

（社会科学版），2011，13（4）：54-56.

[6]王建国，朱天义，李传兵.农民主体意识与农村公共文化服务体系的构建[J].重庆社会科学，2012（9）：118-123.

[7]李爱苹，王金球.关于农村公共文化产品保障的问题研究[J].经济研究导刊，2012（10）：53-54.

[8]徐双敏，苏忠林，田进.贫困地区农村公共文化设施建设研究——基于对国家级、省级贫困县的调查[J].武汉科技大学学报（社会科学版），2013，15（03）：240-243.

[9]王雪峤.农村社区文化建设困境探究[J].改革与开放，2015，（02）：111-112.

[10]徐双敏，宋元武.当前农村公共文化服务供需契合状况实证研究[J].学习与实践，2015（5）：67-75.

[11]王淑晴.农村公共文化服务存在的问题与对策研究[D].山东师范大学，2018.

[12]王彩霞，任国华.农村社区文化建设路径研究[J].山西农经，2019（19）：69-70.

[13]彭柳婵.乡村振兴背景下乡镇政府公共服务能力提升研究[D].广西大学，2019.

[14]李天文.高质量发展背景下惠州市政府统计管理制度优化研究[D].华中师范大学，2019.

[15]王东，许亚静.供需错位：社会关系视角下农村公共文化产品供给问题研究——基于豫西J村的田野观察[J].图书馆，2019（12）：36-42.

[16]王建国.农村文化广场建设及利用问题研究[D].河南大学，2020.

[17]赵新宇.卢龙县农村公共文化基础设施建设研究[D].燕山大学，2020.

[18]李秋绪.乡村振兴视角下的乡镇政府公共服务能力分析[J].现代营销（经营版），2020（08）：34-35.

[19]赵静.乡村振兴背景下乡镇政府公共服务能力提升研究[D].济南大学，2020.

[20]赵玥.乡镇政府在公共服务供给过程中存在的问题及建议[D].山东师范大学，2020.

[21]李志强.乡村振兴背景下乡镇政府公共文化服务能力提升研究[D].长安大学，2020.

[22]邓研华.农村基础设施建设：现实问题与治理对策[J].农村经济与科技，2020，31（24）：239-240.

[23]何晓龙.国内学界农村公共文化服务供需失衡研究述评[J].国家图书馆学刊，2021，30（05）：101-113.

[24]王梦.乡镇政府的乡村文化建设职能研究[D].山东师范大学，2021.

[25]罗希.乡村振兴背景下我国农村公共文化服务建设研究[D].西华师范大学，2021.

[26]冯庆华.乡村振兴背景下基层政府公共服务供给问题研究[D].内蒙古农业大学，2021.

[27]聂应德，刘召燕.乡村振兴背景下农村公共文化服务体系建设路径探析[J].齐齐哈尔大学学报（哲学社会科学版），2021（04）：79-83.

[28]吴玉龙.提高政府服务能力提升为民服务水平[J].新长征，2021（03）：48-49.

第十一章　华蓥市明月镇农村医疗服务问题研究

在乡村振兴战略背景下，农村医疗服务在打赢脱贫攻坚战中起着关键作用，促进农村医疗服务发展是贯彻十九大精神、实施健康中国战略的重要任务。我国已全面建成小康社会，但城乡发展极不平衡，农村医疗服务严重落后于城市医疗服务。本研究通过实地访谈和问卷调查，了解当前四川省广安市华蓥市明月镇农村医疗服务的现状，发现当地医疗服务在发展过程中存在医疗设施不健全、医疗人员数量不足、服务质量差等问题，客观分析存在这些问题的原因，并通过大力发展明月镇经济、加强明月镇医疗机构建设以及稳定医生队伍等对策来促进明月镇农村医疗服务的发展。

一、明月镇农村医疗服务的现状分析

明月镇隶属于四川省广安市华蓥市，区域面积为29.89平方千米，地处渠江东岸，东与双河街道、古桥街道和阳和镇相连，南与岳池县临溪乡毗邻，西与广安区化龙乡、观胜镇相邻，北与广安区方坪乡接壤。地势以山地为主，最高点位于鼎竹村，最低点位于仁和寨村。

（一）明月镇的社会经济发展情况

2017年，明月镇常住人口16 345人，截至2018年末，明月镇户籍人口28 273人。明月镇下辖2个社区和7个行政村，包括明月镇街道社区和沱湾社区以及明月村、人和寨村、长田坎村、红光村、刘家庙村、白鹤咀村、竹河村七个行政村，行政区域总面积为3 002.1公顷。2018年，明月镇内营业面积超过50平方米以上的综合商店及超市有4个，2020年明月镇的公共预算收入为1 476万元。

2020年，明月镇城乡居民基本养老保险参保人数有9 064人，城乡居民基本医疗保险参保人数为23 110人，城乡居民最低生活保障人数为1 893人，如表11-1所示。

表 11-1　明月镇基本情况

年份	户籍人口数	城乡居民基本养老保险参保人数	城乡居民基本医疗保险参保人数	城乡居民最低生活保障人数
2019	28 121	11 416	24 565	1 642
2020	27 996	9 064	23 110	1 893

数据来源：《2021年广安统计年鉴》

（二）明月镇农村医疗服务能力分析

1. 服务机构床位数、卫生人员及医疗设备情况

乡镇卫生院是农村三级医疗网点的重要环节，担负着医疗防疫、保健的重要任务，是直接解决农村看病难看病贵的重要一关。明月镇目前没有大型的公立医院，只有两家乡镇

卫生院。如表11-2所示，其中明月镇卫生院位于华蓥市明月镇滨河路，床位数53个，执业医师和药师共15个；华蓥市明月镇卫生院位于广安市华蓥市西环线与紫荆路交叉路口，床位数45个，执业医生和药师共11个。通过数据分析，明月镇医疗机构的医疗资源还不够充足，床位数量少，医疗卫生人员缺乏，不能很好地满足镇里村民的看病需求。

表11-2 明月镇卫生机构床位数、卫生人员的基本情况

机构名称	床位数	执业医师	药师	检验师	注册护士	管理人员	其他人员
明月镇卫生院	53	11	4	1	7	2	3
华蓥市明月镇卫生院	45	9	2	1	5	1	3

数据来源：电话访问

在明月镇医疗机构的设备方面，明月镇卫生院的基础设备17种，如体温计、听诊器、血压器、治疗推车、供养设备等；辅助检查设备9种，如心电图机、B超、恒温箱、药品柜等；预防保健设备4种，如妇科常规检查设备、妇科检查床、紫外线灯等；其他设备11种，如影像设备、计算机、打印设备、档案管理的相关设备等。

华蓥市明月镇卫生院基础设备有16种，如听诊器、血压器、治疗推车、出诊箱等设备；辅助检查设备10种，如心电图机、B超、血糖仪等；预防保健设备2种，如听、视力测查工具、疫苗标牌；其他设备7种，如计算机、打印设备、电话通讯录等，如表11-3所示。

表11-3 明月镇卫生机构医疗设备的基本情况

机构名称	基础设备（种）	辅助检查设备（种）	预防保健设备（种）	其他设备（种）
明月镇卫生院	17	9	4	11
华蓥市明月镇卫生院	16	10	2	7

数据来源：电话访问

2. 明月镇7个村和2个社区的医疗卫生服务情况

刘家庙村、红光村、长田坎村、白鹤咀村、竹河村、人和寨村都位于明月镇的西部，沱湾社区位于明月镇的东南部，明月镇街道社区和明月村则位于明月镇的中心地带。明月镇农村地区老年人口比例大，经济发展以农业为主，山地地形，经济落后。刘家庙村、红光村、长田坎村、人和寨村各自都有一个村卫生室和一名村医，平均年龄在50岁以上；而白鹤咀村、竹河村无医疗机构和医学人员，两村的村民看病需要到其他村的村卫生室或乡镇卫生院；沱湾社区位于华蓥市明月镇卫生院的覆盖范围之内，明月镇街道社区和明月村则位于明月镇卫生院的覆盖范围内，因此相比于其他的6个村，沱湾社区、明月镇街道社区和明月村的医疗服务更好一些。

如表11-4所示，在实地调查过程中发现，刘家庙村、红光村、长田坎村、人和寨村的村卫生室都设置在村医的家中，环境相当简陋，没有配备病人的休息房间和床位；只配备了血压器、体温计和听诊器等简单的设备，无大型先进的医疗设备；另外在调查过程中了解到，这四个村卫生室主要给病人开西药，很少进购中药药材，同时，进购的西药主要是常规药物，而对于急性病和重大疾病不能对症下药；通过调查了解到这四个村的村医没有享有基本的保险，从医收入低，从医压力大，偶尔会有职业变动的想法，认为目前村卫

生室面临着环境、技术、设备、药品种类等问题。另外,明月镇卫生院和华蓥市明月镇卫生院存在医治技术不尽如人意、卫生院环境又脏又乱的问题。

表11-4 明月镇农村卫生机构的基本情况

机构名称	医疗机构	卫生人员	医疗设备	床位	中、西药
刘家庙村	1	1	3	0	只有西药
红光村	1	1	4	0	西药为主
长田坎村	1	1	3	0	只有西药
白鹤咀村	0	0	0	0	无
竹河村	0	0	0	0	无
人和寨村	1	1	3	0	只有西药
沱湾社区	1	17	35	45	中、西药
明月村	1	23	41	53	中、西药
明月镇街道社区	1	23	41	58	中、西药

数据来源:实地调查和电话访谈。

(三)明月镇农村居民对医疗服务的调查情况

以明月镇农村的村民为调查对象,发放纸质问卷72份,收回71份,有效问卷68份,电子问卷通过明月镇各村的微信群进行发放,共收集113份,样本总量为181,利用数据软件SPSS进一步了解村民对明月镇农村医疗服务的态度和看法。明月镇农村居民对医疗服务的调查统计如表11-5所示。

首先,在便捷程度方面。通过调查发现,村民认为看病过程不麻烦和不太麻烦的共占比50.9%,因此,大多数村民认为明月镇医疗卫生机构的看病程序比较简单,不存在烦琐的手续,便捷程度高,减少了患者在看病时所消耗的时间。

其次,在收费标准方面。根据数据分析,有超过一半的村民对目前医疗机构的收费价格感到满意,仅有8.3%和13.3%的村民不能接受和不太能接受目前医疗机构的收费标准。说明明月镇的居民认为该镇的医疗机构收费价格比较合理。

再次,在服务态度方面。通过调查发现,村民对医务人员的服务态度表示非常满意的比例和比较满意的比例共为53.6%,而不太满意和非常不满意仅占比15.5%和6.1%。因此,通过数据分析可得出,明月镇的医生有着较好的服务态度,村民对其有一定好感。

最后,在医疗机构数量方面。通过数据发现,有37.6%的村民认为该镇的医疗机构数量不太能满足该镇患者的看病需求,26.5%的村民认为该镇的医疗机构数量只能一般满足该镇患者的看病需求,仅有20.5%的村民认为该镇的医疗机构数量是能够满足村民的看病需求。由此可知,明月镇医疗机构数量偏少,与居民的看病需求出现矛盾,影响患者病情治疗的最佳时机,同时也会带来许多不便,降低村民对明月镇医疗机构的好感度,进而会在一定程度上减少病人的数量。

表 11-5　明月镇农村居民对医疗服务的调查统计

	测量赋值	频率	百分比（%）
看病麻烦程度	不麻烦（5）	49	27.1
	不太麻烦（4）	43	23.8
	一般（3）	39	21.5
	比较麻烦（2）	33	18.2
	非常麻烦（1）	17	9.4
收费价格	完全能接受（5）	32	17.7
	比较能接受（4）	37	20.4
	一般（3）	73	40.3
	不太能接受（2）	24	13.3
	不接受（1）	15	8.3
服务态度	非常满意（5）	41	22.7
	比较满意（4）	56	30.9
	一般（3）	45	24.9
	不太满意（2）	28	15.5
	非常不满意（1）	11	6.1
医疗机构的数量是否满足患者需求	完全能满足（5）	13	7.2
	比较能满足（4）	24	13.3
	一般满足（3）	48	26.5
	不太能满足（2）	68	37.6
	不满足（1）	28	15.5

综上所述：明月镇的医疗服务虽然在看病手续、服务态度、收费价格上令村民比较满意和能够接受，但是该镇的村民认为明月镇医疗卫生机构的数量不能很好地满足患者的看病需求。乡村现有健康资源的不平衡、不匹配，直接阻碍了乡村居民健康质量的提升，城乡健康资源布局不均衡现象依旧突出，乡村居民"因病致贫"和"因病返贫"问题日渐凸显。另外，明月镇的村民认为明月镇的医疗服务在环境、看病效果、药物齐全度、医疗设施以及整体发展水平方面也存在问题，具体表现为以下几点（如表11-6所示）。

第一，在环境方面，超过一半的村民对该镇医疗机构的环境印象不好。从数据得出，村民对明月镇医疗机构的环境感到一般的有33.7%，有22.7%的村民对该镇医疗机构的环境感到不太满意，仅有6.6%的村民对该地医疗环境感到非常满意。说明明月镇医疗卫生机构的卫生环境有待改善，干净整洁的看病环境更有利于医生的诊断和患者病情的康复，利于给村民留下良好的印象。

第二，在看病效果方面，大部分村民认为明月镇医疗机构看病的效果比较一般。通过数据可看出，对该镇医疗机构的看病效果感到一般的占比36.5%，感到不太满意和不满意的共占比38.7%。该数据说明明月镇医疗卫生机构在医治效果方面存在问题，还需要不断提升自身能力和素质。另外，明月镇农村的村卫生室医治水平极低，村医的医治技术亟待提高，许多患者选择去村卫生室看病只是出于不得已。

第三，在药品齐全度方面，药品种类不丰富，不能很好满足患者的用药需求。据调查发现，有38.1%的村民认为该村医务室的药品齐全性一般，认为药物不太齐全占比24.9%。随着患者用药需求的多样化，明月镇医疗机构不能提供齐全多样的药物，导致患者病情不能及时得到有效的缓解，许多人舍近求远，减少了乡镇医疗机构的病人数量。

第四，在医疗设施方面。根据问卷调查结果显示，认为明月镇医疗机构的设施不完备的占比35.9%，认为不太完备的占比27.1%，认为比较完备的占比仅10.5%。这一数据反映出有超过60%的村民认为明月镇医疗机构的设施不完备。落后的医疗设施无法为患者提供先进的医疗技术，影响医生对患者病情的诊断，从而使得疗愈效果不佳。

第五，明月镇医疗服务的总体满意度低。对明月镇医疗卫生服务感到"一般"的村民占比37.6%，满意度比较低的占比24.3%，而满意度比较高的仅占6.6%。通过数据分析得出，明月镇居民对该镇的医疗服务总体评价不高，在一定程度上影响村民的就医意愿，使得前来就诊的病人减少，医疗机构的收入随之减少，从而降低医务人员的工作热情，加重村民不就地就医的情况，形成恶性循环。

表11-6 明月镇农村居民对医疗服务的调查统计

	测量赋值	频率	百分比（%）
看病环境	非常满意（5）	12	6.6
	比较满意（4）	46	25.4
	一般（3）	61	33.7
	不太满意（2）	41	22.7
	非常不满意（1）	21	11.6
看病效果	非常满意（5）	18	9.9
	比较满意（4）	27	14.9
	一般（3）	66	36.5
	不太满意（2）	49	27.1
	非常不满意（1）	21	11.6
药物齐全度	非常齐全（5）	22	12.2
	比较齐全（4）	24	13.3
	一般（3）	69	38.1
	不太齐全（2）	45	24.9
	不齐全（1）	21	11.6

续表

	测量赋值	频率	百分比（%）
医疗设施	非常完备（5）	10	5.5
	比较完备（4）	19	10.5
	一般（3）	38	21.0
	不太完备（2）	49	27.1
	不完备（1）	65	35.9
总体满意度	非常高（5）	12	6.6
	比较高（4）	32	17.7
	一般（3）	68	37.6
	比较低（2）	44	24.3
	非常低（1）	25	13.8

二、明月镇农村医疗服务存在的问题及原因分析

（一）明月镇农村医疗服务存在的问题

通过问卷调查和实地访谈，了解到明月镇的农村医疗服务存在医疗人员数量不足、医疗设备落后不健全、医疗服务效果差、药品种类不齐全、医疗机构环境差以及医疗机构之间的协调度不高等问题，使得明月镇农村医疗服务明显滞后于时代的需要，具体表现为以下几点。

1. 医疗人员数量不足

通过表11-2、表11-4可知，明月镇的卫生院在医疗人员数量上比较缺乏，经常出现人手不够的情况，并且全科医生数量偏少，数量有限的医生难以应付突发事件的发生。在2019年之前，明月镇各村都至少有一名村医，但是由于明月镇各种条件限制，许多村医放弃在自己所在村的卫生室，转而到经济发展条件更好的地方开私人诊所或者从事其他行业。于是到目前为止，明月镇内仅有刘家庙村、红光村、长田坎村、人和寨村各自拥有一名村医，而白鹤咀村、竹河村这两个村已经没有人愿意留下来从医发展，同时外面的人也不愿意来到这些落后的地方开村卫生室或者去明月镇的卫生院上班。

2. 医疗设施不够健全

根据表11-3、表11-4、表11-6可知，明月镇的医疗机构设施比较欠缺，各村卫生室没有给病人配备相应的床位和休息的房间，无大型先进的医疗设备，只配备了简单的听诊器、血压器、温度计等设备，不利于村医做出正确的判断。乡镇卫生院的医疗设施总体不健全、种类不多样、数量不充足，如床位数量不能充分满足患者的需求。并且明月镇卫生院目前已有的一些医疗设备设施已经使用多年，已经陈旧、老化，档次低，在检查时降低了诊断的准确率，甚至造成误诊。通过表11-5可知，明月镇医疗机构的数量偏少。在村卫生室面临严重的生存危机的背景下，村卫生室数量逐渐减少，医疗配套设施不完善，无法满足村民日益增长的看病需求。

3. 医疗服务效果不佳

通过调查可知，明月镇居民主要的就医场所是乡镇卫生院和村卫生室，虽然相比县级医院更加便利、便宜，但通过表 11-6 可知，就明月镇医疗机构的治疗效果来看，乡镇卫生院和村卫生室的医治效果远不如县级医院，明月镇医疗机构的看病效果不尽如人意。如明月镇的村民至少要去村卫生室两次才能治好小感冒，而对于一些急性病和重大疾病，村卫生室无能为力，明月镇的卫生院只能进行一些简单易操作的手术，而对于复杂的手术，患者只能去往更大型的医院。明月镇内的乡村医生在诊治病状时喜欢凭借自己的经验进行治疗，因而在医疗设施有限的情况下经常出现误诊的情况。另外，明月镇许多医学人员在药品之间的配合使用方面不熟练，判断用药的数量也不是十分准确，并且在调查过程中发现部分医护人员存在冷漠、摆架子、不耐心的现象。

4. 药品种类齐全度低

根据此次调查发现，明月镇农村的卫生室目前存在药物种类不齐全、药物储备数量不足等问题，村卫生室只能给患者拿一些基本的药品，而对于急性病和重大疾病，村卫生室没有相应的药物对症治疗。明月镇的村民在特殊季节时，对某种药物的需求量增大，但村卫生室常常出现供不应求的情况，难以充分的满足明月镇村民的购药需求，并且在药物的治疗效果上也不如乡镇卫生院或县级医院好，患者每看病一次都要服用大量的药物，但最终的药物疗效不大，治标不治本。同时大多数村卫生室以西药处方为主，缺乏中药的相关知识，因此很少进购中药药材，导致村卫生室的药物种类不够丰富，难以满足明月镇农村居民的多样需求，使得部分村民选择到县级医院或者更大型的医院就诊购药。

5. 医疗机构内环境差

明月镇各医疗机构因缺乏管理，看病环境又乱又差。通过实地调查发现，明月镇医疗机构环境差的具体表现为：各村卫生室内的药品摆放不整齐规范，诊疗室内存在大量与医疗无关的杂物，无人打扫卫生，医生对医疗设施的相关消毒和清洁工作做得不到位，周围缺少绿化植被；明月镇内两个卫生院的厕所、柜台、桌面又脏又乱，病人床位没有及时进行清洁整理，卫生院周围的白色垃圾无人清理打扫，走廊上存在许多纸屑和烟头，植被无人管理，缺少美感。

6. 医疗机构间协作少

乡镇卫生院之间、村卫生室之间、乡镇卫生院与村卫生室之间缺乏合作、交流，协作性低。具体表现之一便是明月镇医疗机构的医务人员相互之间很少进行经验的共享和交流，工作时间都各自忙碌，没有专门抽出时间来交流各自的想法；并且不同医疗机构的医务人员私下也从来不进行交流或探讨医学问题，彼此陌生、排斥。具体表现之二是明月镇卫生院与村卫生室之间实现病人转诊十分困难，在村卫生室能力有限的情况下，病人如果想要顺利转到乡镇卫生室就医，该村卫生室的医生就会采取各种方法阻止病人的转移，提供超能力的服务；而当病人从大病情转为小病情需要从医院转到乡镇卫生院或村卫生室时，这些医生也会尽量让病人待在自己的医疗机构里，以免失去病人，减少利益的损失，因此明月镇的医疗机构之间彼此封闭，存在利益冲突、争夺病人的现象。

(二) 明月镇农村医疗服务问题的原因分析

1. 区域经济发展的不平衡

在城乡发展不平衡的背景下，许多资源集中在城市以及发展较好的农村，如基础设施、政策、国家财政、人才等，匮乏的医疗资源不利于我国乡村医疗服务的发展。因为地区的发展差异，导致落后的农村地区医疗资源匮乏，缺少基础设施和专业医疗人员，药品种类也不齐全。明月镇地处偏僻，镇内各村交通不便，经济发展水平低，劳动力大量流失，导致明月镇农村的老龄化问题十分严重、土地大量荒废、农业生产停滞，农民收入得不到保障，整体的经济发展水平降低，不景气的经济导致明月镇农村医疗资源明显不足，从而阻碍了明月镇农村医疗服务水平的提升。经济落后、资源匮乏导致没有人愿意留在明月镇的农村经营卫生室或者从医。明月镇条件艰苦并且收益不高，很多出身明月镇农村的人才，学业有成后也不愿再回到明月镇，导致明月镇留不住人才，也吸引不了人才，最后该镇缺乏医生，居民的看病需求无法得到满足，加剧该镇的居民流动，人口结构失去平衡。医疗资源分布的不均衡，使得城乡两极分化严重，社会不公加剧，不利于社会稳定。

2. 经济与医疗服务不匹配

农村经济的发展意味着个体经济的发展，而农村集体经济受到很大削弱。明月镇政府缺少对明月镇农村医疗设施的基本规划，即使有进行一些规划，也难以实施，因为经济大权掌握在明月镇村民自己手里，而不是集体手里；另一方面，明月镇的村民即使有足够的资金，也舍不得投入大量的金钱到医疗服务的设施上，而是寄希望于未来，总认为医疗设施是别人的事，希望依靠"大款""慈善家"或者政府来解决医疗设施的落后问题，这就导致明月镇的公共医疗设施规划不到位、明月镇的经济情况与医疗服务发展情况不对等，明月镇经济欠医疗服务的账太多，日积月累，造成明月镇医疗设施存在短板。

3. 村医工作量大、收入低

乡村医生是发展农村医疗服务、保障农村居民身体健康的主力军，医生自身能力和素质在乡村医疗服务的发展中扮演着至关重要的角色。在日益增长的医疗服务需求中，社会对乡村医生各方面提出了更高的要求。根据调查发现，明月镇各农村目前只有一个医生，他不仅担任赤脚医生的角色，还担任村干部的角色，面临着巨大的工作压力，赤脚医生成为"劳累"的代名词，社会地位降低，身份认同危机使得自身发展内生动力不足，疲于应对，消解其专业发展精力。然而，明月镇的农村医生身份是半医半农，同时还兼顾村务，工作负担大，但是实际获得的工资待遇却不尽如人意，繁杂的工作和较低的薪酬形成矛盾，使得明月镇农村医生对自身职业缺乏成就感和自豪感，村民对医生的怀疑又加剧了这种职业认同危机，使得村医的流动意愿较强；繁忙的村医工作导致越来越多的青年大学生不愿意到明月镇农村从医，使得镇医生数量十分有限，缺乏新鲜血液的注入，文化水平始终处在停滞阶段；工作量大导致村医容易忽视对医疗机构的建设和管理，环境卫生问题得不到足够的重视，阻碍明月镇农村医疗服务的发展。

4. 村医缺少基本保险体系

明月镇农村的村医目前只享受基本的养老保险，而没有基本的失业保险和工伤保险等，由于缺乏基本的保障体系，使得村医在创新方面难以大展拳脚，在行医的过程中承担着巨大的工作压力和心理压力；村医在给病人看病时常常如履薄冰、自主性得不到发挥，需要墨守成规，形成"不求有效，只求不出差错"的倦怠心理，专业发展受到限制，大大降低村医这一职业吸引力，导致出现人才流失、人才匮乏的问题，村医的流失或医务人才的流动必定会对各村的医疗服务发展带来不容小觑的影响。

5. 财政的投入力度不足够

由于政府的资金投入不够，导致农村卫生服务设施不完善、药品不完善、就医环境没有得到改善。明月镇的医疗设施不完善，导致医生很难处理更复杂的病症，甚至连后续的治疗都很困难，一旦出现突发病症，没有应对的能力，从而影响到病人的治疗。此外，由于明月镇大部分乡村医生都是知足常乐的状态，很少愿意花时间来提高技术水平，缺乏发展动力，工作热情不高，导致明月镇医疗机构存在人才匮乏、医术不精、服务质量不高等问题。基础医疗设施的薄弱导致了乡村医疗服务的落后，阻碍了乡村的发展，目前的农村卫生系统，可以说是陷入了"引不进、留不住、能力提不高"的怪圈。

政府对乡村特别是贫困乡村医疗服务的投入有所增加，但投入标准仍旧偏低。明月镇农村在医疗人员水平有限、结构老化的背景下，没有组织相应的教育培训，导致明月镇农村的医生很少参加定期的培训，自身知识难以得到及时的更新；并且培训大多流于形式，只是为了培训而培训，同时培训涉及的内容主要是理论知识，缺乏具体的实践教学，因此村医对一些先进的医学设备无法进行操作，使得村医落后时代潮流，能力低的村医在疑难杂症面前束手无策，难以应对层出不穷的医学挑战。

6. 管理、协同机制的缺乏

农村三级卫生服务网络是一个整体的网络，县、乡、村卫生机构功能的落实首先体现在三级卫生服务机构相互之间的协调和管理机制。此次通过调查发现，明月镇各医疗机构之间不存在协同关系，县、乡、村之间的协调关系已名存实亡，存在无序竞争，主要原因有两方面：一是县级相关医疗卫生服务部门缺乏对明月镇卫生院的监督和管理，没有相应的激励体制和考核体系，导致明月镇卫生院的医护人员工作积极性不高，卫生环境得不到重视；同时明月镇卫生院也忽视对村卫生室的技术指导和培训，医学人员之间没有互相交换意见、沟通合作，使得村医的能力、素质得不到提高，医治水平始终停滞不前。二是乡镇卫生院之间相互竞争医疗市场，往往从自身利益出发，表现出明显的功利主义倾向，加剧了医疗机构之间的冲突，不利于合作交流。

三、促进明月镇农村医疗服务发展的对策

（一）大力发展农村经济

经济发展的不平衡导致很多患者受限于自身的经济条件，不愿意或无力支付医生的出诊费用。在欠发展的明月镇农村地区，大量的劳动力外出打工，人口数量逐渐减少，医疗服务人口数量也明显减少，医疗服务功能减弱。因此要想促进明月镇农村医疗服务的发展，必须优先发展本地经济，明月镇的政府应该因地制宜，开发特色产业，增加就业机会，挽留劳动力，促进当地经济的发展，提高明月镇农村居民的生活水平。由于明月镇的地理优势，盛产梨子、枇杷、橘子、柚子、樱桃、李子等水果，华蓥市明月镇政府可以此为契机，利用便利的交通条件，把各种水果运往各地销售或者进行水果加工销售，提高农民收入，提高当地农村经济发展水平，从而促进明月镇农村医疗服务的发展。

（二）加强医疗机构建设

虽然各级政府对乡村医疗机构的基础设施及医疗设备投入了资金，但投入力度小，仍不能满足村民的医疗服务需求，特别是在一些偏远的贫困山区更是如此。对此，当地的政府可以加大对明月镇农村医疗机构建设的投入，适当增加村卫生室的医疗设备，合理配备乡村医疗专业设备，让村医在面对各种疾病时都能有相应的设备加以辅助、测量，这有助于提高村医的医治技术和水平，提高明月镇农村医疗服务的发展水平。鉴于我国幅员辽阔，农村人口分布极其分散，村村都配备大型的医疗设备成本过高，因此可以采用设备共享的方式，与相邻村舍进行设备共享，减轻资金压力。比如明月镇内的红光村与长田坎村彼此距离较近，两村的人口也较分散，两地的卫生室相隔不远，因此两村的村医可以相互合作，共担高成本的设备，共享设备。

另外由于明月镇农村的人口分布不均，就诊的距离参差不齐，因此可以适当增加村卫生室的数量，合理布局，尽量满足明月镇村民的看病需求，不断促进明月镇农村医疗服务的发展，体现公平性。各医疗机构应加强合作交流，明确职责分工。华蓥市的相关医疗卫生服务部门应加强对明月镇卫生院的管理和监督，激发医疗工作人员的工作热情，让明月镇医疗机构的管理人员意识到医疗机构建设的重要性；另外明月镇卫生院还要加强村卫生室的经验交流和工作合作，提高村医的医治技术，保障患者的转诊顺利规范，不影响患者的就诊时机。

（三）统筹不同药品需求

根据此次调查发现，明月镇医疗机构目前存在药物种类单一的问题，村卫生室只能给患者开一些基本的药品，并且明月镇的大部分村卫生室只能给病人开西药，没有进购中药药材，因此对于多样复杂的疾病，村卫生室并没有相应的药品可以进行治疗，使得许多村民迫不得已选择到大型医院就诊购药。针对此问题，明月镇农村卫生室应该适当丰富药品的种类，整体统筹不同患者的用药需求，对药品进行合理收费，尽量满足不同患者的用药需求。在注重药物数量的同时，还要重视药品的质量。时刻注意药物的保质期，保证药品来源渠道的合法，不可因为一时贪利而选择进购不正规的药品，为村民提供高质量的看病效果和满意的看病体验。

（四）营造良好看病环境

医疗机构为患者提供良好的诊疗环境，机构内部的草坪、花园等绿化建设可以给患者们带来愉悦、安心的感受。根据调查显示，明月镇的卫生院和村卫生室的就医环境一般，因此，明月镇医疗机构的管理人员应该注重改善医疗机构环境，重视室内外的绿化，营造自然生态美；安排相应人员对医疗机构的基本卫生进行打扫管理，内部物品布置摆放规范有序，优化诊所环境；同时医疗机构还可以通过发放有关保护环境的海报、宣传单、手册等方法，提高患者和医生的环保意识。良好的环境不仅有利于从精神上安抚患者的情绪，而且也能减轻患者身体上的疼痛，是治疗手法一部分。干净整洁的就诊环境有利于患者心身愉悦，加快病情的好转，为满足患者的精神需求，可以在环境设计中引入具备生活气息的物品，比如增设盆栽、放置书籍等，给患者留下良好的印象，有助于提高当地医疗机构的整体形象。

(五) 加强医生队伍建设

乡村医生队伍面对的是处于弱势群体的人们，这就决定了乡村医生队伍的基础医疗水平必须有所提高，因此加强乡村医生队伍建设是必然的。由于明月镇环境差、薪酬待遇低、发展机遇少，当地医生有流动的想法，年轻人来此地从事医疗服务工作的意愿低，明月镇农村医疗服务人才严重不足。

对此，政府应努力提高明月镇农村医生的工资待遇，考虑统一乡村与城镇医生的待遇，或者缩小乡村与城市之间的收入差距；其次，政府可以完善相关政策体系，根据实际情况进行政策鼓励和经济补贴，以此来支持更多的人到明月镇农村从医，吸引外来人才，为明月镇农村的医疗服务注入新鲜血液，改变目前明月镇农村医生年龄结构偏老、数量少的问题；保障医生享有健全的基本保险体系，使得村医自主性得以充分发挥，促进自身专业的发展，有利于挽留医学人才，稳定、壮大明月镇农村医疗服务队伍；最后，新闻媒体应加强对乡村医生这一崇高职业的宣传，使得社会各界认可乡村医生这一职业，提高其社会地位，提高乡村医生的职业吸引力，让更多有意向的从医人员援助明月镇的医疗服务，鼓励医学生去明月镇或者其他农村地区的卫生院、卫生室实习工作，打造乡村本土的医疗服务队伍。

(六) 提高乡村医生能力

由于政府没有对乡村医生队伍进行规范化的管理，只是在大方向进行相应的引导，乡村医生队伍建设还有许多需要完善的地方。我国当前乡村医生由于学历、职称偏低，且未经过系统培训，使得自身职业能力不足，只有57.8%的乡村医生认为自己目前的知识足够开展基本医疗服务工作。并且，目前高等院校，尤其是重点医学院校并没有开设乡村医疗服务体系的课程，使得学生对乡村地区的医疗服务情况并不了解，在援助乡村地区医疗服务工作中遇到了很大阻碍。据调查显示，明月镇的村医大多是中专文凭，文化水平偏低，因此明月镇的乡村医生应当参加定期的医疗培训，与不同的医学人员交流合作，以此来不断提高自身的医治能力和文化水平。其次，在培训过程中乡村医疗工作人员态度要端正，重视培训的实际效用，促进自我发展。另外，培训内容不仅需要涉及理论的学习，还要兼顾实际的操作，使绝大多数医生有能力使用先进的医疗设备，能够灵活处理复杂多变的病症；最后，利用"互联网＋教育"，使得医生能够边学习边工作，在线接受培训和教育，不断提升能力，提高医治水平。

四、结　语

医疗服务是重大民生工程，也是群众最直接最现实的利益。然而由于城乡发展不均衡，农村医疗服务发展相对滞后。普遍村民对乡村医疗服务水平持怀疑态度，并且由于总体的医疗资源有限，乡村医院往往没有配备先进的医疗设备。赤脚医生的产生是政策，更是农村的需要，是不可避免的选择；赤脚医生的消亡是必然的，也是无奈的结果。然而，随着社会的发展，赤脚医生的地位受到挑战，农村医疗服务无法满足民众日益增加的需求，村民看病的积极性受到压制。关注贫困地区，健全医疗服务体系，引入医疗卫生人才，增加农民收入是改善其医疗服务能力的关键。针对明月镇农村医疗服务的现状进行调查分析，了解到明月镇农村医疗服务发展存在的问题及原因，再根据已有的文献记载，本文提出了一些可行之策。

针对农村医疗服务存在的问题，人们应该全面、客观的分析看待，农村的医疗服务问题由多种因素共同造成，为了解决这些问题，更多政策应该向农村、赤脚医生倾斜，提高村医的社会地位和医治技术，改善医疗机构的环境，完善医疗设施。最重要的一点是，要想彻底解决农村医疗服务存在的问题，不仅要靠政府单方面的努力，还需要全社会的共同努力。

【参考文献】

[1]李昌和.农村社区卫生服务体系建设现状、问题及对策探讨——以陕西省为例[J].理论导刊,2018(11):65-70.

[2]何文秀.探索乡村级卫生人才短缺的原因及对策[C]//中国武汉决策信息研究开发中心决策与信息杂志社,北京大学经济管理学校."决策论坛——区域发展与公共政策研究学术研讨会"论文集(上),仪征市人才交流中心卫生人才分中心,2016.

[3]林闽钢,张瑞利.医疗服务体系的纵向整合模式及其选择[J].苏州大学学报(哲学社会科学版),2014(4):15-20.

[4]Li Wen. Research on the Model with the Combinatoin of Medical Treatment and Endowment in Rural Area Under the Rural Revitalization[C]//2019 5th International Conference on Education Technology, Management and Humanities Science,2019.

[5]Kodner D L, Spreeuwenberg C. Integrated Care: Meaning, Logic, Applications, and Implications: a Discussion Paper[J]. International Journal of Integrated Care, 2002, 2(Nov 2002):e12.

[6]姜峰.英国国民健康服务体系(NHS)的建议及其影响[J].许昌学院学报,2011,(06):114-118.

[7]高芳英.美国医疗保健服务体系的形成、发展与改革[J].史学集刊,2010,(06):10-17.

[8]张雪,杨柠溪.英美分级诊疗实践及对我国的启示[J].医学与哲学(人文社会医学版),2015,(07):78-81.

[9]陈浩,陈婧,张哲.印度医疗卫生体系浅析及对我国的启示[J].首都食品与医药,2013(24):12-13.

[10]李静.新农合制度下农村医疗服务质量保障研究[D].山东师范大学,2014.

[11]刘津,张明.定期巡诊与农村医疗服务水平提升的经验启示[J].经济研究参考,2022(02):40-45.

[12]陈静.我国农村公共医疗服务供需问题及对策研究[J].安徽农业科学,2015,43(4):335-337.

[13]郑小华,胡锦梁.四川省农村医疗卫生服务能力现状及对策分析[C]//中华医学会第二十一次全国医学信息学术会议论文汇编,四川省医学科学院,2015:560-562.

[14]魏有焕.农村公共医疗服务均等化研究——以湘潭市为例[J],农村经济与科技,2019,30(21):242-244.

[15]魏明杰,刘雪仪,钱东福.农村医疗服务纵向整合影响因素研究——以江苏省为例[J],中国卫生政策研究,2017,10(4):31-36.

[16]赵利雅,佟晓露.健康中国视角下驻村工作队促进新疆农村医疗卫生服务发展研究[J],中国医学伦理学,2018,31(7):919-922.

[17]周淑娟,韦波.整合型医疗服务体系评价考核现状、问题及建议[J],中国农村卫生事业管理,2022,42(1):21-26.

[18]杨舒敏.贫困地区农村医疗服务问题研究[D].南京工业大学,2017.

[19]微苏达.老挝农村医疗服务供需问题研究——以万象省为例[D].广西民族大学,2018.

[20]魏明杰.农村医疗服务纵向整合利益相关者分析和演化博弈理论模型研究[D].南京医科大学,2017.

[21]丁楠伟.乡村振兴战略下农村医疗服务供给问题研究——以浙江省嵊州市为例[D].浙江工商大学,2018.

[22]中华人民共和国民政部编.中华人民共和国政区大典　四川省卷[M].北京:中国社会出版社,2016.

[23]丰燕,聂宇航.美丽乡村建设中的医疗卫生设施规划研究——以荆州市沙市区为例[J].设计与案例,2019(21):98-99.

[24]戴荣里.乡村振兴中的农村医疗问题[J].新理财(政府理财),2020(Z1):81-84.

[25]姜楠.中国医疗题材纪录片伦理问题研究[D].山东师范大学,2021.

[26]沈婉婉,童恒利,鲍勇.新医改形势下东中西部地区医院环境评价及改进研究[J].中华全科医学,2015,13(10):1559-1561.

[27]周丽娜.乡村医生队伍建设存在的问题及对策[D].黑龙江大学,2021.

[28]李婉露.乡村振兴背景下乡村医生卓越化发展路径[J].中国农村卫生工业管理,2021(08):554-557+562.

[29]岳芙蓉,梁冲,刘星星.乡村振兴战略背景下乡村医疗人才培养探究[J].黑龙江科学,2021,12(5):142-143.

[30]刘哲荣,王博涵.乡村医务现状调查与对策分析[J].产业与科技论坛,2021,20(13):73-74.

[31]杨立群.赤脚医生——那个时代的背影[D].山西大学,2015.

[32]路冰清,曾文麒,陶文娟,等.基于医生视角的四川省基层医疗服务能力现状及影响因素分析[J].中国卫生政策研究,2019,12(08):31-36.

第十二章 宜宾市古宋镇农村公共产品供给存在的问题及对策分析

党和政府历来高度重视"三农"问题,而"三农"问题的短板之一就是农村公共产品的供给,农村公共产品的有效供给,直接影响着我国乡村振兴的进程。在农村地域内进行公共产品的有效供应正日益成为乡镇政府的首要任务。农村公共产品的有效供给不但有利于农民经济收入的增长,而且能够不断提高人民的幸福感和生活质量,对减小城乡之间的差距、推动农村经济发展具有重要意义。但是,随着我国农村经济和社会的持续发展,农民生活水平也在不断提高,农村公共产品的供给问题也越来越突出。因此,农村公共产品的高效供给日益成为当前农村工作的重中之重。四川省宜宾市兴文县古宋镇的农村公共产品供给有一定的积极作用,但仍存在着许多弊端。如何解决农村公共产品供给存在的问题,促进本地农村经济的发展,成为宜宾市古宋镇政府需解决的问题。

一、农村公共产品供给的基本概念

(一)公共产品

所谓公共产品是相对于私人物品而言的。根据萨缪尔森对公共产品的严格定义,公共产品具有非排他性特征,即在社会成员使用同一公共产品时,他们不存在竞争关系,也不会导致这一公共产品减少。日常生活中常见的环境保护、医疗卫生、教育服务、社会服务等都是公共产品,它不会影响人们对它的消费,也不会造成相互之间的利益冲突。比如环境的保护是需要大家来保护,同时自己也是环境的受益者,更好地保护环境,也会更加的造福人们自己。所以,对于公共产品的保护与爱护也是有助于更好地享受公共的生活环境。

(二)农村公共产品的内涵与分类

根据公共产品的界定,农村公共产品与私人产品有区别,是用以满足农民和乡村社会的公共需求的,并具有一定的非排他性和非竞争性,且涵盖了广泛的领域,如:农村公共服务、公共事业、公共设施、公共福利等。农村公共产品主要用于满足整个农村的社会需求,同时,也是为了满足人们对自己和社会的需要,根据需要将其划分为生产相关和消费相关。生产性的公共产品主要是针对农村自身的生产能力以及基础建设,消费性的公共物品主要与农民所需产品的消费有关。主要的农村公共产品还是主要包括公共基础建设、义务教育制度、医疗体系完善以及社会制度的完善等几个方面。

二、宜宾市古宋镇农村公共产品供给现状分析

宜宾市古宋镇,隶属于四川省宜宾市兴文县,地理位置相当便利,地处兴文县中部,

东边与叙永县相邻,南边连接麒麟苗族乡,西边靠着共乐镇、僰王山镇,占地面积220多平方千米。2020年,古宋镇被划分为12个社区和33个行政村。2019年,古宋镇有148家工业企业,其中34家规模较大,121家营业面积在50平方米以上的普通商店及超市,经济发展比较的活跃。各方面的发展,使得古宋镇在建设一个全面的社会主义现代化国家方面迈出了新的一步。本文从古宋镇近年来的乡村公共产品供应状况入手,归纳如下。

(一)公共产品资金投入情况

经济基础决定上层建筑,资金的投入对公共产品的供给是十分重要的,只有在充足、完善的资金条件下,公共产品才能够得到持续且有效的供给。通过查找兴文县官网的数据,整理得出宜宾市古宋镇2022年的支出预算情况表,见表12-1所列。

表12-1 宜宾市古宋镇政府2022年支出预算情况

项目	一般公共服务	文化旅游类	社会保障和就业	卫生健康	节能环保	城乡支出	农林水	交通运输	住房保障	灾害防治及应急管理
政府支出预算额	1458.02	12.85	280.37	41.91	296.13	426.37	2691.38	66.76	199.67	35.89
占比	26.46%	0.23%	5.09%	0.76%	5.37%	7.74%	48.85%	1.21%	3.62%	0.65%

资料来源:由《兴文县古宋镇人民政府关于2022年部门预算编制的说明》整理所得

从《兴文县古宋镇人民政府关于2022年部门预算编制的说明》得知,兴文县古宋镇人民政府2022年财政拨款收支总预算5 509.35万元,与2021年的收入和支出预算总额相比,比2021年收支预算总数增加了1 407.24万元,主要是由于人员经费的增加。其中公共产品供给类经费有这几个方面:文化与旅游、基础设施建设、医疗卫生建设、生态环境治理经费支出、垃圾处理厂遗留问题、饮用水资源保护开支、全镇范围内乡道和村道日常维护费用、各村农村的道路安全防护,占比较小,其余大部分都用于支付工资,侧面上反映了古宋镇公共产品供给资金供给相对较少,还应该加大资金的投入。

(二)公共产品供给情况

1. 公共基础设施情况

近年来,古宋镇大力推进景观整治和美丽乡村创建工作。在公共基础设施方面,目前古宋镇已经完成了水利工程的建设和乡村水渠的项目,并对各个乡村进行供水;在乡村道路建设上,已经陆续完成了万寿场社区、星火村、阳光村等19个村落的总设301公里的道路建设,在2020年还建成江安县迎安镇至兴文县古宋镇的公路,全程有76.14公里,途经8个镇,带领沿线乡镇的经济发展,沿途乡镇的经济也可以发展自身特色的经济项目,促进农村公共产品的进一步发展与完善。通信设备方面,全镇通信网、手机、网络等设备均基本全面覆盖,设备齐全。

为加快硬性基础设施建设,如加固农村公路、农田水利、建设农村电网等,在2021年的1月30日,在政府的组织和动员下,历经3个月时长完成了古宋镇百家渡社区的道路规划和建设,解决了该社区360多个居民的出行问题,解决了道路不平、雨天积水的问题,这也为乡村的振兴提供了条件。但是,从古宋镇旧的主干道上看,仍然有许多需要后期调整和修补的，还有农村的道路质量也是需要再改善的。

2. 公共事业情况

在医疗卫生方面，2019年和2020年古宋镇政府连续两年都专门提到了医疗保障制度的实施，并将医疗相关事务进行重点宣传。古宋镇也积极响应国家和政府的号召，每家每个人都购买了新农村医疗保险，并将个人信息进行网络注册登记，建立家庭的医疗档案，每年都会根据农村的具体情况而有所更改，加强了人性化的服务，同时还建立快速通道，为敬老院、低保人群和贫困户等特殊人群进行特殊化的管理，并对其的基本状态进行实时的了解。

在义务教育方面，为深入贯彻落实兴文县委、县政府《关于解决农村学校突出问题加快义务教育均衡发展的意见》，加快农村学校后勤管理标准化建设步伐，在全市建设了15所农村寄宿制学校，其中2013年4个，2014年6个，2015年5个，寄宿制学校大河苗族乡中心校宿舍楼、莲花初中宿舍楼、仙峰苗族乡中心校宿舍楼已经竣工，麒麟苗族乡新坝学校宿舍楼正在修建中。2021年12月19日，古宋镇为推进农村义务教育工作多次组织现场会，安排部署不同时期教育工作。古宋镇将教育放在首位，重视提高教学质量，加大对学校基础建设的投入，保证了学生在校内的基本生活和学习环境质量。

3. 公共文化服务体系建设情况

加强农村地区的公共文化服务，既能满足广大村民对农村公共文化产品的需求，又有助于实现和维护农民群众自身的基本文化权益。当前，宜宾市古宋镇在经济发展的推动下，村民的生活条件日益向好，在文化方面有了更高的要求。对此，农村公共文化服务的供给除了政府购买的书籍等，还包括部分群众自己组织的文娱活动。近年来，古宋镇政府也更加重视文化服务体系的建设。通过实地走访发现，古宋镇有一个文化体育中心，一个农民书店和一个运动场。同时，还举办了各种文化和体育活动，与其他乡镇联合举办了年度篮球赛和农民趣味运动会，开展农村公益电影放映、教育培训和科普宣传讲座等活动，极大地丰富了人们的精神生活，同时也更加完善了政府在公共服务方面的职能。

公共产品供给的多样化是提高供给水平和效率的重要途径，也是社会主义市场经济的客观要求。随着人们生活水平的不断变化，在宜宾市古宋镇，近年来农村公共产品的供给主体也发生了变化。现在的趋势是，不再是单一的供给结构，而是多样化的供给结构。宜宾市古宋镇目前的公共产品供给在以上一些方面虽然有所成就，但是仍需进一步发展和完善。

（三）宜宾市古宋镇农村公共产品供给的群众满意度与需求偏好情况

1. 调查问卷的设计与调查实施情况

本问卷调查了两个主要方面，一是受调查群体的基本情况，二是受调查群众对古宋镇当前乡村公共产品供应情况的满意度以及需求偏好的情况。此外，问卷主要调查了居住在城镇周围、人口分布较为密集的村社，随机对其中的100名村民进行的调查。分发了100份调查问卷，收回100份。

2. 被调查者基本情况

表 12-2 为调查对象的基本特征。

表 12-2 被调查者的基本特征

个体特征	类目	数量（人）	百分比（％）
性别	男	46	46
	女	54	54
年龄段	18 岁以下	17	17
	18～40 岁	46	46
	40～60 岁	31	31
	60 岁以上	6	6
受教育程度	小学及以下	25	25
	初中	30	30
	高中或中专	21	21
	大专	4	4
	本科及以上	20	20
家庭人均月收入	300 元以下	15	15
	300～800 元	30	30
	800～1500 元	30	30
	1500 元以上	25	25

如表 12-2 所示，本问卷的受调查对象的性别组成基本持平；其中占比最大的为 18～40 岁的村民，占比 46％，证明当前受调查者多为青壮年；在文化水平方面，学历为初中及以下的占比为 55％，说明有一半以上的被调查者存在文化水平不高的情况；最后是关于收入方面的调查，有 45％的家庭的人均月收入低于 800 元。通过这些数据可以使我们对宜宾市古宋镇公共产品的享用者有 个大致的了解。

3. 被调查者对古宋镇农村公共产品供给的满意度与需求偏好分析

（1）群众满意度情况

群众满意的公共产品供给才是最为真实有效的公共产品供给，通过本次对群众满意度的调查，可以在一定程度上反映出古宋镇当前在公共产品供给方面的成效。

据问卷所得的数据资料来看（如表 12-3 所示），在对当前的公共产品供给的满意度调查中，不太满意的人员占比为 38％，而不满意的人员占比为 20％。在教育等各方面公共产品的供应情况的意见调查中，大多数的受调查者都秉持不太满意和不满意的意见，由此可以看出，古宋镇目前在公共产品供给的工作中还存在较大的问题，并未获得较好的群众反响，因此古宋镇的政府应当改进工作方法，进一步优化各类公共产品的供给。

表 12-3　居民满意度调查统计　　　　　　　　　　　　（单位：%）

项目	非常满意	比较满意	不太满意	不满意
您对当前农村公共产品供给现状的评价	10	32	38	20
您对农村义务教育总体评价	15	30	32	23
您对农村医疗服务水平总体评价	15	28	36	21
您对农村道路建设总体评价	18	25	30	27

（2）群众需求偏好分析

在"当前农民和农村最需要要素（多选）"一问中，"农业科技服务""医疗卫生服务""公共文化服务"最受村民关注，证明当前村民对这三方面的服务较为需要，所以，古宋镇的政府应对这三方面的供给加以重视，提供更为优质的服务，如图12-1所示。

（单位：%）

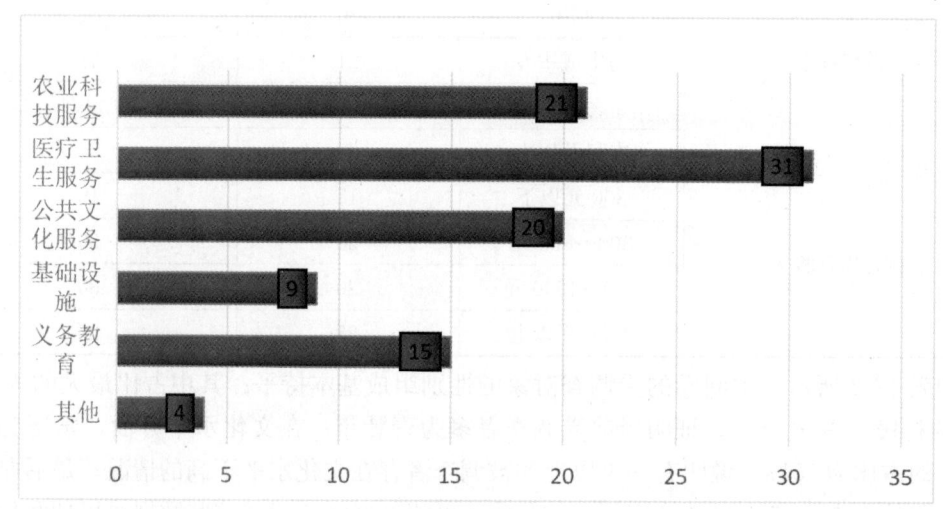

项目	比例
农业科技服务	21
医疗卫生服务	31
公共文化服务	20
基础设施	9
义务教育	15
其他	4

图 12-1　"当前农民和农村最需要要素（多选）"答案统计图

资料来源：问卷调查

如图12-1数据所示，发现古宋镇的居民对目前的公共产品供应状况都不甚满意，说明古宋镇的公共产品供应状况还存在着一些问题。而且可以看出当地群众更为注重"农业科技""医疗卫生""公共文化"等方面的服务供给，说明以上方面是古宋镇村民当前最为需要的公共产品，这就需要政府机关有针对性地制定完善的对策，以满足民众的需要。

三、宜宾市古宋镇农村公共产品供给存在的问题

（一）供给数量不足，质量参差不齐

见表12-4所列，古宋镇农村公共产品的供给数量在各方面都有所体现，但仍有需要改善的地方，比如供水站、卫生院等的数量还可以增加，为村民提供更好的服务。通过数据整理还发现，敬老院的人数较少；仅有七个村通自来水。因此，古宋镇在公共产品供给数量方面还应继续完善。特别是随着数量的增多，质量也出现了更多的问题。比如古宋镇设置了许多垃圾回收站，但有的只是在那里当作摆设，并没有真正的利用起来，这大大降

低了垃圾处理的质量。在健康方面，村里的医疗服务非常少，医生也很少，技术水平不高，不能够满足当地村民的就医需求，若是有严重一点的情况，他们必须立马前往市或者其他大医院。尽管古宋镇在道路、电力、饮用水和其他基础设施方面进行了投资，但质量很差，经常出现问题，居民对此也感到不满。因此，供给数量不足，质量参差不齐，导致了居民满意程度较低。

表12-4 宜宾市古宋镇公共产品供给数量情况

项目	县属中学	九年一贯制学校	小学	卫生院＋敬老院	体育馆	供水站	银行、信用社	集贸市场
数量	3	3	35	3＋1	2	2	6	8

资料来源：由兴文县古宋镇简介数据整理所得

（二）供给结构失衡，供给效率低下

在分配资源时，政府很少关注农村人口的实际需求，其结果是供给结构不平衡，农村地区的公共产品供给效率低下。古宋镇的公共物品供应，其重点不应只是"硬"的产品供应，还要注重"软"的产品供给，目前在这方面还存在着供应结构不平衡的现象。大多数政府官员根据自己的喜好，而不是根据农村居民的直接需求来提供公共产品的数量和类型。同时在基础教育方面，农村地区的教学质量不高，相关设施也不齐全，他们只能将自己的孩子送到当地县城上学。

另外，宜宾市古宋镇的文化设施也比较齐全，但都是遵从上级的要求，或者是政府的指示，并没有考虑到使用者的实际需要，所以大部分的公共设施都处于闲置状态。其中，在农家书屋的使用方面表现得尤为突出，有诸多条件限制村民，不方便村民借阅；有的门虽开着，但这些书已经落满灰尘，更没有人愿意借阅。而当地村民之所以不愿意借阅书籍，一是因为他们不能理解，二是他们认为这些书籍对他们来说没有任何意义。另外，诸如文体活动中心、综合文化站、文化广场等，大多数都是村民们用来晾晒庄稼、堆砌建材的，很少用于公共文体活动。广场舞、唱歌等广受大众喜爱的活动，因没有设立专门的场所，群众只能靠自己来寻找合适的场所。

通过以上分析我们可以发现，农民和农村可持续发展的公共产品非常缺乏。地方政府对"软"公共产品的生产缺乏积极性，在农村地区，公共产品的提供存在结构性的不平衡、公共资源浪费等问题，供给效率大大降低，这不仅影响了村民的切身利益，而且还限制了当地经济的发展。

（三）管理方式不当，政府职责不清

古宋镇在使用公共资源时，缺乏有效的管理方式。首先是缺少有效的监督机制，在财政资金的使用中存在诸多问题，造成了公共产品供应低效。政府往往注重公共产品的初期建设，特别是基础设施的建设，但忽视了后续的维护和相关服务的提供，导致农村地区公共产品的质量和使用出现问题。如古宋镇修建了许多路灯，特别是过年时，处处都很漂亮，但随着时间的推移，路灯往往会损坏，却长时间得不到维修。其次，古宋镇目前对公共产品供给实行的依然是"自上而下"的供给决策方式，农民真实的需求得不到充分表达，自身的利益诉求也得不到满足，他们只能被迫接受政府给予的供给。同时农民也没有

上访的渠道与所在地政府反映问题，这种单纯依靠政府从上到下供应的方式，缺乏一定的灵活性与交互性，造成村民同政府之间缺少一定的交流和互动，所以古宋镇的村民难以享受到适合自己需求的公共产品及服务，并且上下沟通的缺失还造成了公共资源浪费和供给效率低下的问题。除此之外，各供给主体之间出现了权责不明的现象，乡镇政府所承担的范围远远超出了自己的水平，有些产品根本不应该由政府来提供，由此导致了供给效率低下。

（四）供给形式老套，供给主体单一

宜宾市古宋镇绝大多数的公共产品都是政府负责提供，而政府工作人员中并没有专门负责公共产品供给的，他们只会选择以前老旧的供给模式，久而久之，他们的供给方式就变得越来越落后，越来越难满足村民不断增长的需求。古宋镇的供给主体也逐渐出现多元化，主要包括镇级以上的政府、村民等，但总的来说，还是主要以市政府为供给主体，因为古宋镇政府缺乏供给的自主性，很多时候还是按照上级的指示来采取行动。不论是古宋镇的企业还是个人，他们更希望自己的需求能在对他们来说必要的公共产品上得到满足，而不是那些对他们来说不必要的公共产品。同时，在调查中发现当地居民的收入水平普遍较低，不难发现当地的经济发展水平不高，因此很难有除财政支出以外的其他资金来支持公共产品的供给，所以除了政府主导以外，难以寻求社会、市场以及个人的力量提供更好的公共产品服务。

四、宜宾市古宋镇农村公共产品供给问题的原因分析

（一）城乡二元结构影响，基层政府财力匮乏

兴文县是宜宾市的一个贫困县，而古宋镇作为兴文县下辖的一个乡镇，其经济发展水平不高，几乎所有的公共产品都是由地方政府来提供，而地方政府在这方面的资金大部分都是来源于上级的拨款，所以即便是政府想要增加产品供给，也是心有余而力不足。长期以来，国家的政策倾向于城市，农村容易被忽视，这是城市和农村地区之间在提供公共产品方面存在差异的主要原因。因此，在城市，公共产品的供给要高于乡村。由于各级政府对古宋镇的资金投入力度不足，其申请资金的困难程度高于城区的乡镇，在供给数量和质量上也远远落后于市区的乡镇。因此，政府由于资金不足，不重视公共产品的投入，公共产品的供给无法满足农民的现实需要，农村公共产品与公共服务匮乏。

（二）产品供给自上而下，缺乏需求表达机制

古宋镇的农村公共产品供给形式仍然是"自上而下"的形式，因此农民群众没有办法表达自己的诉求，实际需求也得不到满足，政府的决策根本无法完全代表民意，农民的参与程度也很低。由于意见和表达机制的不对称，农民丧失了集体发言权，从而缺乏参与公共产品供给的积极性。确保农村公共产品的提供满足农民的需求，那么无疑必须要有农民的实际参与，充分表达自身的需求。然而，在古宋镇的实际工作中，依然存在"搭便车"的观念，大多数农民缺乏对政府提供的公共产品提出意见的有效途径。比如古宋镇的乡村书屋，政府投入了大量的资金，但是在建设期间，政府没有对所在村域的群众需求进行了解，群众只能单纯接受政府的好意，但政府并不知道这种供应是否满足了村民的需要，所

以在乡村书屋建成后,实际使用率极低,导致了大量资源的闲置和浪费。

(三) 决策机制不够科学,地方政府职能不足

现阶段,宜宾市古宋镇农村公共产品供给的决策体系不稳定,决策方式仍然是"领导说了算,群众办事",农民无法表达诉求。这种供给决策方式并不能反映农民的真实需求,是一种不够科学的决策机制。此外,随着中国财税体制的改革,农村公共产品的供给责任被转移给下级政府,特别是县市级政府,而县市级政府财政预算不充足,无法承担提供这些产品的责任,造成各级政府的财政和行政任务不匹配。古宋镇政府不能随意动用每一笔资金,缺乏财政支配的自主性,每次开启项目时,都需要多次向上级提出申请,需要等待审核通过后才能行使财政自主支配权,此外资金使用还不能超过一定限额,镇政府的财政资金由此受到了一定的限制,政府的工作积极性也大大降低了。

(四) 产品供给流于形式,多元主体协同受阻

古宋镇的公共产品供应方式陈旧,这是由于基层政府的财政压力过大,没有足够的资金进行改革;除此之外,政府对公共产品供给的关注度不够,往往在执行过程中遵循旧的程序,如此这般,难免会让人觉得枯燥之味。通过实地调查走访发现,很多村民对公共产品供给并不知情,甚至政府工作人员自己都不太清楚,普通群众自己更是想不到要参与供给。有效的供给离不开政府、市场和个人三大主体的协同合作。在公共产品的供给主体方面,由于多元主体自身的局限性,市场难以进入,农民也逐渐退出,民众对农村公共产品的需要日益增加,很明显,政府在农村公共产品供给上的投入不足,主体仍然存在单一的现象,这不利于农村地区公共产品的提供。

综上所述,古宋镇的整个公共产品供给机制不够完善,这将不利于整个地区公共产品的有效供给,无法满足群众的需求,调动农民的生产积极性。

五、提高宜宾市古宋镇农村公共产品供给水平的对策

(一) 加大财政投入力度,拓宽资金来源渠道

目前,宜宾市古宋镇公共产品供给的资金来源是以上级政府财政拨款为主,少部分是镇政府自己多方筹资,但在古宋镇范围内能够筹集到的资金实在有限,可以通过建立公共财政体制,把一些关乎农业发展全局性、战略性的公共产品列入公共财政范围内。政府应该加大基础设施、义务教育、医疗保障等公共产品的财政投入,这样才能为民众提供他们所需要的公共产品,健全公共财政的体制,增加透明度,减少财政拮据。同时,为了获得更加充足的资金就必须拓宽资金来源渠道,一方面,除了通过政府财政预算拨款购买公共产品以外,也可以从市场上筹集社会资金,并通过社会渠道,将社会义工和慈善机构的资金用于有需求的村庄,拓宽资金来源的多元化。另一方面,大力发展产业,镇政府应该鼓励农家乐项目建设、制造业、农副产品加工等产业的财政投入,同时大力发展特色生态经济,因地制宜发展高品质经果林、特色养殖、高产纸浆竹等区域特色产业,加强旅游业的发展,推动新型农业现代化,以此带动经济发展,促进公共产品的有效供给。

(二) 健全需求表达机制,实现需求导向供给

古宋镇政府积极供给公共产品,但因为没有深入了解群众的迫切需求,导致供给效率

低下。农民的需求偏好是实现公共产品最佳供给的关键因素。古宋镇公共产品的供应，应当构建政府与基层群众之间双向的需求表达机制，从而使村民在特定的渠道中充分表达自身的需要。要了解群众的需要，就需要了解他们的意见，让他们的意见能及时地传达到决策者的耳朵里，古宋镇可以通过"聚焦古宋"的微信公众号，在公共平台上发布古宋镇的活动和宣传信息，利用新媒体，充分了解村民生活。由于村民的法律意识比较淡薄，可以设置相关部门维护他们的权益，还可以鼓励和引导公民对政府进行监督，增强政府公信力。因此，农民在反映自己对乡村公共产品的需要时，能够得到政府或其他提供主体的响应，充分满足他们合理的需求，能够为整个社会的发展提供一种获得感，乃至是幸福感。

（三）优化供给决策机制，明晰政府供给职责

为了满足村民对公共产品供给的需求，古宋镇政府需从自身寻找出路，建立科学的决策机制，提高决策的科学性和公正性。要坚持以农为本，切实做好符合古宋镇农民需求的决策；完善决策的程序，古宋镇政府也不能盲目答应村民的需求，可以通过实地调查，深入了解农民群众，从而采取正确的决策，建立与农民群众之间有效的诉讼表达与回应机制。同时，农村村委会，包括各种农民组织，应该在这个过程中发挥作用，成为表达农民愿望的有组织的渠道。在保持政府在农村公共产品供应中的主导作用的前提下，必须重视其他社会组织参与供给决策的重要性，避免古宋镇在供给过程中出现供应主体缺位的情况。要大力推动农村民主体制的建设，强化基层党组织的功能，完善民主决策、民主管理、民主监督，以满足广大农民的需要。此外，古宋镇政府财政权力较少，上级政府可以对其职责进行明晰，尽可能地协调财政和行政权力，划分好权限问题，提高供给效率，满足农民的需要。

（四）创新产品供给方式，培育多元供给主体

近几年，古宋镇的农村公共产品的供给主体主要是政府，镇政府供给的范围主要是镇中心的区域，如靠近兴文县城的地方，而对下面的行政村投入供给较少，这给财政带来了巨大的压力，也存在许多问题，因此对传统的供给方式进行创新是很有必要的。一方面，镇政府应大力支持各行政村的公共事业，加大资金投入，建立政府主导下的包括政府、市场、村民的多元化供给模式；另一方面，从制度上明晰哪部分公共产品由中央政府提供，哪部分由地方政府提供，哪部分可以由当地村民或市场来提供。此外，在公共产品供应方面，由于政府的财力有限，应注重市场经济因素的参与，同时做到公平公正，尽可能广泛地利用市场机制，在农村公共产品的供应上采取市场化的方式提高供给的质量和有效性。古宋镇政府可以通过市场、社会等多种方式优化资源配置，构建由国家采购、市场、社会三方联动的公共产品服务体系，构建多元化、社会化的公共服务供给体系。因此，更多的社会因素应该被引导到古宋镇农村地区的公共产品的提供上，如图12-2所示。

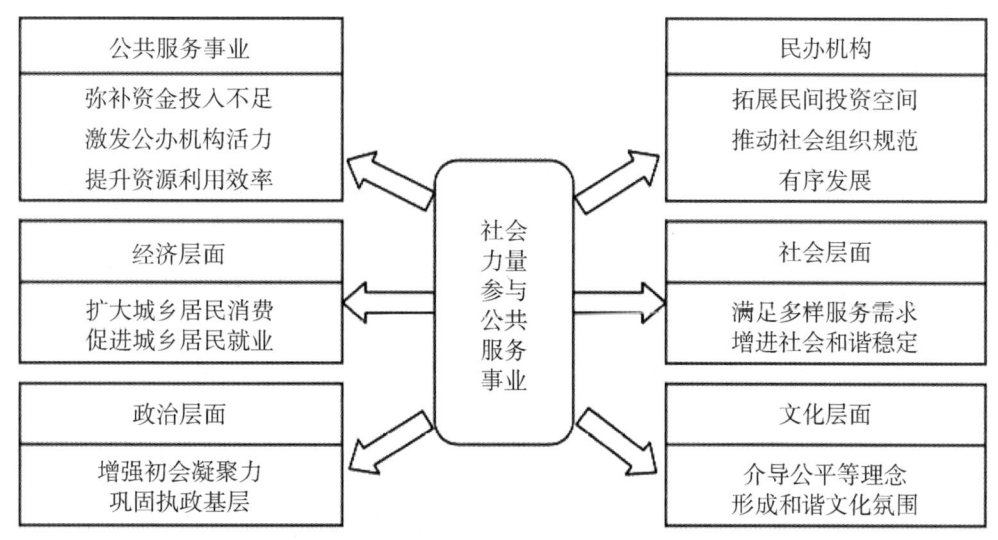

图 12-2 社会力量参与公共产品的功能效应

六、结　论

通过对宜宾市古宋镇农村公共产品的调查分析，发现在现代社会快速发展的背景下，宜宾市古宋镇的农村供给方式存在很大的问题，这严重影响了宜宾市古宋镇农村经济的发展。由于城市和农村的发展存在着不均衡的问题，必须通过政府的职能和制度来改善公共产品的供应效率，保障对农村公共财政的投入。特别是加强对古宋镇的基础设施建设，健全医疗体系和教育体系，以此实现对宜宾市古宋镇经济的长久发展。

完善农村公共产品供给对于加快农村地区的经济发展，增加农业生产和农民收入，提高农村人民的生活水平至关重要。古宋镇作为基层政府，它的性质决定了它必须承担起为广大农民提供公共产品的责任。农村公共产品的供给是农村建设的第一要务，高质量的公共产品供应能够有效地满足人民的基本需要，丰富人民的日常生活。宜宾市古宋镇的农村公共产品供给要从居民的实际需要出发，逐步形成由政府主导、各方积极参与的多种供应方式，使古宋镇的公共产品供给得到健康、可持续的发展。

【参考文献】

[1]王春然.河北省 S 市 Q 镇农村公共产品供给问题研究[D].河北大学,2017.

[2]浩农.补齐"三农"短板,挖掘发展潜力——2020 年中央一号文件精神贯彻落实之要[J].党课参考,2020(07):48-66.

[3]孙学玉.公共行政学[M].北京:社会科学文献出版社,2007:221.

[4]詹姆斯·M.布坎南.公共物品的需求与供给[M].马珺,译.上海:上海人民出版社,2009.

[5]杨静.马克思社会共同需要思想及其当代价值——构建社会主义"共需品"理论及实证研究[J].经济学家,2019(08):5-16.

[6]曲延春.农村公共产品的非政府组织供给:理论逻辑、现实困境与路径选择[J].农村

经济,2015(12):21-24.

[7]严宏,田红宇,祝志勇.农村公共产品供给主体多元化:一个新政治经济学的分析视角[J].农村经济,2017(02):25-31.

[8]刘览霄.农村公共产品自主供给困境及对策研究[D].河南大学,2019.

[9]唐文玉.政党整合治理:当代中国基层治理的模式诠释——兼论与总体性治理和多中心治理的比较[J].浙江社会科学,2020(03):21-27+156-157.

[10]彭正波,王凡凡.农村制度变迁、公共产品供给演变与农村社会组织发展[J].农业经济,2018(02):12-14.

[11]罗仁福,张林秀,赵启然,等.从农村公共基础设施变迁看未来农村公共投资方向[J].中国软科学,2017(9):30-40.

[12]杨托.乡镇政府公共产品供给问题及对策研究——以湖南省湘阴县长康镇为例[D].云南师范大学,2013.

[13]陆灿.农村公共产品供给存在的问题及对策研究[D].湘潭大学.2017.

[14]阚子祥.乡村振兴战略背景下农村公共产品供给存在的问题及对策研究[J].乡村科技,2021,12(23):14-16.

[15]黄栾惠,李梅,黄红棉,等.广西边境民族地区农村公共产品供给问题研究——以天等县为例[J].农村经济与科技,2020,31(17):319-321.

[16]田振.农村公共文化服务供给中存在的问题及其对策[J].南方农业,2018,12(24):110-111.

[17]董宇,袁桢.我国农村公共产品供给研究综述[J].红河学院学报,2015,13(6):50-54.

[18]孙钰.公共物品供给机制创新与利用效益研究——基于农村和城市两个视角[M].天津:天津大学出版社,2018.

[19]康健.农村公共服务精准化供给侧改革的需求导向研究[J].农村经济与科技,2016,27(19):233-234.

[20]董明涛.农村公共产品供给机制创新研究[J].天津大学,2011:1-7.

[21]吴冰琪.当前我国农村公共产品供给面临的困境及其原因分析[J].经济研究导刊,2017(35):31-32.

[22]张哲.农村公共产品供给与对策研究[D].湖北大学,2013.

[23]林岚.乡镇政府在农村公共产品供给中的问题及对策研究——以代阳县阳明堡镇为例[D].山西大学,2014.

[24]杨泽澜.乡镇政府农村公共产品供给存在的问题及对策研究——以X市X镇为例[D].延安大学,2016.

[25]刘义强.建构农民需求导向的公共产品供给制度[J].新华文摘,2006(12):28-32.

[26]卓成刚,曾伟.试论公共产品的市场供给方式[J].中国行政管理,2005(4):51-54.

第十三章 城市社区管理中存在的问题与对策
——以九龙县呷尔镇狮子山社区为例

随着时代的发展，经济科技的飞速发展，城市化程度越来越高，城市社区规模不断扩大。与此同时也产生了许多社区管理问题。社区是现代文明发展的产物，在社会发展和社会主义现代化建设中占重要地位。社区管理的对象是社区，社区管理是社区的治理方式，社区的出现对于城市规范化、城市发展、城市稳定、城市可持续发展有着重大的作用。但是，随着新时代城市发展规划的践行，城市的发展速度以及生产力已经不能很好地与现在社区的管理模式相协调。城市终归要发展，社区管理方式亟待变革。当前社区管理模式难以适应现有经济体制，不能很好满足人们日益增长的需要。社区的各个部门、各个岗位职能定位不明确，存在机构臃肿等许多问题。本文根据城市社区管理中出现的社区岗位分工职能不明确、居委会承担任务过多、社区管理者专业化程度低、工作效率不高、社区居民参与社区公共事务管理意识淡薄、居民对社区提供的公共服务满意度低等问题进行探讨，并进一步提出具有针对性的解决对策。

一、社区与社区管理的含义

（一）社区的含义

学术界普遍认为，社会学家滕尼斯是提出社区概念的第一人。滕尼斯在《社区和社会》中提出了"gemeinschaft"这个概念，用来代表一个社会关系团体，这个团体中的人们应该具有相同的习俗，价值观、人生观。后来，美国的查尔斯·罗密斯把"gemeinschaft"译成了英文的"community"。1933年，"community"被译为汉语的"社区"并被费孝通引入中国。

自从滕尼斯定义了社区的概念之后，社会学大师韦伯等也相继提出了有关社区的观点。1955年，美国社会学家希勒将94个与社区相关的概念进行整理，由此得出："社会是指包含着那些具有一个或更多共同性要素以及在同一区域保持社会接触的人群。"1971年，社区的三大要素，即地理区域、社会互动和共同关系的概念也相继问世。

在我国，社区的概念被引入之后，我国学者对社区概念也做了相关界定。大部分从社会学、社会管理科学、经济学、生态学等角度对社区进行了解释。

综上所述，社区是指在一个区域内形成的社会关系团体，这种团体具有相对稳定性，具有一定的规章制度，受法律约束。社区的形态多种多样，不一定就是城市形式的小区，也可以是一个村落、街区等，在该区域居住的人具有共同的习俗，是现实的居住地，更是心灵的归宿。

（二）社区管理的含义

社区行政是社区管理的别称，指在政府的领导下，社区的管理部门、职能部门、居民等根据社区的基础设施对社区进行自治,实行自我法治管理。社区管理部门分为多类,常见的有社区组织机构、管理部门工作人员等。管理部门被称为社区管理的主体,客体则是指被管理的对象,比如,人、财产、基础设施等。客体是社区管理的主要部分,对社会的稳定发展和人们美好生活的构建有着重要作用。在社区管理过程中,应避免主体客体化和客体主体化,两者各司其职,共同维护社区的稳定。实现社区居民在法律的保护下进行区域自治。

社区管理功能其作用具体表现在如下几个方面。第一,对社区乃至社区所在城市的经济有着显著的提升作用。社区是否办得好,是否管理得好,都具有一个衡量标尺。一般来说,社区领导部门带领社区人员积极响应国家政策,生活保障到位,社区经济不拉低城市总体平均经济,为社区人民生活提供便利的社区则被认为管理得当。社区建设离不开社区经济的发展,经济是建设的前提,同时也是社区的地基桥梁。第二,社区文化的发展离不开社区的妥善管理。人们的幸福感来源于物质与精神两方面,其中精神财富被认为是赋予人们幸福的主要因素。区域文化属于精神层面,自然也不能忽视。社区管理人员应积极调动社区群众的积极性,利用社区现有设施以及外在设施开展娱乐活动,积极发展传统文化特色。第三,社区环境得益于社区管理。社区环境直接影响居民生活、心情等。响应国家环境治理方案,按照国家要求对社区进行合理的环境规划,治理污染、污水、噪声等有害环境的问题。这些问题的解决依赖于社区管理部门独立制订方案,并由群众以及各职能部门实施。

在新时代背景下社会经济的快速发展,居民对公共服务的需求也越来越多样化,要求也越来越高,这就使得社区功能逐渐增多,加强社区管理显得更加重要。

二、九龙县狮子山社区管理现状

狮子山社区,是按照《甘孜州村级建制调整改革领导小组办公室关于转发〈四川省村级建制调整改革领导小组办公室印发的关于再次印发社区建制调整和社区治理优化相关文件的通知〉》(甘村改办〔2020〕9号),九龙县村改办按县委、县政府的安排开展了相关工作,将现有呷尔镇民族广场社区和狮子山社区4 872户7 088人,根据全县的实际情况和群众意愿重新建立了社区。狮子山社区,是外来社区,除少部分人外,其他住户都是从三垭镇、小金乡、朵洛乡等地迁入的农户,现居住农户700余户2 645人,该点成立的临时社区已有十几年,属城市建设区内的新建小区。

狮子山社区居民大多都是来自不同地方的农户,都没有稳定工作,但据了解,他们都有一个共同的目的:一是,希望自己的子女能够到县城来享受比较好的教育资源;二是,认为城市比乡下容易就业,收入比务农来得多。在城市建设中,社区是十分重要的基础阵地,在社会管理、公共服务事务方面的作用越来越突出。在新时代背景下,居民对公共服务的需求也越来越多样化,这就使得社区功能逐渐增多,加强社区管理显得更加重要。虽然狮子山社区成立临时社区有十几年时间也具备了一定经验,但是该社区本就比较特殊,住户大都来自不同地方,给社区工作管理也带来了一定的挑战。创建文明和谐城市,最基础的便是将每个社区打造好,这就需要我们完善和升级社区管理能力。

2021年以来,甘孜州九龙县社区治理一直采用法治、共建、共享原则,方法上不断

第十三章 城市社区管理中存在的问题与对策——以九龙县呷尔镇狮子山社区为例

推陈出新，打造社区建设、社区管理的法治新格局。党员是党的组成部分，争取做到党员立帜，支部宛如坚实的堡垒，全力打造"美丽"社区。

这片巴掌大的地方，居住了700余户2 645人，人员密集、流动性强。几年前，狮子山社区环境脏乱差，公共空间狭小、问题频发，改善居住条件的需求十分迫切。鉴于狮子山社区为农村社区，住户多为独户院落，无法进行物业管理，根据社区"两委"干部摸排，结合社区工作实际，将狮子山社区划分为四个居民小组，每个小组安排一个社区"两委"负责人，负责人实行片区负责制，负责人负责解决各小组群众提出的具体问题，为各小组群众提供必要的服务，及时化解片区范围内的矛盾纠纷。小组负责人要熟悉国家各项法律法规，并起到带头引领的作用；负责对小组内交通、环境、医疗、社区基础设施、社区建设、社区经济全面管理，确保政策的实施畅通无阻，并能及时高效收到反馈信息。面对突发情况，小组负责人会及时与社区支部书记和驻社区领导沟通商量，再由驻社区领导及时与上级部门和派出所沟通，及时化解和解决问题，以保护群众的生命财产安全。小组负责人积极主动与社区居民联系沟通，定期进行走访，深入群众，接受群众的建议与批评，打造好个人的良好形象，建立良好的"两委"领导威信，一定程度上完善了社区服务质量。

三、狮子山社区管理中存在的问题及原因分析

目前，我国的城市社区管理组织相对较多，但是具有权威性、组织性、规划性的组织却不多。其中居委会应当是目前社区管理的最优组织，其他组织大都由社区居民本身或者联合个别外部人员组成，例如志愿者等建立的暂时性管理组织。

居民委员会是国家法律政策落实到基层的主要抓手，通过居民委员会能更好地保证乡村振兴战略的实施，这一点在社区管理方面尤为突出。但是，我国的社区居委会由于发展不完善，还未能完全适应其角色。为了更好了解社区目前存在的问题，笔者于2022年3月对狮子山社区的居民进行了实地问卷发放，调查问卷随机发放，共计280份，收回252份，根据调查者判断去除28份无效问卷，最后达到调查标准可用与数据分析的有效数量为224份，合格率达88.9%。

如表13-1所示，对被调查人员统计特征进行分析发现：性别人数上，女性相对于男性所占比例较高，大约高出7.2个百分点。年龄上，18~25岁占比30.8%，25~35岁占比36.2%，35~45岁占比12.9%，45~60岁占比7.1%，60岁及以上占比12.9%；从居民文化程度上来看，专科学历最多，占总样本量的38.2%，其次是小学和初中及以上学历，均占25.9%，本科及以上学历人员相对较少，约为7.1%。居住时间上，1~10年的占大部分，1~5年占比33.0%，5~10年占比28.6%，10年以上占比29.0%。

表13-1 被调查居民的人口统计学特征

特征	人数	百分比（%）	特征	人数	百分比（%）
性别			学历		
男	104	46.4	小学	58	25.9
女	120	53.6	初中	58	25.9

续表

特征	人数	百分比（%）	特征	人数	百分比（%）
			高中	20	8.9
年龄			大专	72	32.1
18 岁以下	0	0	本科及以上	16	7.1
18~25 岁	69	30.8	居住时间		
25~35 岁	81	36.2	1 年以下	21	9.4
35~45 岁	29	12.9	1~5 年	74	33.0
45~60 岁	16	7.1	5~10 年	64	28.6
60 岁以上	29	12.9	10 年以上	65	29.0

从表 14-1 被调查居民的人口统计学特征可以看出，社区居民整体文化水平较低。根据以上狮子山社区的管理现状可知，狮子山社区是一个比较特殊的小区，小区住户来自不同地方，生活习惯有差异，住户之间易发生矛盾纠纷。这对社区管理者来说具有一定的挑战性，在社区管理与建设中避免不了存在一些实质性的问题。

（一）存在角色定位偏差，居委会承担任务过多

2022 年 1 月 12 日，笔者对甘孜州九龙县狮子山社区负责人进行了走访调查。走访了该社区居委会的副主任，她向笔者介绍了社区的日常管理情况。1 月 14 日，进一步向本社区的居民了解了社区日常管理情况和居民生活体验。1 月 26 日，向社区尼胡书记了解了社区目前存在的一些重难点问题，笔者从胡书记手里获取了一些关于社区管理的资料。通过走访调查获得了第一手材料，进一步深入了解了狮子山社区管理相关工作细节。

据调查发现居委会干部面临负担重、任务多的问题。经常性的任务就达 110 多项，可谓是上面千条线，下面一根针。社区居民委员会作为一个自发的自治组织，在工作性质上不属于国家行政人员，所以他们没有行政权力。基于这种自发组织的制度存在不健全的特点，居委会在行使权力时所受到的阻力较大。上级将行政任务交于下层的社区居民委员会，再由社区委员会的人员自发分配任务，任命执行人员。但由于社区内的执行人员的人数较少，导致社区居民委员会的工作人员所分配的工作份额过多，每个人都处在高负荷的工作状态。

社区居民委员会权责不匹配。其自身的能力和地位导致他们不能担负重要的工作责任，在工作中顾忌较多，束手束脚。但是，上级职能部门对居委会各个行政人员，例如主任，副主任等的职能做了详细的分配，将居委会当作上级职能部门的下属，居委会委员便成了职能部门的雇员，他们工作任务重且工作量大。同时，社区的社会地位并不反映在对它的重视程度上。居委会人员待遇不高，并且工作量大。据民政部最新的调查结果显示，这些工作人员薪资水平低于当地最低社会保障金额，这必然会有损工作人员的工作积极性，导致社区居民委员会的建设规模远达不到国家规定的标准，设施不完善，体系不健全，与上级交接不及时、不彻底，实效性低。

（二）社区居民参与度低，社区现代化建设程度低

社区居民参与社区公共性事务管理的意愿，如图 13-1 所示，从参与问卷调查的居民中了解到约有57.14%的人不愿意参加社区公共性事务的管理,只有约38.10%的居民愿意参与社区管理,总体而言,狮子山社区居民存在自我管理、自我服务意识低的问题。

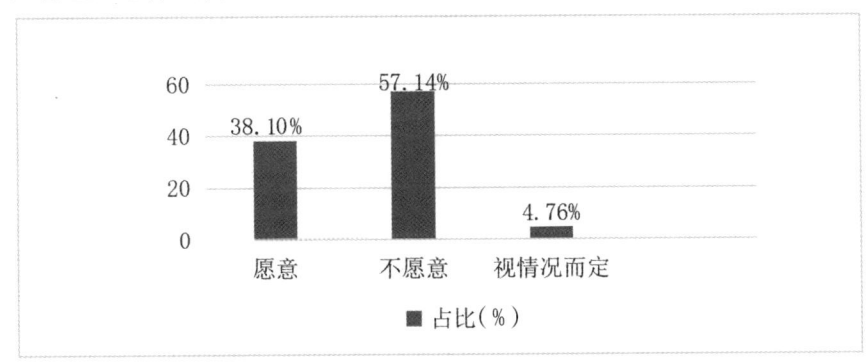

图13-1 社区居民参与社区公共性事务管理的意愿

社区管理制度是否都传递到每一个居民手中,关系到社区建设是否顺畅,是否合理。如图13-2所示,只有少部分约为28.57%的居民了解社区管理制度,大部分人员对社区的制度记忆模糊甚至不清楚,这必然导致社区管理人员在进行社区治理时充满阻碍。

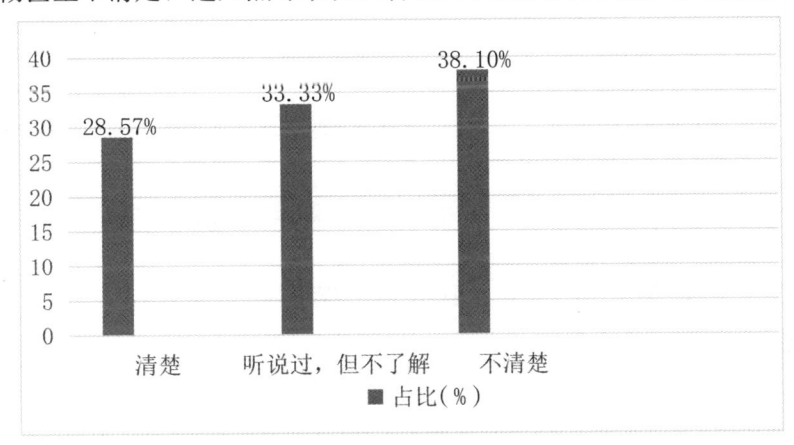

图13-2 居民对本社区管理制度的了解情况

总之,居民的高度参与才是居委会运行的前提,居委会是居民生活的保障,社区服务建设脱离不了居民,居民是社区建设的主要群体。如果脱离群众,社区治理在可用的物质资源上便会显得十分匮乏,导致在工作过程中显得步履维艰。从以上调查数据中可以反映出,狮子山社区存在居民主体意识不强、参与社区管理建设意识淡薄,参与度低的问题。这是因为居民没有自我管理、自我教育和自我服务的意识。居民没有主体意识,没有将自己和社区融为一体,只顾个人利益,不管集体利益,缺乏对社区的认识。同时,政府缺乏引导,对相关社区管理制度的宣传与教育力度不够,居民不了解社区的具体情况。干群之间缺乏沟通交流,两者关系陌生,居民不愿参与社区相关工作或活动,致使居民参与度低,居民与工作者难以形成合力。

(三)社区管理者专业化程度低,办事效率不高

社区居民认为社区管理过程中存在的主要问题,如图13-3所示,约有52%的居民认为狮子山社区管理者存在专业化程度低,参与问卷调查的居民中分别约有23%、20%的居

民认为社区在办事时存在效率低、服务态度不好等问题。

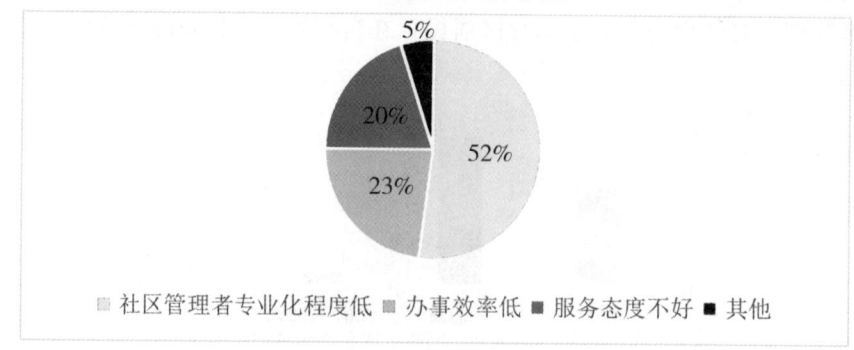

图 13-3　社区居民认为社区管理过程中存在的问题

居民到社区等基层单位办事情的通畅度方面，如图 13-4 所示，约有 14.73% 的居民认为去社区等基层单位办事情时，社区有明确的办事指南，很容易办成事。约有 21.43% 的居民认为社区在办事时有一定的指示，办事比较麻烦但还是能办理，分别约有 32.14%、31.70% 的居民认为去社区等基层单位办事情的通畅度说不清楚，关于信息获取不清楚，认为事情办理很难。

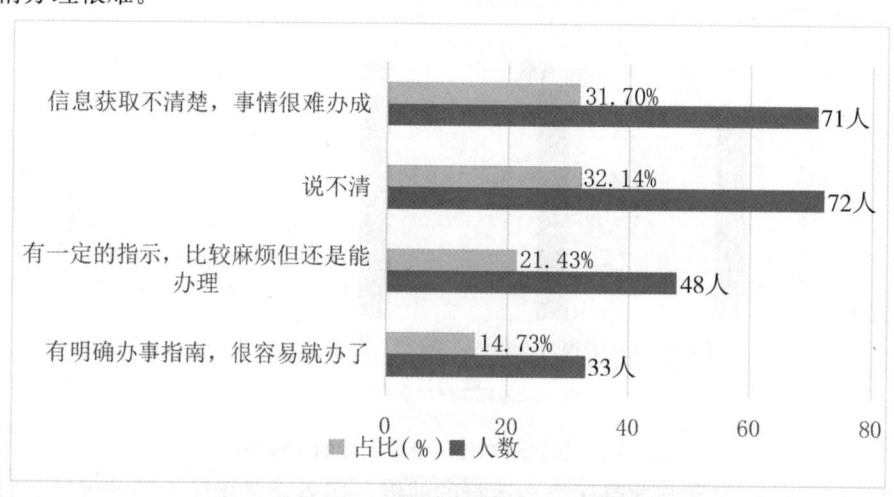

图 13-4　居民到社区等基层单位办事情的通畅度

2022 年两会期间，诸多政协委员提出，我们需要把焦点汇聚在基层，更加确切于基层社区管理的工作人员身上，以队伍能力建设为中心、积极建言。社区是否管理得当，取决于社区管理工作人员的能力，以及群众的配合程度。疫情下，展现了社区的重要性，同时也体现了对社区管理人员能力建设的重要性。据调查发现，狮子山社区存在工作者专业化程度低，办事效率较低等问题。且据访问调查得知，有一半以上的工作人员是临时招聘的合同制员工，他们没有相关的社区工作专业教育背景，甚有一部分人只有初中及以下文凭，整体专业化水平是较低的。

（四）居民对社区提供的公共服务满意度偏低

社区工作者工作能力受到居民的检验，居民是否满意是衡量的标尺。如图 13-5 所示，仅有 15%、24% 的居民感到比较满意，认为工作人员办事效率高，提升了居民的生活水平，为社区建设做出了突出贡献。但分别约有 25%、37% 的居民认为社区居委会工作效率一般，能够接受，认为社区居委会工作有待改进。

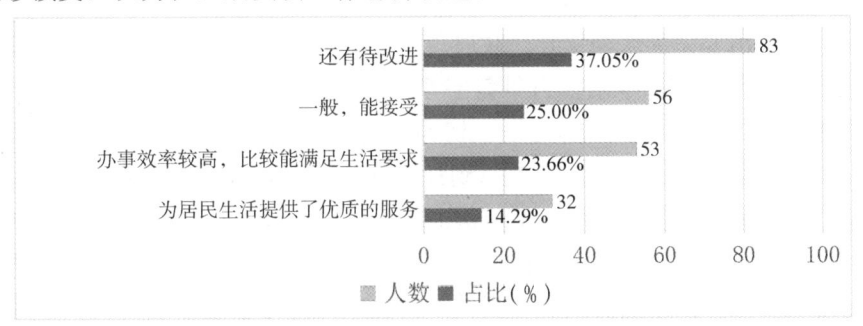

图 13-5 居民对社区居委会工作现状的满意度

居民作为社区建设的主要对象，居民是否参与决定了社区活动的成败。如图 13-6 所示，约四分之一的居民并未参加过任何社区活动，分别有 15%、10%、5%、10%、23% 的居民参加过社区举办的节假日庆祝活动、文艺表演、茶话会、各类比赛、其他活动。

图 13-6 社区举行活动中居民的参与情况

社区居民满意度是衡量一个社区管理建设是否成功的关键标准之一，社区居民满意度低，一定程度上反映出了社区管理过程中存在问题。密切联系群众，倡导一切为了居民，一切服务居民的服务精神，加强干群联系，不失时机地为居民解决问题，为居民提供更多便利的服务，提升居民满意度势在必行。

四、针对狮子山社区管理中存在问题的对策

（一）正确定位社区职能

社区任务重、负担大，势必影响和谐社区建设的推进，正确定位社区职能至关重要。首先纠正社区承担的责任与任务不适应的现状。其次解决社区工作者总量不足的问题，培养专业的社区工作人才队伍，降低社区压力。

正确定位社区职能，根据居委会组织法的规定，改变政府部门直接分配居委会工作的现状。居民委员会不可直接接受政府部门的安排，需要由市政府、街道办事处等接收，再统一分配给居委会。同时，政府可以通过购买服务并培育社会中介组织来承担政府分配的一些社区任务，比如社区物业管理公司等。鼓励非政府组织的发展，转变政府职能，从而减轻居委会工作负担。在公共的、自愿的、非营利性的社区中介机构的参与下，权力跟着责任，责任跟着任务，这样居委会就不会负担过重，同时也会提高工作效率。

（二）引导居民参与社区建设

党的十九大提出要完善党委领导、政府负责、民主协商、社会协同、公众参与、法治保障、科技支撑的社会治理体系。力争每一个居民都参与到社区建设、管理、服务当中来。社区管理人员工作需要落到实处，一切为了群众，提升社区服务水平，保障居民生活、医疗、卫生、环境，让居民主动参与到社区建设当中，认识到自己是社区的一分子。社区管理部门可以通过不断地与居民交流沟通，让居民了解本社区相关管理制度，拉动他们参与到社区公共事务管理中，让居民在实践中真正感受到自己发挥的作用，体会到居民自身对社区建设的重要性，让居民自己当社区的主人，自觉参与社区建设。社区管理者需要利用合理的方法来联系群众，加强群众与管理者的互动。首先，社区管理部门可以组织一些文娱活动，进行宣传教育，让每一个居民了解到社区的基本情况、基本制度，增加居民对社区的亲和感。随着生活节奏的加快，越来越多的人员专注于自身工作，导致忽视自己本身所居住的社区环境，所以一定范围的宣传活动是必要的。对没有时间参与活动的居民，工作人员可以采用上门宣传，张贴海报等形式进行传导，争取每一个居民都积极投身到社区建设中。

通过宣传教育，改变居民认知，唤醒绝大部分人。鼓励居民积极参与到美丽家园的建设中，让共商共建共治共享成为狮子山社区居民的共识。使参与平台，载体更加多样化，结构更加丰富，打造居民共治共建共享的新发展格局，做到社区的事情就是大家的事情，群众提出，政府部门解决，群众坚守，解决好公共服务、民生保障、社会治安与矛盾纠纷化解等人民群众"急、难、愁、盼"的问题。保证社会治理的重点放在基层，并逐步移向社区团体，激活共管共治共享活力，提升本社区居民的获得感和幸福感。

（三）加强社区工作者队伍建设

人才培养是队伍建设的基础。要加强社区工作者的专业培训和提升学历教育，同时要加强社区工作者的继续教育，做到与时俱进，不断提高其职业素养，逐步实现社区工作者的专门化和专业化。

1. 创新社区工作者队伍建设和管理

健全党委领导、政府负责、社会协同、公众参与的社会管理格局是构建社会主义和谐社会的重要内容，也是建设和谐社区的必经之路。要实现党委带头，下层部门积极配合，落实到社区管理部门，再由群众与管理部门一起实施，通过多方联合，推动社区治理更加合理规范化。同时，做好"三支队伍"建设，促进"三支队伍"的协调发展，并发挥"三支队伍"的主动性和创造性，为和谐美丽社区打下坚实的基础。

2. 加强专业化培训

继续以民政部培训中心为依托，各省市培训机构为基础，建立多层次、多类别的培训体系。重点培训任务有：首先提高认识，将工作重新调整到以社会工作人才队伍建设为重点的工作思路上来，围绕三支队伍建设开展工作；其次，教师队伍的建设也刻不容缓，按照"素质优良、规模适当、结构合理、专兼结合"的原则，建立起政治作风优良，行动能力强，专业能力强的师资教学团队；最后，加强培训基地建设，改善教学条件，丰富培训内容，拓宽培训渠道。这样一方面可以使社区工作者参加高校学历班，提升专业化水平，为实现社区工作者向社会工作者的转变打下良好的基础；另一方面，不断把高校社工专业毕业生补充到社区工作者队伍中来，为实现社区工作者的专业化、职业化创造良好的条件。

3. 优化居委会干部队伍结构

首先拓展居委会干部的来源渠道。通过鼓励、动员政治素质高、管理能力强、群众关系好、热爱社区事业、有较强奉献精神的本社区居民竞选居委会主任、副主任。这些人既可以实行义务制，也可以享受政策补贴，但不以此为谋生的手段。其次在居委会设置一定的社会工作岗位，吸引文化水平高、专业能力强的社会工作者到社区居委会工作，并在居委会主任的领导下承担社区具体工作。再次，继续提高现有居委会干部的待遇，他们的补贴应不低于当地的最低工资。

同时发展壮大志愿者队伍，志愿者数量的多少直接决定了一个社区的文明程度，一般来说，志愿者人数达到社区总人数的三分之一，那么社区的文明程度相对来说符合标准。在一个社区中，如果有三分之一以上的人愿意做志愿者，那表明这个社区的人际关系是非常和谐的。目前，狮子山社区志愿者的数量和质量与社区建设的需求还有很大差距。首先相关部门可以通过各种激励手段广泛发动号召，使社区建设的宗旨、内容人人了解、人人遵守。引导社区成员树立"奉献、友爱、互助、进步"的志愿服务精神意识，积极配合社区管理人员进行社区管理工作。其次要骨干示范。共产党员，共青团员等要积极发挥带头作用，力争先锋，带动居民。采取入户访问、党员公示、党员挂牌服务等方式动员和督促广大党员积极参与社区服务活动。最后进行宣传表彰，及时发现和宣传居民参与志愿服务的先进事迹，并定期开展表彰活动。

（四）提升社区居民满意度

城市规划的成功标准众多，社区居民满意度是其中之一。居民对社区服务的满意度与居民对自身生活满意度呈正比关系。第一，社区管理一定要落到实处，落实到小处，做到精细化。内部优化，对社区服务流程不断完善，并合理实施，提升社区服务的标准，争取人人满意，让社区服务水平契合居民日益增长的需要，满足居民多样化的需求。做好居民思想工作，让党和政府的方针更好地被居民接受，有助于政策落实到基层，更加方便群众。其次是提高社区服务的水平，生活保障制度需要完善。做到居民可以充分利用合法渠道向管理部门提出意见，管理部门也一定要保证反映问题渠道的畅通，除居民主动向社区提出之外，管理部门也可以入户走访等，在一定时间范围内征求群众的意见，理解群众，帮助群众，访贫问苦。同时需要定期对生活水平不高、满意度不高的居民定期开展跟踪调查并反馈。社区服务着重考虑满意度不高的群众，将征求到的信息及时有效地反馈给政府部门，并在政府部门制定方针后积极配合。同时，及时将信息公开，把社区党委、社区管理服务站的工作向居民进行解释和宣传，做到社区居委会工作到位而不越位、不添乱。

第二，深化社区居委会为民服务的内涵，扎实推进民生工作。树立以人为本，为人民服务的思想意识。社区建设，社区服务等不可盲目制定方针，根据征求的意见，从居民最关心的问题着手，争取立竿见影。以"安民"为保障，社区管理人员不仅要积极处理好社区与居民的关系，同时居民与居民之间的关系是否和谐也需要高度重视，建立居民纠纷调解部门，将居民纠纷化解在内部。再以"乐民"为动力，社区管理不是一成不变的，社区管理者可以组织文娱活动来丰富居民业余生活，这也有助于提升居民对社区，对政府的满意度。同时以"帮民"为职责，一切的社区服务最终都是为了帮助群众，解决群众问题，为群众提供便利。最后是以"育民"为根本，广泛开展集体活动、科普、文化、教育、卫生进社区活动，弘扬社区文化，使大家在寻常生活中逐渐接受到良好的教育，将社区抱成一团，构建居民之间、居民与社区管理者之间关系和谐，诚信友善，互帮互助的良好氛围。

第三，社区工作是否得体，是否符合民意，由居民决定，社区居委会转换角色，真正从"政府的手"转变为"居民的头"，发挥好调解会等对话平台，成为居民的贴心人，提升居民的满意度，增强居民的幸福感、获得感。

五、结　语

现代化进程加快，"十四五"规划期间，社会主义现代化建设道路上，城市社区管理建设占比越来越大。城市社区管理的好坏由居民决定，并且受到诸多因素的影响，这些因素共同作用，对社区管理具有能动作用。当前，我国城市社区相对来说不够完善，水平不是很发达，居民参与度不高，参与能力低，实现社区完全自治还有很长一段路要走。我国社区管理应该做到政府带头，制定方针，社区管理层面积极引导群众，争取最终做到全体社区人员共治共建共享，这便是我国城市社区管理的完全自治理想构架。一切的社区建设，社区服务措施应该从实际出发，不同的社区有不同的方案，不可照搬，应该因地制宜，充分贴合我国国情，一切超出国情的措施是不现实的，保留各个社区的区域文化特色，形成适合自身社区长治久安、可持续发展的最佳模式。相对于外国，我国城市社区管理不成熟，起步较晚，所以我们应该更加积极制定合理方针，借鉴外国经验，构建我国自己的、适合国情的自治社区管理模式。

【参考文献】

[1]张淼.互联网时代城市社区管理模式研究[M].长春：东北师范大学出版社,2019.

[2]张兴杰.社区管理[M].广州：华南理工大学出版社,2007.

[3]刘娴静.城市社区治理模式的比较及中国的选择[J].社会主义研究,2006(02)：59-61.

[4]吴开松.城市社区管理[M].北京：科学出版社,2006.

[5]王青.城市社区管理中存在的问题及对策[J].管理学刊,2010,23(02)：75-77.

[6]陈晏.我国城市社区服务管理存在的问题与对策[J].产业与科技论坛,2010,9(05)：12-14.

[7]杨婷.街道办事处的人力资源管理问题与对策[D].山东大学,2010.

[8]黄晓星.社区过程与治理困境——南苑的草根自治与转变[M].北京：社会科学文献出版社,2016.

[9]詹姆斯·N.罗西瑙.没有政府的治理[M].南昌：江西人民出版社,2001.

[10]李丽莎.我国城市社区治理存在问题与对策研究——以民生发展战略为视阈[D].南京师范大学,2013.

[11]裴迪南德·滕尼斯.共同体与社会[M].林荣远,译.北京:商务印书馆,1999.

[12]石红艳.我国城市社区管理模式新进路探悉[J].湖南农机,2009,36(05):106-108+114.

[13]王菁.社区治理模式改革探索——基于新公共管理理论[J].南京审计学院学报,2011,8(04):22-26.

[14]柴彦威,郭文伯.中国城市社区管理与服务的智慧化路径[J].地理科学进展,2015,34(04):466-472.

[15]李嘉靖,刘玉亭.城市社区管理模式评析及中国社区管埋机制初探[J].现代城市研究,2013(12):5-12.

[16]沈晓韵.上海社区管理体制改革的对策研究——以静安区为例[J].商品与质量,2011(S1):128-129.

[17]蔡玉胜.社区管理体制创新的典型模式点评与启示[J].社会工作,2013(03):24-28+151.

[18]陈洁.我国现阶段城市社区制存在的主要问题及解决路径[J].中国管理信息化,2011,14(14):53-54.

[19]陈晏.我国城市社区服务管理存在的问题与对策[J].产业与科技论坛,2010,9(05):12-14.

[20]何海兵.我国城市社区管理体制的主要问题及其改革走向[J].上海行政学院学报,2007(02):55-60.

[21]程婕.当前城市社区管理工作存在的问题及对策[J].产业与科技论坛,2011,10(08):13-14.

[22]陈涛.转型期城市社区自治问题研究[D].复旦大学,2008.

[23]于建波.农村基层民主政治建设问题研究[D].沈阳农业大学,2012.

[24]陈刚.街道行政管理体制改革的研究[D].吉林大学,2007.

第十四章 乡村振兴战略背景下巴中市南江县生态文明建设现状与发展分析

乡村振兴是党的十九大提出的集政治、经济、文化、社会、生态于一体的国家战略,是贯彻生态文明的重要的基础性战略。在乡村振兴战略背景下,生态文明建设拥有了新的使命和指导方向,可以有效助推乡村振兴的全面实现。四川省巴中市南江县政府高度重视生态文明建设,并取得了显著的成果,但在某些方面仍然存在着问题。本文将从研究南江县生态文明建设现状入手,采用文献资料查找、实地走访、问卷调查分析的方法,在研究中发现巴中市南江县在生态文明建设中存在的一些突出问题,探索形成问题的原因以及提出如何解决巴中市南江县生态文明建设问题的对策,从而对巴中市南江县生态文明建设推进乡村振兴发展前景提出良好的展望。

一、乡村振兴战略与生态文明的相关内涵

(一) 乡村振兴的内涵

"乡村"一般强调产业、生态、文化的交融与发展,"振兴"一般强调发展、兴盛。"乡村振兴"的核心就是为了彻底解决"三农"问题,解决城乡发展不平衡、农村发展不充分这一现象。新时代乡村振兴具有较丰富的科学内涵,一方面强调对城乡发展关系的探索,通过对城乡融合发展的重视,努力缩小城乡在各方面的差距。另一方面还强调农村发展与国家现代化发展和时代发展之间的关系,通过对农村地区更广泛的科技信息化建设和现代化建设,促进城乡统筹发展得更好,全面实施乡村振兴战略。

(二) 生态文明的内涵

"生态"一般指在一定的自然环境状态下,生物与环境之间、生物与生物之间的相互关系及生存与发展状态。"文明"是人类社会进步的标志,是历史沉淀的产物。而"生态文明"一词出现至今,内涵十分丰富,但学界尚未形成统一的定义。赵景柱从近代人类社会发展的主线出发,认为生态文明是指具有维护生态系统服务稳定和改善生态系统服务功能,并能够为人类提供可持续发展的一种形态。周生贤比较全面地分析了习近平的生态文明思想内涵,认为生态文明建设是要坚持节约资源和保护环境,在全社会范围内形成普及生态观念、建立生态制度、改善生态环境,从空间格局、产业结构、生活生产方式等方面来诠释生态文明。

(三) 乡村振兴战略与生态文明建设的关系

乡村振兴战略与生态文明建设是辩证统一的关系。一方面生态文明建设是乡村振兴战略当中的重要内容,在推动乡村振兴发展的过程中生态文明建设起关键性的作用。另一方面乡村振兴战略的提出,为生态文明建设提供了重要的理论指导。乡村的发展既要靠"里

子",也要靠"面子",这句话很好地说明了二者的关系,这里的"里子"就是指我们的产业,"面子"就是指我们的生态,二者是相辅相成、不可分割的有机整体。

本文是在乡村振兴战略大背景下,从政治、经济、文化、社会四个方面来研究生态文明的,在这种背景下,生态文明就是要建立人与自然和谐共处、不断改善民众的生存环境和提高民众的生活质量为目的,不断满足地区民众物质、精神、生态等方面的需求,实现社会永续发展。

二、乡村振兴战略背景下巴中市南江县生态文明建设的现状

近些年来,巴中市南江县政府高度重视生态保护与文明建设,紧紧围绕习近平生态文明思想,确立了"生态立县、文旅强县、绿色崛起、同步小康"的发展思路,在全县大力推进生态文明建设,实现乡村振兴。在 2018 年 12 月,获得"国家生态文明示范县"的称号。

(一) 取得的成就

1. 生态制度逐步完善

巴中市南江县政府划定生态保护红线、耕地红线,严格落实生态保护红线、环境质量底线、资源利用上线和环境准入负面清单制度。不断优化国土空间,受保护地区的面积占国土面积的比率为 53.66%。饮用水源污染应急预案和风险评估机制不断被完善,为保证水源地环境安全,提高水源地环境监测频率,完善水源地环境监测指标,政府建立了饮用水源定期监测制度和完善饮用水源环境信息公开制度。

2. 展开宣传引导活动

巴中市南江县政府多次举办生态环境保护和生态文明建设知识讲座培训班和网络培训学习,对县级部门和乡镇副科级以上领导干部和企业主要负责人 10000 余人次进行了培训,聘请环保专家对《中华人民共和国环境保护法》《四川省环境保护条例》《四川省饮用水水源保护管理条例》《四川省党政领导干部生态环境损害责任追究实施细则》等进行了深入讲解和剖析。同时政府借助电视、网络、标识标牌等各类媒介,积极宣传节能降耗、资源保护、生态修复等环保知识,广泛普及新《中华人民共和国环境保护法》《中华人民共和国水法》《中华人民共和国水污染防治法》等法律法规。

3. 环保基础设施落实

一是推进污水处理站建设。巴中市南江县建成日处理 2 万吨的县城生活污水处理厂 1 座和日处理 1 万吨的东榆工业园区污水处理厂 1 座,建成并投入运行的长赤镇、正直镇等 22 个乡镇污水处理站,全县污水日处理能力达到 60 700 吨。二是推进垃圾处理设施建设。依托海螺水泥建成的日处理能力为 220 吨的水泥窑协同处理城市生活垃圾项目;在全县 516 个村建设生活垃圾中转站 51 个,配套采购垃圾压缩箱 62 个、专业特种垃圾运输车辆 11 辆,将全县生活垃圾清运至海螺水泥公司统一处理。三是推进交通道路建设。到 2020 年底,巴中市南江县通车里程达 5 570.4 公里,高速公路 2 条,国道 2 条,省道 3 条,县道 8 条,乡道 32 条,村道 3 528.6 公里,全县实现通乡、通村公路硬化率、乡镇客运通车率三个 100%,通组公路硬化率达到 70% 以上,成功创建省级"四好农村路"示范县。

4. 生态环境持续巩固

2019年巴中市南江县EI值为82.0，评价等级为优，位居全省183个县的第12位。截至2010年10月，空气质量优良率为98.5％。地表水断面水质达到Ⅲ类及Ⅲ类以上标准，全县26条主要河流和5个河流断面水水质均达Ⅲ类及以上标准，城市集中式饮用水水源地水质达标率100％，水环境质量持续向好。土壤环境保持稳定，核与辐射环境安全可控。持续开展砖瓦窑行业专项整治，关闭淘汰19家，整改规范7家。完成25个露天矿山环境恢复治理工作。拆除金台水库上游砂石加工企业。实现退耕还林、生态公益林等造林面积达10.37万亩，全县森林覆盖率提高0.7个百分点，全流域实现禁捕退捕。排查整改"散乱污"企业21家，完成32家小水电下泄生态流量整治工作。全面完成大棚房问题整改6宗、22.93亩的土地面积。12宗违建别墅整改到位。

（二）存在的问题

1. 生态政策协同缺乏，绿色行政体系不健全

生态政策协同是指能够保证各级平行部门在生态政策的制定与执行的过程中能够自行协调沟通，从而优化生态文明建设的成果，推动乡村振兴的发展。在乡村振兴视角下的生态文明建设涉及生活污水处理、垃圾收运、交通、土地资源规划等多个方面的问题，因此一个地区的生态文明建设不是一个部门的独立性项目，而是关系到水利、环保、交通、住建等多个部门多个项目的综合性工程。由多个部门牵头管理，工作职责就会交叉，任务分工不明晰，就会产生推诿行为，导致管理效率低下。若环境保护主管部门进行统一指导、协调和监督，虽然许多部门会积极响应生态政策层，但是遇到生态被破坏、环境污染、开发利用等事项时，常常难以得到其他部门的认同，容易发生交互性的职权纠纷和矛盾，这就需要生态政策协同。巴中市南江县也存在上述情况，生态制度虽然正在不断完善，如落实"三线一单"制度，建立完善风险机制；但因为生态治理部门间利益博弈等因素影响生态协同政策制定，生态政策协同缺乏影响生态管理效率，如涉及污水治理问题时，到底应该是水利局牵头，还是专门的环保部门牵头。

2. 经济发展水平较弱，绿色生态产业占比偏低

虽然巴中市南江县经济发展在不断进步，但区域横向差距较大，经济发展形势不容乐观。

2019年巴中市南江县农村居民可支配收入和城镇居民可支配收入差距明显，表明南江县农村居民人均收入相对缓慢，而这种差距还在不断扩大。

巴中市南江县虽然第二、第三产业结构逐渐趋于均衡，但第一、第二、第三产业之间分布仍不合理，尤其是农业发展水平低下，其占比都较第二、第三产业低很多。

除了产业结构不合理之外，之前还存在着暴力发展经济方式，用牺牲生态环境的代价来发展经济。比如，大规模的农业发展的背后是对生态环境的破坏，生产后的地膜处理问题成了生态文明建设发展的难题。实地走访巴中市南江县的一些村庄，在主干路两边的农田里随处可见各种塑料垃圾，有些村塑料残膜被风吹的到处可见，造成严重的视觉污染。如图14-1所示。据2020年巴中年鉴数据显示，巴中市南江县从2016—2019年用于农作物生产所消耗的薄膜从1 206吨逐年减少到683吨，看似每年用于农作物生产所消耗的薄膜使用量在下降，但地膜覆盖一公顷地所要消耗的薄膜的数量却逐年上升。

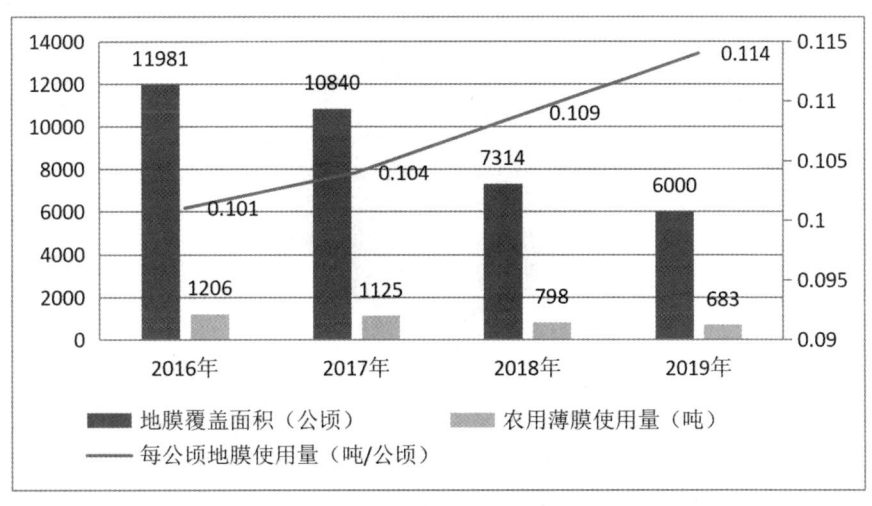

图 14-1 2019 年地膜使用量与地膜覆盖面积变化情况

3. 公众生态知晓度低，解决生态问题的责任意识差

群众生态意识对于推动乡村振兴与生态文明的发展具有举足轻重的作用。为此，笔者开展了"关于巴中市南江县民众生态意识情况"的问卷调查，以此来分析在乡村振兴中生态文明建设存在的生态意识问题。

本次问卷分为两个部分，第一部分为调查者的基本情况，第二部分从生态保护知晓度、认同度、践行度三个方面进行设计。调查问卷共发放 130 份，剔除掉漏掉、不填的问卷，有效问卷一共是 126 份，回收率高达 96.95%。

根据回收上来的问卷统计结果显示，本科及以上学历"非常了解"占 13.59%，小学学历"非常了解"为 0；本科及以上"没听说过"的仅占 3.88%，而小学学历"没听说过"的占 50%，如图 14-2 所示。由此表明，公民对生态文明的了解和公民的文化程度有一定的联系，学历的高低与对生态文明建设的关注和了解成正相关。

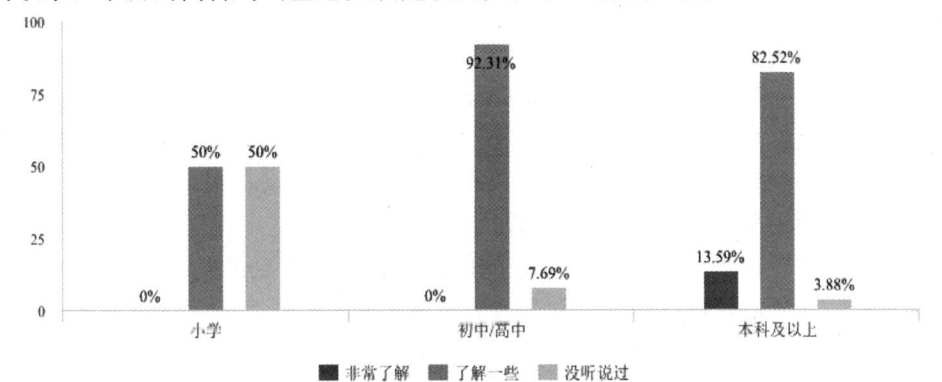

图 14-2 "您了解生态文明吗"答案统计图

如图 14-3 所示，当问到"如果您发现有个人或群体破坏生态建设的现象，您会怎么解决"的时候，根据回收上来的问卷统计结果显示，仅有 11.11% 的受访群众会告知有关部门，72.65% 的受访群众则认为不解决和不知道怎么解决，更有 27.35% 的受访群众表示不会去解决。由此表明，人民群众主动举报破坏环境的行为的意识不强。

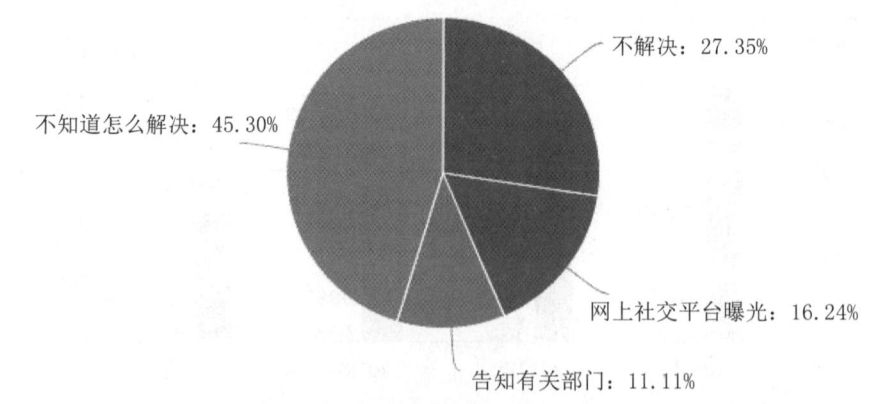

图 14-3 "如果发现有人破坏生态建设的现象,您怎么解决"答案统计图

在实地走访中,巴中市南江县海螺水泥厂周围的居民被问到"水泥厂是否影响了您的生活"时,许多人都会对它进行抱怨,但问及他们有没有通过一些渠道和方式进行反映时,部分人回答说:"枪打出头鸟,谁愿意去谁去,反正我不去。"由此表明,巴中市南江县县域多数人的生态权利意识及责任意识较淡薄,即使某些行为对自己的合法权益已造成了危害,也不会运用法律等方式去保护自己的合法权益,这种现象需要引起重视。

4. 社会民生问题突出,环保基础设施不完善

乡村振兴要求推动社会建设发展,要推动社会建设发展,就要解决好社会民生问题。社会民生问题主要包括就业、医疗教育、食品药品安全、收入分配、土地征收征用、房屋拆迁、环境保护、社会治安等问题,其中要解决环境保护问题,必然涉及环境保护基础设施建设。换句话说,环境保护基础设施建设是解决环境问题的基础,环境问题得到解决,民生便有所改善,进而能推动社会发展,实现乡村振兴。

然而,目前巴中市南江县农村生态基础设施建设落后问题严重,影响民生发展,急需解决。巴中市南江县农村基础设施投入不足主要表现在交通、垃圾处理、污水处理等方面。巴中市南江县全县通乡、通村公路硬化、乡镇客运通车虽有所发展,但乡镇之间、村落之间道路狭窄、通过性较城镇差很多;南江县城镇生活垃圾处理率达100%,但农村516个村,垃圾压缩箱仅有62个,特种垃圾运输车辆仅有11辆,垃圾收集运转不到位,垃圾处理设施缺乏,垃圾直接扔进河沟的现象比较严重;农村污水治理设施主要由聚居点及散户的污水治理设施组成,在新建的村民聚居点,基本建设有污水收集管网和化粪池,但散户农户大多使用旱厕处理自家产生的污水,卫生条件较差,容易滋生蚊蝇,而且有些防渗措施较差,出现污水渗漏污染地下水源的情况。各聚居点虽然基本建有污水处理设施,但终端均为化粪池,待化粪池达到容量后,因无末端治理措施,终端出水基本直接排入池外田沟及水渠,出水带有臭味,颜色发白,泡沫较多。

三、乡村振兴战略背景下巴中市南江县生态文明建设问题的成因

(一)政府间利益博弈的阻碍,生态问题存在无边界性

我国环境保护的范围是按照行政区域来划分的,行政区域内具有环境管理职能的部门有许多。在进行环境保护与治理时,若没有一个处于领导地位的部门,很容易出现职能交叉、全责不清、互相推诿的情况。因此在生态保护与治理过程中,需要运用统一的政策方

针进行协同合作,才能更高效地推动生态文明建设的发展。影响生态政策协同发展的原因有很多,笔者认为主要包括两个方面。

一是环境问题的无边界性。在生态文明建设过程中,地方政府内虽设有专门的环境部门,环境部门的职责就是对地方行政区内的生态进行保护和管理,但是生态问题没有明确的边界,管理时很容易出现跨地区污染矛盾和冲突,协同难度大。

二是政府间存在许多共同的利益。在乡村振兴战略实施发展中,最主要的就是经济的振兴,就会导致各部门都想去竞争生态项目,想要获得绿色经济项目,最直接的就是制定偏向于自己部门的政策。但县级各平行部门间不存在行政隶属关系,都想制定有利于自己部门的政策,各部门之间就会展开博弈。像遇到生态保护与治理投资大、收益多且周期长的项目,部门为了赢得博弈,就会制定偏向于自己部门的政策,在这些生态政策中有些有利于生态经济的发展,但有些却会对生态产生负面影响。说到底就是绿色行政体系不健全导致生态政策协调的缺乏。

(二)经济发展基础十分薄弱,生态产业创新能力不足

巴中市南江县是国家级贫困县之一,经济发展基础薄弱,自我发展能力不足。地处盆地与山区的过渡区域,位置差,是巴中市南江县经济发展水平较低的主要原因。尤其是农村地区,耕地面积小,产量低。巴中市南江县经济属于欠发达地区,投资拉动十分乏力,投资增速持续下降。根据巴中市南江县经济与信息局公布的数据显示2019年1~11月,全社会固定资产投资同比下降21.3%,增速分别较上年同期回落2.1个百分点,较全市平均水平低11.1个百分点,居全市末位。

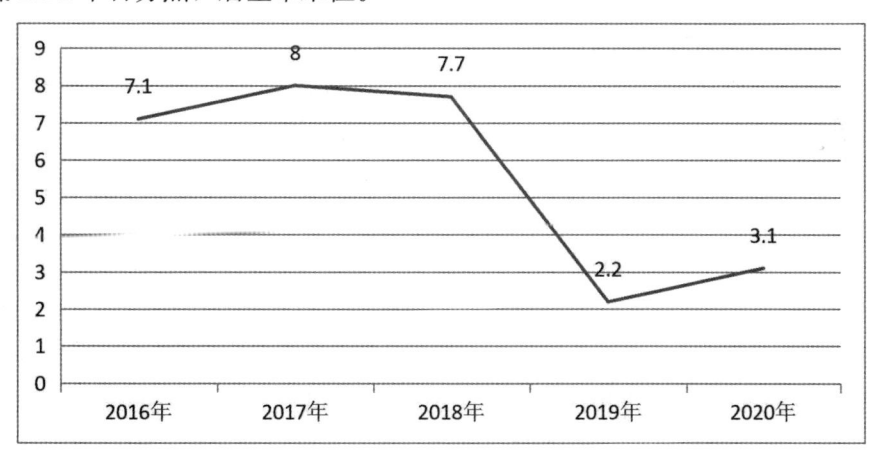

图14-4 2016—2020年地区生产总值增长速度

如图14-4所示,2016年—2020年地区生产总值增长速度统计结果显示,2018年地区生产总值增长速度由2017年的8%降到了7.7%,2016—2020年五年来2019年地区生产总值增长速度最慢,仅只有2.2%,虽然2020年地区生产总值有所回升,但巴中市南江县经济下行压力仍比较大。由此表明,巴中市南江县经济增长动力明显不足,新的增长点缺乏,生态产业创新发展能力不足,仍依赖传统的发展路径。

(三)政府生态理论理解不足,生态建设宣传力度不够

生态文明建设理念不能深入人心主要是由以下两个方面造成的。

一是巴中市南江县政府对如何全面、系统地推进生态文明建设还缺乏一定的认识，将工作的中心放在经济发展上，对生态文明建设的认识也仅停留在经济与环境协调发展的层面，并没有从生态意识、生态文化、社会文明等更深刻的层面来推进生态文明建设。这导致政府对于生态文明建设有关的政府文件公开度不足，宣传措施仅仅是形式主义。

二是巴中市南江县地处山区，交通不便，信息传递不便捷，政府宣传方式单一，导致民众对于本地生态文明建设的规划和方案知之甚少。并且部分民众学历低，习惯从自我角度出发，只关注自己的切身利益，对与自己生活密切相关的环保行为能积极参与，如节约用水用电等，但对于与自身关系不大的生态文明建设工程，就不会去主动承担义务，如遇到破坏生态的个人或群体就不管不问等。尤其是政府对农民的生态文明宣传教育不足，没有把建设生态文明的重要性与解决民生问题联系在一起，从而导致人民群众缺乏参与生态文明建设的热情，不能有效规范自己的生活方式和行为举止，阻碍生态文明建设的进程。

（四）城乡二元结构长期存在，生态文明建设资金不足

我国城乡二元结构的存在最终会导致城乡基础资源配置不平衡。在改革开放过程中，城市的经济发展优先于农村这是一个客观的事实，环保资金的投入和环保政策的制定定会多偏向于城市，这对于仅依靠国家财政拨款、集体经济收入和社会捐赠而获得基础设施建设资金的农村来讲，势必会在一定程度上影响到生态文明建设工作的开展。同时想要破除城乡二元结构是很困难的，从计划经济体制时期到现在，城乡二元结构经过多年的演变和强化，几乎到了已经根深蒂固的地步，要想打破二元结构，必须要不断调整城乡关系政策，向"三农"倾斜，投入巨额的资金。再加上生态基础设施、民生工程建设等许多惠及民生的环境保护工程项目资金需求很少具有盈利性，更多的是具有社会公益性，单独的财政支持存在很大的缺口，对于巴中市南江县这样的一个小县城来说面对巨额的资金需求，压力巨大。

四、乡村振兴背景下推动巴中市南江县生态文明建设发展的对策

（一）构建区域绿色行政体系，引领乡村生态政治振兴

绿色行政是一种对环境友好的行政，其指导思想、目标和具体的管理方式都是以生态文明为主导，能有效解决各部门之间的生态治理沟通壁垒和生态管理障碍。完善的生态治理机制主要涉及生态问题的决策、执行、监督和评价问题。所以巴中市南江县政府可以从组织领导机制、综合协调机制、多规融合机制、绩效考核机制四个方面构建绿色生态治理行政体系，解决生态政策协同缺乏问题。

首先，完善组织领导机制，充分发挥党政领导作用。政府可以建立"党政同责、一岗双责"的责任制。成立以县委书记、县长为双组长，政府分管领导为副组长，相关县级部门主要负责人为成员的专门的生态发展工作领导小组，实现组织统一。

其次，部门联动聚合力，建立综合协调机制。由南江县党政主要领导牵头，各相关部门积极参与，在生态治理政策目标的指导下，实现跨部门合作，形成全部门"齐抓共管"的工作格局，提高执行生态治理政策的效率，解决全县生态建设的重大问题。

再次，建立统一有效的监管制度，形成生态融合机制。将部门生态文明建设目标、任

务、指标等分解落实到 48 个乡镇、516 个村，层层签订军令状，进行网格化监管，强化生态应急管控，构建生态绿色监督体系。同时在编制南江县乡村振兴相关规划时，注重与土地利用规划、农业发展等的衔接，坚持规划引领，多规合一，不断优化生产、生活、生态空间布局。

最后，完善绩效考核机制。将全县生态工作纳入巴中市南江县政府年度考核体系并设为主要考核指标，建立完善有效的生态绩效考核机制。完善《南江县生态文明建设目标评价考核办法》，形成南江县绿色发展指标体系，对各乡镇生态建设工作进行年度评价，将考核结果作为乡镇党政领导班子和领导干部综合考评评价、干部奖惩责任免的重要依据。

（二）因地制宜发展生态农业，引领乡村生态经济振兴

巴中市南江县生态基础深厚，政府可以将第一产业、第二产业、第三产业进行深度的融合。依托特色农产品，推动生态农业生产全环节升级，形成产业联动发展，助推乡村经济振兴。

第一，可以依托已有的金银花、黄羊、翡翠米、富硒茶、核桃等特色农产品、林业、渔业等资源，利用现代化的科学技术，不断提升农产品的品质，形成农产品核心品牌。利用高标准农田建设和种养等方式与黑木耳、核桃、翡翠米、中药材、七彩苗木等农业产业相结合，实现巴中市南江县生态农业产业的发展。

第二，可以延长产业链，利用现代技术，提升生产技术，打造农产品精品加工生产基地，推动南江农业逐步形成组织化、规模化、集中化的竞争优势，增强绿色农产品的市场竞争力。依靠原产地生产，在乡镇形成农产品粗加工生产基地，节约资源成本，延长产地生产链，激发农产品加工附加值；对于规模生产农产品的村，采取生产基地+互动+体验式加工，将农产品、体验式加工、乡村旅游三者相结合，增强市场吸引力，推动三者共同发展。

第三，可以以金银花、核桃、富硒茶、黄羊等特色产业为依托，建立农业产业园区，将优势农业产业与旅游相结合，开发休闲观光、农事体验、农业研学等项目；以生态特色农业为支撑，建立一批旅游康养基地，实现巴中市南江县农旅融合。

（三）构建生态文明教育体系，引领乡村生态文化振兴

从乡村振兴发展来说，生态县的创建与发展，离不开政府干部、企业、民众的生态意识，政府干部的生态意识直接关系到生态政策的制定和执行程度，企业的生态文明意识直接关系到生态建设的成本，民众的生态文明意识直接关系到生态建设的效果。乡村振兴背景下的民众主要为农民，要做好生态文明知识宣传工作，有以下几种做法。

首先，政府可以通过开设与生态相关的内容课程，系统性地对各级领导干部和工作人员进行培训教育，特别是要对政府新进工作人员和基层村镇干部进行生态教育，有效提升政府各级工作人员的生态文明素养。

其次，严格进入乡镇落户企业的门槛，鼓励乡镇已有企业有针对性地制定生态文明教育培训计划和环保规章制度。定期组织员工学习使企业相关人员能及时了解最新的环保技术，在生产中能进行节能减排、清洁生产管理，能积极配合政府进行环保督察，严格控制污染源。

最后，生态文明建设教育在农村总体可以利用农村村委会，通过召开会议、村委会宣传栏、村广播站等方式对村民进行生态文明教育，普及生态知识。针对不同的宣传对象，尽可能采取不同的宣传方式，如对青年农民和流动农民工，可以建立生态文明教育的微信群、微博话题等进行宣传；对留守老人与儿童，政府可以采用走访宣传的模式。

（四）加大基础设施资金投入，引领乡村生态社会振兴

基础设施建设是乡村振兴强力支撑。基础设施完善，能吸引劳动力、资本、人才、技术等要素的流入。完善基础设施，资金是基础。农村生态资金投入缺口大，仅靠政府财政补助是很难弥补的，在推进农村环保基础设施建设的过程中，还可以利用社会、企业、银行等多渠道融资。

一方面巴中市南江县政府应该加大财政资金对环保项目的投入力度，南江县政府应该制定和出台相应的金融政策，推动绿色金融发展。据2020年南江县国民经济和社会发展统计公报显示，截至2020年末，巴中市南江县金融机构各项存款余额有280.25亿元，但各项贷款余额仅140.49亿元，这充分说明南江县是一个典型的存差县，县域资金非常充裕，贷款需求不旺盛。巴中市南江县政府可以充分利用这部分资金逐步解决农村环境保护基础设施欠账较城区多的问题，同时可以制定贷款利率优惠和利息补贴等政策，降低绿色项目的筹资成本，吸引企业向绿色项目投资。

五、结　语

2012年以来党和政府正式将生态文明作为发展战略，提出深化生态文明改革，但从哪个角度入手，成了一个难题。实践表明，乡村振兴是贯彻生态文明的重要的基础性战略，从乡村振兴入手最能推进生态文明建设发展。因此，本文选择从乡村振兴的政治、经济、文化、社会、生态五个角度来研究巴中市南江县生态文明建设情况。为了清楚巴中市南江县生态文明建设现状，笔者通过对某些村镇进行实地走访，并结合问卷调查的方法，掌握和了解巴中市南江县生态文明建设状况。

研究结果表明，巴中市南江县生态文明建设取得了一些成就，但在生态政治、生态经济、生态文化、生态社会等方面还存在许多不足。笔者想通过对其存在的问题进行深入的分析，提供一些建议与对策，希望能对巴中市生态文明建设提供一个参考角度，同时也为生态环境与建设类似于巴中市南江县的地区提供借鉴。

【参考文献】

[1]陈静毅.乡村振兴视角下东安县生态文明建设研究[D].湖南师范大学,2019.

[2]周生贤.走向生态文明新时代——学习习近平同志关于生态文明建设的重要论述[J].求是,2013(17):17-19.

[3]陈兆红.美国乡村振兴的运行机制与实现路径[J].中国国情国力,2019,(3):61-64.

[4]李首涵,刘涛.日本乡村振兴之镜鉴[J].山东农业科学,2020,52(5):157-165.

[5]雷切尔·卡逊.寂静的春天[M].上海:上海译文出版社,2007.

[6]德内拉·梅多斯,乔根·兰德斯,凡尼斯·梅多斯.增长的极限[M].李涛,王智勇,

译.北京:机械工业出版社,2013.

[7]秦慧杰.毛泽东生态文明建设思想的历史贡献[J].世纪桥,2014(3):39-41.

[8]杨大燕.论邓小平生态义明建设思想及其蕴含的四大思维[J].邓小平研究,2018(3):28-36.

[9]吕安心.胡锦涛生态文明建设思想的主要内容及时代价值研究[J].文教资料,2014(19):76-78.

[10]万军玲.习近平生态文明建设思想新发展[J].阴山学刊,2019,32(4):5-9.

[11]陈小婕.论乡村振兴与农村生态文明建设的耦合关系[J].科学大众(科学教育),2020(5):180-181.

[12]陈华,刘朋虎,王义祥,等.乡村绿色振兴与生态文明建设融合发展的对策研究[J].农业科技管理,2020(1):1-4.

[13]李真熠.乡村振兴视域下乡村生态文明建设路径研究[J].乡村科技,2019(07):51-52.

[14]张超.南江县地方课程资源开发研究[D].四川师范大学,2010.

[15]贺亚坤,李钢.我国生态文明建设现状及对策研究[J].学理论,2015(22):10-11.

[16]李颖.四川省南江县生态保护红线划定研究[D].成都理工大学,2017.

[17]杨国辉.南江县林业生态建设现状及发展对策[J].农民致富之友,2016(22):129-130.

[18]刘崇裕,姜蓉.南江县光雾山生态旅游发展现状及对策[J].四川林堪设计,2016(1):61-62+79.

[19]叶奇奇.乡村振兴视域下中国农村生态文明建设研究[D].西南科技大学,2018.

[20]唐雨薇.张家港市城乡生态文明建设一体化研究[D].苏州科技大学,2015.

[21]于帅.乡村振兴战略视域下农村生态文明建设研究[D].河北经贸大学,2019.

[22]王彬彬.西部地区生态文明建设的空间形态研究[J].统计与决策,2009(3):79-81.

第十五章　宜宾市 P 社区居民参与城市社区环境治理问题研究

社区作为城市的基本单位，也是城市社区环境的重要组成部分。近年来，随着环保意识和环境治理意识的觉醒，社区环境保护问题受到重视，城市社区环境的治理问题也更加凸现。本文以四川省宜宾市 P 社区作为调查对象，在宜宾市积极创建全国文明城市的背景下，从社区环境治理的参与主体入手，通过问卷调查的方式了解"创文"活动结束后居民对参与社区环境治理的意识情况，分析得出该社区存在生活垃圾污染严重；政府不够重视，资金投入少；居民环保意识薄弱；管理制度监督机制不完善等问题。针对性地提出加强基础设施建设、明确治理主体责任分配、提高政府重视程度和居民环保意识、创新环境管理制度和监督机制等建议。将"创文"活动的作用继续发挥，完善城市社区环境治理，促成美好和谐的社区环境。

一、宜宾市 P 社区社区环境基本概述

宜宾市安阜街道 P 社区成立于 2001 年 8 月，现有 19 个居民小区，其中有银龙小区等 6 个倒迁小区，属于城乡接合部。宜宾市于 2020 年入选第六届全国文明城市，在宜宾市创建文明城市过程中，P 社区在社区环境治理方面积极响应与创新，环境状况已明显改善。

随着牺牲环境发展经济到"绿水青山就是金山银山"观念的转变，环境治理问题成为绿色可持续发展的重要部分。在创建全国文明城市对市民的基本要求和指导下，社区居民积极参与环境治理已经成为一种新趋势。2019 年 11 月 26 日，中央全面深化改革委员会审议通过的《关于构建现代环境治理体系的指导意见》，提出了关于秉持绿色发展理念，强化政府主导，深化企业主体，动员社会组织和公众共同参与的新时代环保治理体系。环境治理是解决城市的环境污染和生态破坏问题，促进生态文明建设的重要途径。

在环境治理日益受到重视的情况下，宜宾市开展了一系列的城乡社区环境整治活动。如"宜宾市中心城区风貌整治""绿地整治改善城市生态环境""宜宾城乡环境'百日攻坚'专项行动"等活动；此外还颁发以及执行了一系列的城乡环境整治规章制度，如《宜宾市城市市容和环境卫生管理办法》《四川省城乡环境综合治理条例》。以上环境整治行动的开展以及相关政策文件的执行取得了较为显著的成效，为宜宾市创建"国家级卫生城市"以及"全国文明城市"带来了一定的积极效果。

二、居民环境治理意识调查结果分析

（一）调查概况

本次调查的主要对象是 P 社区居民，发布并收回问卷的有效数据为 174 份。其中，女性的比例略大于男性，女生共 98 位，占比 56.32%；男生 76 位，占比 43.68%。样本中

性别比例大致平衡，能够真实地反应不同性别对环境治理的态度及看法，为本研究提供相当程度的研究信度，如表 15-1 所示。

表 15-1 受调查者基本情况

选项	类别	人数	百分比
性别	男性	76	43.68%
	女性	98	56.32%
年龄	18 岁以下	14	8.05%
	18~35 岁	83	47.70%
	35~55 岁	52	29.89%
	55 岁以上	25	14.37%
受教育程度	中学以下	23	13.22%
	高中及专科	57	32.76%
	大学本科	75	43.10%
	研究生及以上	19	10.92%
居住时长	半年以内	47	27.01%
	1 年以内	14	8.05%
	1 年到 3 年	50	28.74%
	3 年到 5 年	22	12.64%
	5 年以上	41	23.56%

本调查研究样本中 18~55 岁的青年和中年数据居多：18 岁以下的有 14 人，占比 8.05%；18~35 岁的有 83 人，占比 47.7%；35~55 岁的有 52 人，占比 29.89%；55 岁以上的有 25 人，占比 14.37%。因为环境治理的主体以中青年群体为主，本调查研究样本以青年和中年人为主体，意味着本研究的结论能大致反映 P 社区公众对环境治理的总体态度。也就是说，本研究的结论具备一定的科学性与客观性，能反应实际问题。

本次调查研究样本的受教育程度较高，主要集中在高中到大学本科之间。其中，中学以下的有 23 人，占比 13.22%；高中及专科的有 57 人，占比为 32.76%；大学本科的有 75 人，占比为 43.1%；研究生及以上为 19 人，占比为 10.92%。由于居民受教育程度对其环境治理理念和参与意识有一定影响，本研究的被调查者受教育程度在高中及以上的较多，能够更加准确地反映 P 社区公众对于环境治理的参与程度，为本研究的论证提供参考。

本次调查研究样本以社区长居人口居多。其中，居住时长在半年以内的居民有 47 人，占比为 27.01%；1 年以内的有 14 人，占调查人数的比例较低；1 年到 3 年的有 50 人，为调查数据中占比最多群体，占比为 28.74%；3 年到 5 年的居住人口有 22 人，占比为 12.64%；5 年以上的有 41 人，占比为 23.56%。居住时长分布不均，但居住时长在 1 年以上的人数居多，因为社区环境的主要享受者是社区居民，社区常住人口见证了社区环境治理措施的实施过程，能够真实地反映 P 社区居民环境参与意愿，具有一定的真实性和代表性，为本研究提供了可靠的数据支撑。

（二）调查结果与分析

1. 社区环境情况及满意度

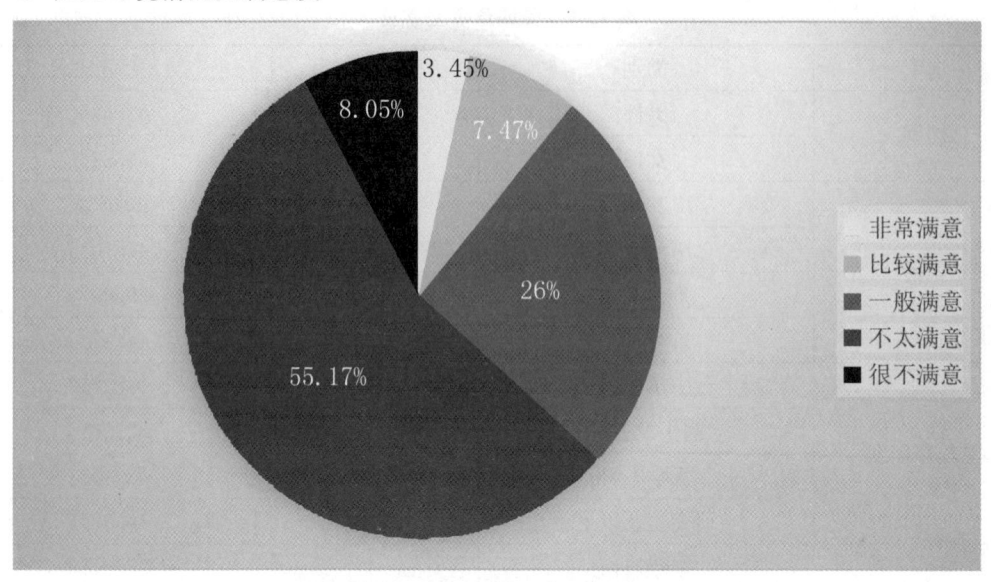

图 15-1　P 社区居民环境满意度情况

从图 15-1 数据可以看出，目前 P 社区居民对环境满意度较差。其中，不太满意的有 96 人，占比为 55.17%，比重超过样本量的一半；而非常满意的人数仅有 6 人，样本量占比的最低；比较满意当前环境状况的占 7.47%，共有 13 人；一般满意人数为 45 人，占比为 25.86%；很不满意当前环境的有 14 人，与比较满意的人数占比比较接近。由此可见，P 社区目前的环境治理状况并不乐观，未能达到大部分居民都满意的程度。因此，对该社区目前环境治理存在的问题进行分析研究，提出可靠的解决对策来提高居民满意度十分必要。

2. 居民对社区环境治理重视程度

从表 15-2 所列数据可以得出，P 社区居民对环境治理重视程度较低，认为不太重要的人数占据样本量的一半。仅有 6 位受调查的居民认为社区环境治理非常重要，占调查人数的 3.45%；19 位认为社区环境治理比较重要，占调查人数的 10.29%；认为一般重要的人数为 41 人，占比 23.56%；认为不重要的人数为 16 人，占比 9.2%。该社区对环境治理的重视程度普遍不高，也反映了该社区居民环保意识比较薄弱。

表 15-2　居民认为社区环境治理重要程度

	非常重要	比较重要	一般重要	不太重要	不重要
人数	6	19	41	92	16
百分比	3.45%	10.92%	23.56%	52.87%	9.20%

从表 15-3 数据来看，P 社区居民对环境治理关心程度不高。在本次调查中，仅有 2 名受调查者对社区环境治理十分关心，占比仅为 1.15%；19 位比较关心社区环境治理情况，占比为 10.92%；一般关心的人数有 76 人，占比为 43.68%，接近样本量一半；而不太关心和毫不关心的人数占据了样本量的 44.25%；由此可见，居民对于社区环境治理情况并

不关心。

表 15-3　居民对社区环境治理关心程度

	十分关心	比较关心	一般关心	不太关心	毫不关心
人数	2	19	76	40	37
百分比	1.15%	10.92%	43.68%	22.99%	21.26%

3. 居民参与社区环境治理意愿

从表 15-4 数据分析得出，居民对社区环境治理活动参与意愿不高。其中，十分愿意参与治理活动的有 17 人，占比 9.77%；可能愿意参与治理活动的有 45 人，占受调查者的 25.86%；而愿意参与治理活动的有 78 人，占比 44.83%；不太愿意和不愿意参与的共为 34 人，占比分别为 5.75% 与 13.79%。居民对于治理活动参与意愿都不够强烈。

表 15-4　居民参与社区治理活动意愿

	非常愿意	可能愿意	愿意	不太愿意	不愿意
人数	17	45	78	10	24
百分比	9.77%	25.86%	44.83%	5.75%	13.79%

4. 社区环境治理责任主体

从图 15-2 来看，居民对于环境治理负责主体观念比较传统，主要是政府和物业公司。其中，选择政府及其职能部门为责任主体的人数为 54 人，占比为 31.03%；选择社区居委会的人数也比较多，共有 34 人，占比为 19.54%；选择社区居民的人数为 20 人，占比为 11.49%；选择物业公司的人数占样本数据的比例最多，有 61 人，占比为 35.06%；选择其他环保组织的人，占比为 2.87%；由于受传统观念的影响，政府仍是居民普遍认为解决问题的责任机构，而城市社区的日常环境卫生还是由物业公司来处理的，因此在调查中政府及其职能部门和物业公司被认为是主要的责任主体比较符合真实情况。

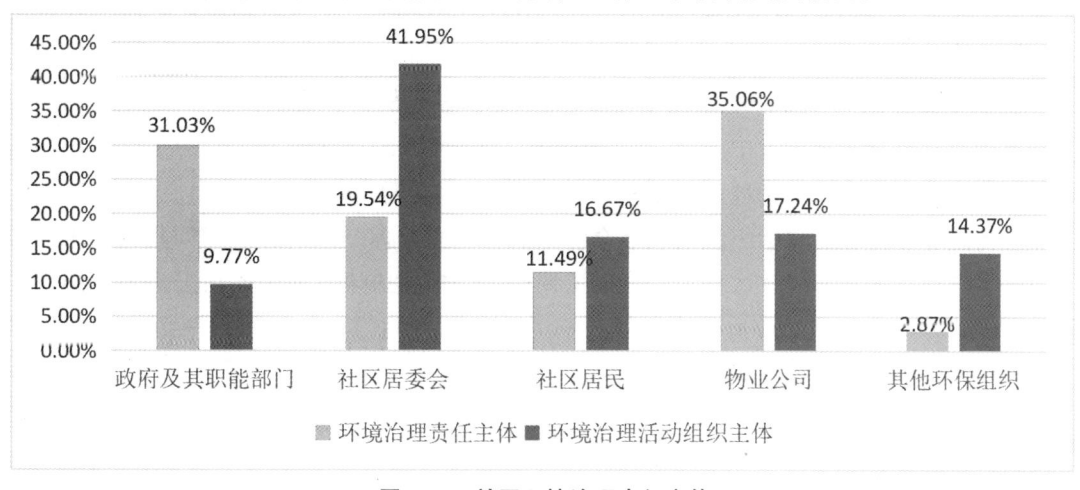

图 15-2　社区环境治理责任主体

社区环境治理活动的组织主体被认为是社区居委会。73 人认为社区居委会应该主导环境治理活动的开展，占比 41.95%；因为社区委员会是社区环境的直接管理者，本次调查数据的结果显示，居委会也被认为应该组织环境活动。

（三）调查小结与问题发现

通过上述的调查结果分析，可以发现P社区居民的环境治理意识还存在以下问题。

（1）P社区环境治理情况一般。生活垃圾污染较严重，居民对环境满意度较低，认为环境治理并不重要，重视程度与关心程度很低。

（2）P社区居民环境治理意识薄弱。对参加社区环境治理活动与组织等意愿不高，参与过社区环境治理活动的频率也较低。

（3）社区环境治理主体被居民认为是政府、居委会和物业公司等，传统观念影响较深，居民自发参与意识不高。

三、P社区环境治理存在的问题分析

（一）生活垃圾污染严重，没有对应基础处理设施

在调查结果中，大部分人认为生活垃圾污染是P社区目前最严重的环境问题。在访谈的过程中，了解到社区部分街道正在进行建筑设施改造，在原本生活垃圾的基础上，又新增了大量的施工垃圾。施工过程中产生的垃圾等没有得到很好的处理，街道原有的垃圾桶等本来就设置的不多，很多施工工人嫌麻烦便直接乱扔，施工后处理不到位。

"小区垃圾桶太少，只有大门口设置了几个，每次扔垃圾都很麻烦，要走很远，保护环境的宣传牌也很破旧，很多老年人直接就扔到旁边的草坪角落里。"（访谈者A）

"街上的垃圾桶都是破破烂烂的，也比较小，想扔垃圾发现都是垃圾堆得满满当当的，根本扔不进去，很久都没有人打扫。"（访谈者B）

环保基础设施的不足直接影响到社区环境的治理，同时也会影响到居民对所住社区环境保护的积极性。宜宾市P社区位于宜宾市上江北，主要由几个老小区构成，老小区很多基础环保配套设施没有跟上，许多陈旧的环保基础设施都需要补充或者替换。符合垃圾分类标准的垃圾箱和相关的环保宣传等的欠缺，使得社区环境保护难以落实，许多工作都难以开展。

（二）政府对环境治理重视不够，相关投入较少

基层自我管理和治理有了一定程度的发展，但由于一些现实以及不可抗力的因素，由政府主导、社区居民参与的社区环境治理形式仍是主流。大部分居民认为社区的环境应该由社区街道和作为社区自治组织的居委会和政府机构来治理。在实际问卷回收数据中，政府不够重视被认为是造成社区环境问题的主要原因。根据访谈者的回答情况来看，也和问卷的结果比较符合。

"政府只知道应对检查，前段时间说'创文'活动，检查的时候倒是处理得干干净净，等检查过了又回到原来的脏乱差了，平时根本不重视，临时抱佛脚，哪里能真正的搞好环境嘛！"（访谈者C）

对环保的投入是确保环境管理长期有效运行的前提条件，政府对于环境保护的投入力度不够，环保部门专业人员不足，执法者缺乏专业培训，大部分环保检查都只是走个过场，做表面功夫，这样不严格的标准方式使得相关的环保人员也简单地应对检查，检查完成之后，环境又恢复到原来状态，没有从根本上解决环境污染问题。

而另一方面，政府部门对于环保的重视不够，导致相对应的资金投入少、规章制度缺乏等一系列问题发生，社区环境治理的三大主体互相推卸责任，这样就会形成恶性循环，从而使社会环保组织也很难参与到社区环境的治理中去。

（三）居民环保意识薄弱，参与环境治理途径少

虽然在问卷中，一部分居民认为环境治理比较重要，也比较关心社区环境情况，但在实际参与中，只有很少一部分人参与过环境治理活动。其中很大一部分原因是环境治理活动宣传不到位，居民参与途径少，活动形式单一。

"我还是挺愿意参加社区的环保活动的，但不知道在哪有，有时候看到宣传栏贴的宣传单都是好久以前的活动了，没有一个及时的消息通知渠道，想去也去不了。"（访谈者D）

"环保活动就是捡垃圾，撕小广告，没有正规的组织来带领我们干一点实事，本来很有兴趣的想来参加，多捡两次就没有吸引力了，希望居委会可以找一点专业人士来办两次好点的活动，让我们有点参与感和成就感。"（访谈者E）

除此之外，社区居民作为社会公共产品的主要受益者，自身存在一定的局限性，一部分环保治理意识还不够自发深入的居民，对社区的环境治理并不关心，认为自己没有义务和时间来参加，参与的积极性很低，相关的环境治理知识了解也比较少，环境意识薄弱。在小区内，环境这一部分工作基本上是由物业公司来完成的，物业工作人员只负责在规定时间内做相关的环保工作，没有和小区居民达成良好共识，互相推诿，缺乏环境治理的自发意识。

"物业公司收了物业费就应该负责我们的环境卫生，本来交钱就是为了不用打扫，我们一天上班那么忙，自己家里还没有搞干净，哪有时间来管社区环境。环境治理活动也没多大个意义，就是让我们去打扫打扫卫生。"（访谈者F）

（四）管理制度和监督体制不完善

虽然自宜宾市创建文明城市以来，环保局对于环境治理的重视有所提高，但更大的比重是放在工厂等商业组织上，对于社区的环境问题，并没有设立一个专门的工作小组进行管制。政府对社区环保监管不足，大多只是依靠下发行政命令要求社区居委会等来组织，而社区居委会的权力是有限的，只是把环境整顿工作当成一个需要额外完成的任务，工作分配不平衡，也不够重视。即使社区自治组织和居民能提出一些有效的方法，也没有足够的权利来保证能准确地实施到实处。在P社区范围内的几个小区基本上都没有一个同时具备专业化、程序化又拥有管理权力的组织。

目前，一些环境保护志愿者和民间的环保组织都在积极参与社区环境的治理和监督工作，但是在具体的实施中，民间环保组织和社区居民更多的是承担社区环境的保护工作，对于一些污染和破坏社区环境的行为，国家的法律法规并没有赋予他们对于污染和破坏社区环境的行为进行制裁的权力，造成他们没有可以遵循的法律法规来阻止环境污染行为的窘境。虽然我国相关的环境保护法律法规赋予了社会团体在社区环境治理中一定的权力，提倡公众参与到保护环境的工作中去，每个人都有保护环境的义务，并有权对污染、破坏环境的行为进行检举，但在实地考察中我们发现社区居民和社会环保组织在发现环境问题

时只能通过到社区居委会等处反映情况的方式提供反馈,没有强硬的监督权力,造成很多居委会或者相关部门也不够重视,环境治理和维护受到很大的限制。

四、P社区环境治理问题对策

(一)加强基础设施建设

环保处理设施作为社区建设的基础设施之一,在日常进行环境保护和治理的过程中发挥了重要的作用,基础设施本身就能够美化社区环境,完善的基础设施本身就是一道亮丽的风景线,它能够给人一种身心愉悦的感受,也能够提高社区居民对于本社区的幸福感和归属感,同时它也会激励社区居民保护好他们生活的环境。环保基础设施作为一个社区环境保护所必需的基本条件,在很多现代化社区中已经得到重视,这也是为什么很多现代化社区的环境保护工作能比老旧小区更好开展的原因。不仅仅只是单纯的增加垃圾桶的数量,更要在这一基础上进行垃圾分类的细化分工,让居民能从日常生活中,从根源做好真正的环境保护。在另一方面,很大一部分小工厂没有足够的资金和成本来引进先进的污染处理设施,宁愿选择被罚款也不愿意耗费资金。增加垃圾处理设施和引进先进的垃圾处理技术为这一部分工厂提供垃圾处理的更好方式,也是从源头解决社区内环境治理问题的另一途径。

(二)明确主体责任分配

虽然社会环保组织已经开始在社区环境治理中发挥作用,但目前我国大部分社区环境治理工作主要由政府、社区居委会、社区居民三大主体构成。其中政府是环境治理的责任主体,在环境治理中掌握着行政权力,明确政府的职能职责,是政府发挥其主导作用的基本保障。政府应该提高对社区环保的重视程度,加大资金和人力投入,提供专业的环保工作人员,保障社区环保资金来源。社区环境治理主体地位的提升不仅需要政府转变过时的环境治理理念、公众参与观念,还需要不断健全公众参与权利。

社区居委会作为能直接接触到社区环境的基层领导部门,起到管理、服务、教育和监督的作用。应当深入群众,了解实际情况,将出现的问题上报给上级有关部门,切实解决。另外,做好社区环境治理宣传工作,营造良好的爱护环境风气,利用每年的"环境日"等公益节日开展环保知识宣传活动。加强社区居委会工作人员环保意识建设,提高其主动意识,在日常工作中发挥引领作用。

社区居委会与政府部门进行良好的协作,总体规划与具体实施相结合,是社区环境治理的重要途径。政府、社区组织、居民各司其职,通力合作,相辅相成,一起打造美丽的社区环境。

(三)提高居民环保意识

社区居民不仅是社区环境的享受者,更是社区环境治理的执行者。居民参与社区治理不仅可以使得政府部门能够真实听到居民切实感受,还可以监督政府在环境决策中的开放性与民主性,从而解决真实存在的问题。

社区居民的广泛参与也能够改变政府部门主导的社区环境治理模式。提高社区居民在环境治理方面的参与度,才能提高居民们的环保意识。居民的环保意识在近几年已经有所提高,但还只是以少数中青年为多,在参与社区环境治理时也经常因为无从了解活动的途径而很少能参与到其中。只有社区居民真实的意见和建议能够反馈给社区,才会让社区的管理者更为容易和精确地掌握整个环境问题的实际情况,对存在的问题进行及时解决,提高社区解决问题的效率。

(四) 创新环境管理制度

完善社区环境管理制度是社区环境治理的重要保障。政府有关部门可以根据社区的情况进行划分,设立专门负责环境治理的小组,促进社区环境建设与管理的有效性。

居委会可以连同社区居民、社会环保组织一起制定社区环保规则,让公众参与到日常管理方法的制定中来,结合实际情况,提高居民参与度。例如,乱扔乱放者打扫相关区域卫生,这样以保护环境的惩罚来规束行为,不会让居民觉得处罚太重而引发不满情绪。完善社区居民参与社区环境治理的机制,要建立全面的社区环境治理监管机制。针对社区居委会,在居民区设立规范性的公示栏,对居委会的工作内容实施公开化,让广大社区居民监督。

建立全面的社区监督机制,不仅能提高社区居民参与社区环境治理的积极性,提高社区环境治理的参与度,也能加强社区之间的相互监督,促进社区环境的可持续性发展。

五、结 语

目前创建全国文明城市以来,城市社区环境治理这一问题已经受到多方关注,社区居民在其中不断发挥其主体作用,公众参与的比例大大提高。社区环境的好坏直接影响一个城市环境质量的水平,关系到城市经济社会环境的可持续发展,社区环境治理对于现代化城市具有重要意义。

通过这次对于宜宾市P社区的调查,发现其存在生活垃圾污染严重,环保基础设施欠缺;政府对环境治理不够重视,资金和人力等投入较少;居民治理意识薄弱,对社区环境治理活动参与意愿不高,参与途径少;管理机制与监督机制不完善等问题。针对这些问题,本文针对性地提出了提高政府重视程度,加大资金投入用于环保基础设施的建设;明确政府职责,提出社区居委会工作要求;提高居民在社区治理中的参与度,强化居民环境自治的意识;借鉴优秀社区管理经验,创新管理机制、提供公开透明的信息反馈途径,为各个主体提供有效监督体系等对策。

环境保护要求我们每个人每个公民都参与到其中,联合专业化的管理人员,让环境保护成为每个人的自觉行为。政府、社区居委会、居民和社会环保组织形成的多方合作治理模式会逐渐成为社区环境治理的新趋势。通过本研究的分析调查,发现当下存在的环境治理问题,规范和完善在"创文"活动结束后对环境治理的管理建设,使得"创文"活动能够持续发挥其影响与作用。

【参考文献】

[1]新华社.中共中央办公厅 国务院办公厅印发《关于构建现代环境治理体系的指导意见》[EB/OL].(2020-3-3)[2020-10-3].http://www.gov.cn/zhengce/2020-03-03/content_5486380.htm.

[2]胡振光.社区治理的多主体结构形态研究[D].华中师范大学,2015.

[3]向松.成都市武侯区社区环保管理情况调查研究[D].电子科技大学,2015.

[4]冯辉.我国社区教育研究综述[J].伊犁师范学院学报,2006(1):112-115.

[5]周婷.公众参与社区环境治理的对策研究[D].湘潭大学,2016.

[6]李明光,邓庆恒.广州市建立与完善社区环境保护治理体系探讨[J].广州环境科学,2019(1):20-24+34.

[7]汤妤洁.环境治理的社区合作机制的构建研究[D].广西大学,2016.

[8]蔺瑞瑞.南昌市社区环境教育模式探究[D].江西师范大学,2007.

[9]万华炜.绿色社区[M].北京:中国环境出版社,2016.

[10]李艳芳.公众参与环境影响评价制度研究[M].北京:中国人民大学出版社,2004.

[11]刘海云.学校、家庭、社区三结合进行环境教育[J].环境教育,2005(5):33.

[12]魏殿坤.绿色社区与环境保护[J].现代物业(中旬刊),2018(12):250.

第十六章　宜宾市公共基础设施供给现状及完善研究

公共基础设施是促进区域经济发展、提高人民生活的水平的重要支柱，是政府行为及政府决策科学性的直接反映，是政府行政效能的科学评估。优化公共基础设施的供给主体，为人们提供实用的、高质量的基础设施是政府不可推卸的职责。由于公共基础设施的非排他性、非竞争性，供给主体理论上应该是政府，但实际上，仅仅依靠政府却无法实现这一庞大供给链的精准运转。现实中，引入市场机制，让公共基础设施的供给主体多元化是必然要求。政府需要转变职能，更多地进行顶层设计、宏观调控、市场监管，将公共基础设施的生产权下放到市场，发挥市场对需求的灵敏性和高效率性，从领头羊转变为领头雁。本文从政府决策出发，阐述在公共基础设施的供给过程中，政府决策是核心，要发挥智囊团的参谋作用才能使决策更加科学、规范，使公共资源得到合理利用，使基础设施建设惠及人民。

一、宜宾市城区公共基础设施供给现状

目前，宜宾市在公共基础设施的供给工作上总体较好。种类繁多、形式新颖，再加上四川省宜宾市强大的经济实力与得天独厚的地理位置，在全省范围内名列前茅，建成四川省经济副中心指日可待。但是，在面积只有1.33万平方千米的条件下，宜宾市的总人口却达到了551.5万。人口膨胀、人口迁移等社会问题使得政府必须重新分配公共资源。从现实状况来看，宜宾市政府侧重于增加供给数量和种类，对于前期调研和后期管护问题不够重视。因此，解决上述供给问题还需要从政府决策出发。

（一）宜宾城区公共基础设施基本分析

1. 公共基础设施基本含义

公共基础设施是一个比较广泛的概念，国内外学者对此只有宽泛性的解释而没有统一的认识，一般来说属于公共产品的范畴。对公共基础设施的解释有狭义和广义之分，狭义的理解是：一切有形的城市硬件设施，包括交通运输、通信、能源、电力、水利以及教科文卫等部门提供的可以为人们直接使用的产物。广义的理解是，公共基础设施还包含了无形的诸如法律、政策、外交、国防、行政管理等内容。

2. 宜宾市基础设施供给数量及种类

宜宾素有"万里长江第一城""中国酒都""中华竹都"的美誉，地接四川、云南、贵州三省，处金沙江、岷江、长江三江交汇处，战略位置非常优越。探究宜宾市公共基础设施供给情况，首选交通领域。宜宾是全国综合性交通枢纽，位于4条高速铁路交汇处，是国家"八纵八横"高速铁路网中"京昆""兰广"两大重要通道的交汇点，是全国50个铁路枢纽之一；位于12条高速公路交汇点，是西部陆路重要的物流枢纽城市；有五粮液和菜坝2座机场，是川滇黔区域的航空桥梁；有四川最大内河综合枢纽港之一的四川宜宾

港,是国家规划的长江上游航运物流中心、长江六大重要枢纽港之一;宜宾城区的岷江大桥、金沙江大桥、南门大桥、戎州大桥、中坝大桥、菜园沱长江大桥、盐坪坝长江大桥和正在建设之中的临港长江铁路公路两用桥是连接江北和南岸的交通纽带。除此之外,大学城、研究院、物流公司、医院、产业园等配套设施一应俱全。整体来看,宜宾市的公共基础设施供给充足,种类丰富,优势突出。

(二)基础设施建设对宜宾城区的意义

1. 夯实地区经济基础,促进城市长远发展

经济的发展可以带动基础设施建设,基础设施反作用于经济基础,二者相生相伴、相辅相成。宜宾市近年来能够取得如此傲人的成绩,离不开高铁和机场等基础设施的建设。据悉,2019年期间:宜宾市政府用于交通领域的投资共有186亿元,宜宾西站的修建耗资1.376亿元;五粮液机场总投资约29.28亿元,包括军航部分、军民合用及民航部分,两者均于2019年投产使用。高铁和机场可以高效地交换沿线的人流、物流、信息流、资金流。正是有了这种高效交换的作用,才能聚集大量来往人流,对区域未来的发展有积极的推进作用。

2. 满足居民基本需求,提高市民生活质量

高铁和机场的出现极大地缩短了人们出行的时间,缓解了春运及节假日期间的交通压力。就四川省内而言,2019年6月以前,人们从川北地区前往川南,需在成都北站中转客车,日载客仅有5个班次,且时间点大多集中在清晨,下午和午夜时分,乘客需乘坐7个小时才能到达宜宾。高铁开通后,成都至宜宾段时间缩短为1.5小时,车次多不胜数。坐在干净舒适的车厢内,人们沿途可以观自然风光、品人生百态、去浮躁疲惫。由文献可知,宜宾西站已经成为"全国重要地区铁路枢纽"和"四川省铁路枢纽次级中心",为宜宾休闲农业和乡村旅游高质量发展创造了前所未有的机遇。

3. 提升国内城市形象,带动相关产业发展

宜宾市委书记刘中伯调研时曾强调:宜宾新机场和宜宾西站对宜宾非常重要,是宜宾对外展示形象的"窗口",事关宜宾经济社会发展。各级各有关部门要进一步研究解决工作中存在的困难和问题,切实加强工作力度,共同努力把"窗口"建好。众所周知,不是每个地区都具备高铁和机场。宜宾市大力投资修建机场和高铁以及相关领域如桥梁、专用车道,势必会加强与中东部的交流,促进休闲康养旅游业、茶竹业、酿酒工业、房地产、教育业等领域的发展,促进各区域的产业调整和转移,逐渐缩短各城市间的经济差距。2018年以前,宜宾地区GDP总量一直低于德阳,自2019年高铁开通运营后,宜宾远超德阳成为全省经济总量的第三名。

二、宜宾市公共基础设施存在的问题

尽管宜宾市公共基础设施种类丰富,数量庞大,但依然存在诸多问题。本文将以举例的方式来论证其存在的问题。

(一)总体供给基本充足,部分设施缺陷明显

宜宾智轨是全省除成都以外仅有的智能轨道交通运输工具,具有造价低、节能环保、

噪音极小、速度快等优点。尽管如此，智轨却依然存在许多问题。

一是开通的线路太少。目前只有一条T1线，途径的站点较少。意味着受众必须是生活在站点附近或专门前往站点乘车的少数老百姓，且其中，产业工人和工程师等技术人员占多数。

二是易添堵、推广难。智轨的运行必须依靠宽阔平坦的道路。作为行政中心的翠屏区，其大部分地区的道路都十分狭窄。而智轨一次性要占用两个车道，即使没有公交车和出租车，智轨也不能在江北和南岸大部分地区穿行。更有市民提到，每当到了下班的高峰期，智轨就成了"添堵神器"。因此，智轨只能在道路宽阔的叙州区和翠屏区与叙州区交界地带运行，也就谈不上推广到其他县区。

三是体验度不高。智轨外观华丽，形似地铁，但站台狭窄，高峰期会将人挤到站台外的道路上，有一定危险性；车内的轮包很大，造成座位稀少，大部分乘客只能站乘而非坐乘。

共享单车花样式繁殖。单车虽然满足了人们短距离的出行，可以解决交通上的"最后一公里"问题，但青橘、哈罗、小黄车、小红车等供过于求，远远超过居民的需求，占道相当严重。有的运营商将学校外本就十分狭窄的通行道路作为推广运营共享单车的大平台，影响师生通行。诸如这一类问题，共享单车的受众已经相当稀少。

出租车受到冷落。宜宾市出租车的起步价为5元，虽然不算很高，但实际出行一趟所花的费用并不少。以宜宾学院到高铁西站的路程为例，在不堵车的情况下，乘坐出租车的花费不会低于40元；在堵车及法定节假日的情况下，花费就一定高于50元。宜宾的出租车即使在等待通行期间也会产生费用。比较而言，人们更愿意坐公交车和正规的网约车。

（二）重视硬件设施扩充，轻视精神文化供给

众所周知，文化软实力越来越成为区域一体化发展的核心竞争力。但宜宾市在基础设施供给方面更倾向于硬件设施的扩充，文化软实力则不强，具体表现在以下几个方面。

1. 对本土文化发掘不够

宜宾是国务院命名的历史文化名城，历代名人辈出，养育了李硕勋、赵一曼、阳翰笙、唐君毅等无数革命先烈和文坛大师，积聚了多姿多彩的长江文化、酒文化、僰苗文化、哪吒文化、抗战文化、民俗风情文化。但是，宜宾市政府对这些本土文化的发扬和宜宾精神的塑造还远远不够。相应的博物馆、文化馆、文化广场、少年宫、文献资料不多。

2. 公共图书馆的大而空

宜宾市图书馆位于叙州区蜀南大道东段市文化科技中心，是宜宾市最大的公共图书馆，肩负着为宜宾地区经济建设、科学研究提供知识信息服务和为广大群众提高科学文化素质进行社会教育服务的重任。据笔者亲身经历，图书馆内的布局不是很合理。

一是外形上的庞大，导致人们在视觉意识上认为馆内藏书量多、学习的人流量大，实际上图书量很少，学习的人数更少，他们只是粗略地对休息区的杂志报纸进行翻阅。没有真正带着对知识的渴望而学习的实践，就不会有质的提升。

二是周末阅览室并不对外开放，导致人们借阅不了书籍，只能参观一些少量的科技展览。展品没有新意，科技含量稀少，部分展品还有损坏。

三是图书馆的功能定位存在偏差。图书馆的主要功能应该是提供各类科学文化知识，

起着提供文化、传播文化、提升人们文化素养的作用,不应该是作为开会议事、政务接待、人才交流的固定场所,否则会扰乱文化氛围。

(三) 部分设施破坏严重,影响居民日常生活

宜宾是基建大市,有许多依江而建的公园和休闲区,其中最著名的就是环长江观景大道。据市住建局相关设计师介绍,"环长江旅游景观大道,江北西起宜宾市滨江 A 环线江北公园丞相祠,东至江安县城;江南西起大溪口湿地公园,东止于江安县城,总长度约 192 公里,途径宜宾港、李庄古镇、南溪新城等区域"。

2020 年夏季暴雨导致观景大道岷江东路段的步行休闲区域被洪水吞噬,内设的公共厕所、花园、阶梯、共享单车、体育设备、烧烤坝子只剩下断壁残垣。废墟沿线没有设置警戒围栏,很容易误导年轻人。废墟漂进长江,影响人们的生命安全和日常生活。

(四) 医疗事业进展不大,健康意识亟待提高

根据统计发现,2014 年至 2018 年期间,宜宾市公立医院的数量逐年增加,卫生院增速极其缓慢。疾控中心和妇幼保健院数量最少且保持不变,按照宜宾市 7 县 3 区行政区域划分来看,每个区域平均只有 1 家疾控中心和 1 家妇幼保健院。此外,据 2018 年宜宾市统计局发布的数据显示,全市共有 351 个社区,但社区医院仅有 14 家,这意味着每 25 个社区使用 1 家社区医院。由此分析,宜宾市医疗卫生事业还有很大的提升空间,应该增加社区医院和妇幼保健院的数量,同时改善医院的服务。宜宾市医疗机构供给参考表 16-1。

表 16-1 宜宾市卫生基础设施供给表

年份	医院	社区医院	卫生院	疾控中心	妇幼保健院	增速
2014	85	16	172	11	11	0.34%
2015	94	16	172	11	11	3.05%
2016	117	15	173	11	11	7.57%
2017	123	14	177	11	11	2.75%
2018	135	14	177	11	11	3.57%

注:数据来源于四川省统计局官网

三、宜宾市公共基础设施存在缺陷的原因

(一) 政府决策不规范

1. 决策前缺少充分的考察

一是缺少集体研究意识。一项重大的政府决策必须要求决策起草单位做起草说明,然后召开政府全体会议集体审议。要充分吸收与会成员的意见,对决策草案不断修订完善,以实现顶层设计统揽全局的作用。

二是缺少专家论证意识。政府要重视专家咨询制度的作用,按照"提出咨询论证事项—确定咨询专家组成员—召开专家咨询会—形成专家咨询意见"的流程进行。这个时候尤其需要借助大学教授的帮助,宜宾市政府在这一方面做得还不够。常见的是,大学教授

从专业化的角度为政府提供了决策方向,但大多数政府成员由于不是专业人士,理解不了,这也反映了政府工作人员自身需要加强理论学习,以期更加科学地做出决策。

二是缺少风险评估意识。政府习惯性的重建设、轻管理,热衷于投资公共基础建设项目。贪大求全,盲目追求项目的规模,没有认真进行调查研究,对于风险评估工作不重视。宜宾环长江观景大道的毁坏就是一个典型的例子,造成了严重的资源浪费。

四是缺少民意调查意识。在公共基础设施供给的决策制定上要以公民的需求为准,但宜宾市政府在创新"民意收集方式"这一块还有待加强。

2. 决策后缺少切实的管护

公共基础设施的受众是全体公民,随着时间的推移,不可避免会有损坏。政府对建成后的公共基础设施项目不管不问,没有进行有效的监督和管理,造成一些公共基础设施利用效率低、社会公共资源浪费严重。政府盲目进入公共基础设施的投资建设领域,使得公共基础设施投资多元化改革进展缓慢,国家财政性资金、国有资本等投资失去了杠杆作用。

3. 管理主体之间协调性差

公共基础设施的管理主体虽然包含了多个部门,但高调出场,一遇到问题就闭门不出的确是常态。"管不管、该谁管"的问题不仅困扰了人民,也让相关部门出现了"踢皮球"的现象。真正下定决心要管理的时候,又不知从何下手,导致效率十分低下。管理主体之间的协调性差,从主观上来看,是国家工作人员全心全意为人民服务的意识太薄弱,官本位思想严重;从客观上来看,是权责界限不清晰、工作分配量不合理造成的。

(二)公民参与不积极

1. 公民权利意识薄弱

公民既是公共基础设施的使用者,又是提供者,因为公共基础设施需要公民用双手去创造,然后共同维护。而在现实生活中,公民的权利意识较为薄弱,具体表现在两个方面:一是广大农民群众长期以来形成这样一种消极的思维模式,对于急需的公共基础设施不积极争取,对于不需要的公共基础设施却默然接受;二是不愿意表达自己的需求,也不抱希望。事实上,只有公民积极主动地向国家机关建言献策、表达愿望,才能够更有效率地获得公共基础设施的施工权、使用权。相比于城市居民,农村居民在享受公共基础设施的服务上没有太大优势,如果农民再不积极向政府争取更多的优惠政策,那么农村与城市的二元化现状就会更加严重。

2. 公民政治参与不够

一是公民参政议政的觉悟低,有事情难商议。根据相关规定:"召开村民会议,要有本村三分之二以上农户的代表参加或者本村年满18周岁以上的村民过半数参加。"但实际情况是,年轻人基本外出务工或者求学,召开村民代表会议和全体村民会议非常困难,导致许多对大家有利的决策事项被搁置,错过了政府政策的覆盖时间。二是部分公民自始至终认为只要是与政策相关的事项,都该政府主动,这种看法是错误的。政策实施的出发点和落脚点是为了人民,同样需要人民积极参与,科学决策。

3. 公民素质参差不齐

公民管护意识薄弱。首先,当看见别人恶意损坏公用设施时,人们会抱有"事不关己高高挂起"的心态，或者不敢管的畏惧心理。其次，绝大多数公共基础设施分布于城市，而城市人口基数大，基础设施使用频繁，公民素质参差不齐，没有自觉维护，这对公共基础设施的使用寿命有很大的影响。

四、宜宾市公共基础设施供给对策建议

（一）政府决策层面

政府是公共基础设施供给最大的主体，只有做好决策前后的各项准备工作才能确保政策实施取得较好的效果。

1. 优化决策方法，做好充分调研

行政决策应遵循以下原则。

一是有效性原则。任何一项基础设施的诞生都要经过四个程序：基于真实的社会现象而萌生问题、经过社会调研确定问题解决的必要性、预判解决问题带来的实际效果、根据决策要求执行命令。环长江观景大道建设之初的目的是提供运动锻炼的场所和休闲旅游之佳地，更是为了展示宜宾市"万里长江第一城"的壮观。但政府事前没有考量到汛期这一因素，依江而建的休闲设备被汛期的洪水毁于一旦，造成公共财产严重损失。2020年以来，即使不在汛期，长江水位也有了极大地上升，江面变得更加宽阔。因此，江边建筑首先要考虑汛期水位的影响。

二是合法性原则。公共基础设施供给主体应该是合法的主体，决策内容和决策程序也必须合法。这里涉及政府简政放权，转变政府职能。公共基础设施的供给主体也可以是市场，政府可以将部分公共物品的生产权交给市场，政府出政策，做好市场监管和资金援助。如果各个领域相应的工程项目都交给政府，会导致政府捉襟见肘，无法保证质量，效率更加低下，财政负担加大，即政府财政能力限制了市政公用事业的投资和发展。因此可以将半公共、大部分准公共基础设施例如车站、桥梁、道路、公园等划分给市场生产，将小部分准公共和纯粹的公共基础设施譬如外交国防、稀缺资源的供给等划分给政府生产管理。对于宜宾市而言，在道路桥梁、特殊教育和职业教育的发展上更多依靠市场这一主体，或许效果会更好。

三是民主性原则。民主性原则与合法性原则有相通之处，主要表现在决策程序上。首先，政府决策中枢内部要集思广益，在重大问题上要集体讨论。其次，进一步提升公众对重大决策的参与度，因为宪法规定，公民对涉及公众切身利益的公共事务具有知情权，并且基础设施供给本质上是要达到惠民的目的。出租车是否应该降低一定的费用、智轨的票价如何定才能让大多数人满意、如何制定智轨新建线路以及其他公共基础设施的供给量应该如何调整等问题都可以召开公民大会和听证会，聆听基层人民的心声。

四是科学与可持续性原则。政府决策必须是科学的，要运用科学的理论、方法、手段和体制进行；对我国来说，"20世纪七八十年代以来，由于社会经济的不断发展与增长，导致了资源、能源的紧缺和生态环境的破坏，人与自然的矛盾加剧，为此，可持续发展与科学发展适时成了一项衡量社会经济活动正当性的重要标准"。坚持科学与可持续性原则，是对经济社会发展的长远打算，是对人类居住环境的保护，是对习总书记两山理论的铺垫。

坚持科学与可持续性原则的意义在于以下几点。

对于农村来说，科学与可持续发展意味着政府不能只顾城市而忽视了农村的基础设施建设，发展是同步的发展，要加快消除城乡二元化现状，尤其是农村的饮水安全。如图16-1所示，宜宾市农村自来水普及率虽有上升，但自2017年开始，普及率相对停滞。政府必须加大力度保障农村饮水安全，实施一批取水工程，使家家有水井，村村有水源。

图 16-1 宜宾市农村自来水普及率趋势图

注：数据来源于四川省统计局官网

对于城市来说，政府要逐步取缔高耗能、重污染的生产方式，要将狠抓重型基建的节奏慢下来。修几座高楼大厦，建几座水泥森林，从短期来看能够提高地区GDP，但从长远来看不利于满足人民群众日益增长的对美好幸福生活的需求。近年来，宜宾市过分注重经济总量的提升，增长速度连年全省第一，但是造成了严重的生态环境污染，甚至带来了地质灾害。笔者认为，政府应该把现有的基础设施保护好，将现有的产业盘活，重在经营管理而不是盲目扩张。政府还应该重视园林绿化工程，多修建绿化带、森林公园、花园来减少空气污染，美化环境，提升市容市貌。宜宾市城市建成区绿化情况参考表16-2。

表 16-2 宜宾市城市建成区绿化情况统计表

年份	城市建成区	
	绿化面积（公顷）	绿化覆盖率（百分比）
2014	4855	37.79%
2015	6305	38.06%
2016	6873	38.11%
2017	6530	39.05%
2018	7365	39.08%

注：数据来源于国家住房和城乡建设部官网

2. 规范决策文件，更新发展理念

现有的重大行政决策程序规范性文件中，运用公众参与、专家咨询、可行性论证、合法性审查、信息公开、集体审议等程序制度的均超过50%，而涉及弱势群体保护的为0，这正是宜宾市可以改进的地方，给弱势群体更多的包容和关怀。

2000年，联合国人居署首次提出"包容性城市"的理念，而后逐渐成为世界城市发展的新目标。2014年3月，中共中央、国务院印发的《国家新型城镇化规划（2014—2020年）》提出建设包容性城市是未来城市发展的方向，可以体现发展的公平性和全面性。城市公共基础设施规划需要逐步回归到以人民为中心的指导理念，从空间功能属性出发，以活动内容、活动人群尤其是弱势群体的需求为根本进行研究。

不言而喻，行政决策规范性文件要加快速度将保护弱势群体纳入议程，政府要为弱势群体修建专用设施以满足其社会需求。宜宾市现有残疾人卫生间、盲道，还应该专门修建残疾人通道、残疾人无障碍电梯、阶梯式电梯辅助上升（下降）设备。同时要提高无障碍设施的使用效率，制定法规防范不道德行为并加强居民的素养培育，防止产生设施不合理占用等问题。在弱势群体的教育方面，政府要加大对特殊教育学校的资金和师资投入力度，保证特殊教育学校学生人均公费标准高于普通学校的学生，并建立一套完整的"小学—中学—大学"教育体系。

3. 重视文化事业，加大投资力度

（1）加强场地设施建设

在宜宾的大街小巷，随处可见成群结队的广场舞爱好者，这是人们提升文化素质、锻炼身体素质的表现。但本就狭窄的街道容纳不下如此多的人，加之非机动车川流不息，很容易造成安全事故，城管粗暴武断地驱赶也是不可取的。这告诉我们要完善公共文化服务体系，加强基层场地设施建设，让村村、乡乡、县县都可以广泛开展文化体育活动。"要把农村小喇叭、小广播建起来，深入推进广播电视村村通、农家书屋、乡镇综合文化站等重点文化惠民工程，加快图书馆、文化馆、体育馆、少年文化宫等建设，使各族群众在业余时间有个好去处，使未成年人能够就近参加文化体育活动。场地建设好了，要经常组织开展活动，不能流于形式。"宜宾市近几年在文化事业方面没有提升，现在正是补全缺口的时机。

（2）深入挖掘本土文化

一是红色文化的发扬。聆听历史回响，缅怀革命先辈，探寻理想的足迹，意义格外深远。为挖掘弘扬宜宾市红色文化，我建议从四个方面出发：一是借契机，发展红色旅游，将宜宾的红色旅游资源盘活；二是举行红色文化宣传活动，设置红色文化节，让人们牢记英勇牺牲的抗战英雄，珍惜今天的和平生活；三是举行红色文化知识竞赛，设市级奖项，鼓励人们参与获奖，借此可以让红色知识深入人心，增强宜宾市民的文化自信；四是在公招考试中，可以增加红色文化题目的占比，提升机关工作人员的爱国情怀。

二是地区特色文化的发扬。宜宾的酒文化是最出名的，但竹文化、茶文化、长江文化底蕴更为丰富。宜宾是全国优秀旅游城市，是全国竹资源富集区，是"世界著名茶乡"和"世界樟海"，还拥有丰厚的苗文化和全国独一无二的僰人文化。加之宜宾高铁业务发达，已经投产使用的有宜宾西站、长宁站、兴文站、屏山站和泥溪站，待建的宜宾东站在未来两三年内必定会开通运营。强大的基础设施为宜宾宣传弘扬地区特色文化提供了技术支撑。因此，要创新文化宣传方式，可以立足宜宾高铁，依托旅游资源，借鉴成都经验，打造青春正能量的城市宣传片，改变外地人谈宜宾只知五粮液的现象。

4. 健全监督制度，强化责任意识

一方面要建立单独的监督机构。在一些发达国家公共基础设施建设中都建立了相对独立的监管机构，如美国建立了相对独立的行政委员会；英国也建立了相对独立的规制委员会等。这些委员会的成立都由政府执行，拥有很大程度的独立性，在公共基础设施建设中起到了积极的作用。宜宾市政府同样可以借鉴他山之石以攻玉。

另一方面，当发现公共基础设施存在破损或者瘫痪时，监督机构要及时向政府反映；

同时，开辟群众畅言通道，允许普通公民向各级机关反映问题，整合官方与民间的力量。最后，政府经研究要迅速成立修缮专班并加以落实。

5. 重视医疗服务，保障人民健康

一方面，宜宾市应该增加社区医院和妇幼保健院的数量。让人们小病不出社区，让孕妇享受到及时的助产护理，保障新生儿的成活率和孕妇的安全。

另一方面，宜宾市要改善医疗服务，尤其是公立医院医护人员的服务态度。首先，门诊挂号及结算收费处工作人员的态度要耐心亲切，让患者体验到"医者父母心"的关怀。其次，为了使沟通更加顺畅，医护人员要尽量使用规范的普通话交流，避免浓厚的方言使患者理解产生偏差，宜宾的医院不仅仅是宜宾人的医院，还是全国人民的医院，会有不同地区的人前来就诊，要灵活调整语言。再次，智能服务机器的先进性与中老年群体薄弱的操作能力之间存在矛盾，为此需要增设医导员，简化不必要的流程，节省中老年患者的就诊时间。最后，挂号与收费的窗口不要分开，应该设置一站式窗口，既能挂号又能收费。此外，在医生时间充沛的情况下，允许加号，这时候大部分患者都不知道要"先去加号窗口，再去收费处"的这一流程，徒劳无功，不仅浪费了自己的时间，还容易造成医患矛盾。由此可知，宜宾市各个门诊窗口的指导标语还要继续完善，字迹要醒目直观，详细可靠。

（二）社会公民层面

1. 增强公民权利意识

一要将村务公开与法制建设相结合，不断提高农民的参政议政意识和法律素质，让人们明白，参政议政是宪法规定的公民的权利。二要通过有奖问答、及时反馈农民意见和建议等形式多样的活动，引导农民提高政治参与热情。农民的政治参与热情是农民表达公共产品偏好的前提，如果农民根本没有政治参与的意愿，农民的公共产品需求就更无从表达。

2. 畅通公民议事渠道

一是充分利用村村通小喇叭、宣传栏、黑板报、短信、网络等方式宣传政府方针政策，积极开展各种文明创建活动。二是可以通过网络会议的方式召开村民代表会议，现在每个乡村都建立了微信群，就是为了方便村民议事。三是发挥乡村知客师的宣传作用，知客师口才好、表达能力强，而且能够将严肃的事情讲得生动有趣，甚至编成歌谣，由知客师担任桥梁上传下达是非常可取的。

3. 建立公民监督机制

一是建立健全社区居民集体规则，通过对一些不文明、不健康的生产生活行为进行约束和规范，不断提高城市公民的行为修养。二是采用激励的方式来提升公民自觉维护公共基础设施的意识，对于举报恶意损坏公共设备者和自主修缮者进行物质和精神上的奖励。公共基础设施需要全体公民共同去爱护，城市居民享受着比农村居民更多更丰富的公共服务，就应该承担更多的责任和义务。

五、结　语

宜宾是一个典型的经济发达、资源丰富、人口密集的城市。从理论上来看，宜宾在公共基础设施的供给上应该领先于全省绝大多数地区,但事实则不然。首先,宜宾在资源利用上存在问题,导致基础设施建设和综合实力逊色于绵阳;其次,宜宾市善于引入新的"花样",各种基础设施都有,但规划不慎反而产生了一些新的麻烦。最后,宜宾区位优势突出、交通发达、历史文化底蕴深厚却不善于对外宣传,这会使宜宾未来"走出去"的步伐变得十分缓慢。为此,建议宜宾从政府决策层面出发,优化决策程序与方法,同时,发挥人民群众的主体和监督作用,为人们提供更优质的基础设施服务。

【参考文献】

[1]刘诣安.宜宾市老城区交通改善对策研究[J].交通与港航,2019,6(03):68-75.

[2]许察金,葛长鲜,廖艳.宜宾高铁沿线地区休闲农业与乡村旅游发展面临的六大机遇[N].宜宾日报,2021-02-05(003).

[3]杜紫平.政府工作报告[N].宜宾日报,2020-06-06(001).

[4]蒋小晴,肖磊,吴雄韬,等.宜宾市智能轨道快运系统工程设计及应用[J].控制与信息技术,2020(01):105-112.

[5]卢静.新媒体环境下山西红色文化传播路径研究[J].汉字文化,2020(24):176-177.

[6]霍家佳,张士胜,王雪.安徽省基础设施城乡管护一体化问题及对策研究[J].安徽农学通报,2021,27(02):9-11+54.

[7]樊纲.论"基础瓶颈"[J].财经科学,1990(05):8-12.

[8]刘立峰.投资结构评析——基础产业与加工工业投资比例关系研究[J].财经问题研究,1995(03):31-38.

[9]赵坚.试论我国经济快速增长与基础设施的关系[J].数量经济技术经济研究,1995(02):6-12.

[10]王艳萍.我国公共物品供给的低效率及对策分析[J].经济经纬,1999(06):13-15.

[11]肖兴志.中国自然垄断产业规制改革模式研究[J].中国工业经济,2002(04):20-25.

[12]金凤君.基础设施与区域经济发展环境[J].中国人口·资源与环境,2004(04):72-76.

[13]胡象明.公共部门决策的理论与方法[M].北京:高等教育出版社,2003.

[14]敏杰.中国弱势群体研究[M].长春:长春出版社,2003.

[15]张绍春.新编行政管理学[M].长沙:中南大学出版社,2001.

[16]马怀德.行政程序立法研究《行政程序法》草案建议稿及理由说明书[M].北京:法律出版社,2005.

[17]王洛忠.我国转型期公共政策过程中的公民参与研究——一种利益分析的视角[J].中国行政管理.2005(08):86-88.